安康统计年鉴

STATISTICAL YEARBOOK OF ANKANG

2016

（总第17期）

安 康 市 统 计 局
国家统计局安康调查队 编

中国统计出版社
China Statistics Press

国家统计局纪检组长高建华（中）来安视察统计工作，市统计局局长张晓明（左）、国家统计局安康调查队队长米杰（右）陪同

国家统计局纪检组长高建华（左一）与市统计局干部职工亲切交流，陕西省统计局纪检组长李荷旨（左三）、市统计局局长张晓明（左二）陪同

国家统计局纪检组长高建华（右二）视察国家统计局安康调查队，安康调查队队长米杰（右一）陪同

市政府常务副市长鲍永能（中）视察市统计局，市政府秘书长何邦军（右二）、市统计局局长张晓明（右一）陪同

召开全市统计工作会议，安排部署全市统计系统年度和党风廉政工作

市统计局荣获2015年度全省统计工作综合考核第一名，张晓明局长（中）领奖

全省乡镇统计人员和辅助调查员业务培训师资培训示范班岗位培训在我市召开，省统计局副巡视员谢新春（右二）出席，市统计局局长张晓明（右一）致辞

省统计局总经济师王琦（右二）调研城镇化和移民搬迁情况

省统计局副巡视员徐菊梅（右二）、服务业处长张虹（左三）在安康调研经济形势

省统计局县域处处长张志安（右二）一行来安康调研县域经济社会发展情况，市统计局局长张晓明（右三）陪同

省1%人口调查办公室在汉滨区对正在开展的1%人口抽样调查登记工作进行督导检查

市统计局首次参加市政府举办的新闻发布会，市统计局副局长、新闻发言人田志强（右）发布2015年上半年全市国民经济运行情况，并回答记者提问

安康市统计学会召开一届二次会员代表大会

张晓明局长接受人大常委会履职评议，左二为评议组组长、市人大财经工委主任邱祖凤

市统计局邀请市委“创文明城市，做文明市民”宣讲团成员董维成和市委党校董万新教授开展“创文明城市，做文明市民”主题宣讲活动

市统计局开展摄影知识讲座

市统计局组织参观西安碑林名拓暨廉政书法作品展

张晓明局长（左一）亲自带队为帮扶村茶农每户送去一个防虫喷雾器

张晓明局长（左三）查看帮扶村公路建设情况

副局长张艳（中）在岚皋县城关镇指导茶园帮扶工作

市统计局党组成员、总统计师陶勇俊（中）重阳佳节带队走访慰问退休老干部

副局长田志强（左一）深入帮扶贫困村调研工作

市统计局开展综治平安建设宣传活动

市统计局全体干部职工积极参加秋季义务植树护林活动

市统计局参加“创建文明城市　唱响生态安康”市直单位歌咏比赛

市统计局举行庆“三八”登山比赛

市统计局积极参加『迎新春、庆三八』拔河比赛

市统计局积极参加市直机关第四届运动会喜获佳绩

市统计局代表队参加陕西省统计系统球类比赛

汉滨区

区统计局组织全区镇办统计干部集中培训学习

省、市领导深入汉滨区五里工业园区视察工作

驻村统计人员为紫荆镇紫荆村解决人畜饮水困难

区统计局踊跃参加区总工会健步走活动

“七一”建党94周年区统计局全体党员开展徒步走活动并重温入党誓词

汉阴县

1%人口抽样调查登记现场

庆“七一”歌唱比赛彩排

志愿服务活动缅怀革命先烈

统计从业资格继续教育培训

统计年报工作会

石泉县

石泉县统计局代表队

开展庆『七一』重温入党誓词宣誓活动

与包联村商讨2016年扶贫工作计划，确定针对性的帮扶措施

参加全县运动会拔河比赛

宁陕县

县统计局局长赵巧萍（右二）亲临“四上”企业单位调研

慰问太平庙镇双建村贫困户

县统计局支部和村支部共庆“七一”

机关党员到廉政教育基地接受教育

县统计局领导亲自带队进行1%抽样调查

紫阳县

组织召开固定资产投资工作会

市统计局局长张晓明（左三）在赵立根县长陪同下检查指导工作

陪同市县人大领导深入包联精准扶贫村检查指导工作

县统计局局长张春涛（左一）深入村组调研农村产业发展情况

荣誉证书

紫阳县2015年度目标责任制综合考评

一等奖

中共紫阳县委　紫阳县人民政府

二〇一六年二月

县统计局荣获2015年目标责任制综合考评一等奖

岚皋县

国家统计局培训中心郭辉明处长一行来岚皋调研

县统计局全体干部重阳节前往敬老院为老人包饺子

到包挂村开展常见面，多联系活动

市统计局领导来岚检查指导固定资产改革试点工作情况

全体干部职工前往包挂村开展结对帮扶工作

平利县

省、市领导来平利调研工作

省、市领导在平利调查

组织开展业务培训

镇坪县

县长李平在县统计局调研

县统计局荣获2015年综合目标考核一等奖，喻传华局长（中）领奖

2015年镇坪县“四上”企业年报会

统计执法人员在企业进行执法检查

农村住户专业人员访户

旬阳县

召开1%人口抽样调查培训会

国家统计局纪检组长高建华（中）赴旬阳县统计局检查指导工作

省调查总队队长孙法臣（中）来旬阳检查指导工作

领导班子研究统计工作

省统计局县域经济处处长张志安（左三）一行检查指导工作

脱贫攻坚到户慰问

白河县

召开1%人口抽样调查综合试点及培训会议

组织开展乡镇统计人员计算机业务培训

局党支部开展“缅怀革命先烈 重温入党誓词”主题党日活动

2015年全县统计从业人员继续教育培训会议

高新区

召开经济运行座谈会

高新区召开天贸物流城项目纳统工作专题会议，市统计局现场指导统计工作

《安康统计年鉴》编委会

《安康统计年鉴》编辑部

特邀编辑指导

鲍永能	安康市政府常务副市长
王龙军	安康市政府办公室主任
李森文	汉滨区副区长
晏长荣	汉滨区统计局局长
孙　勇	汉阴县常务副县长
李　鹏	汉阴县统计局局长
张世波	石泉县常务副县长
王根平	石泉县统计局局长
陈泽勇	宁陕县常务副县长
赵巧萍（女）	宁陕县统计局局长
周继林	紫阳县常务副县长
张春涛	紫阳县统计局局长
罗本军	岚皋县常务副县长
张修林	岚皋县统计局局长
魏传利	平利县常务副县长
刘　军	平利县统计局局长
贺中原	镇坪县副县长
喻传华	镇坪县统计局局长
张　峰	旬阳县常务副县长
丁化安	旬阳县统计局局长
吴德莲（女）	白河县常务副县长
江长军	白河县统计局局长

编 者 说 明

一、《安康统计年鉴—2016》是一部全面反映安康市经济、社会、科技发展状况的资料性年刊。书中资料根据全市各专业统计年报加工而成，并收录了各县区及市级有关部门的主要统计数据。

二、全书内容分为19个部分：1、行政区划和自然资源；2、综合；3、国民经济核算；4、人口；5、从业人员和职工工资；6、固定资产投资；7、财政；8、物价；9、人民生活；10、环境状况；11、农业；12、工业；13、能源；14、建筑业；15、运输和邮电；16、国内贸易；17、金融和保险；18、教育科技和文化；19、体育、卫生、社会福利和其他。

三、本年鉴全省及本省各市区数据主要指标来源于《陕西统计年鉴—2016》；毗邻城市主要指标由相关城市统计局提供，多为初步统计数，正式数据以相关城市年鉴为准。

四、编辑本年鉴时，对过去发表的统计资料进行了核实，对有的数字做了调整，使用历史资料时，凡与本年鉴有出入的，以本年鉴为准。

五、本年鉴中的符号使用说明："…"表示数据不足本表最小单位；"空格"表示该项统计指标数据不详或无该项数据；"#"表示其中项。

目　　录

2015年安康国民经济和社会发展统计公报

安康市统计局　国家统计局安康调查队

2016年4月6日

2015年，面对不断加大的经济下行压力，全市上下在市委、市政府的正确领导下，紧紧围绕稳增长、调结构、促改革、惠民生、防风险等各项政策落实，坚持重点任务和民生实事公开承诺，说了算，定了干，实现了全市经济社会发展逆势上扬，取得显著成绩。

一、综合

初步核算，全年生产总值（GDP）772.46亿元，增长12.3%。其中：第一产业增加值96.06亿元，增长4.8%；第二产业增加值426.73亿元，增长15.9%；第三产业增加值249.67亿元，增长10.4%。一、二、三产业占生产总值的比重为12.4：55.3：32.3。人均生产总值29193元，比上年增长12.0%。

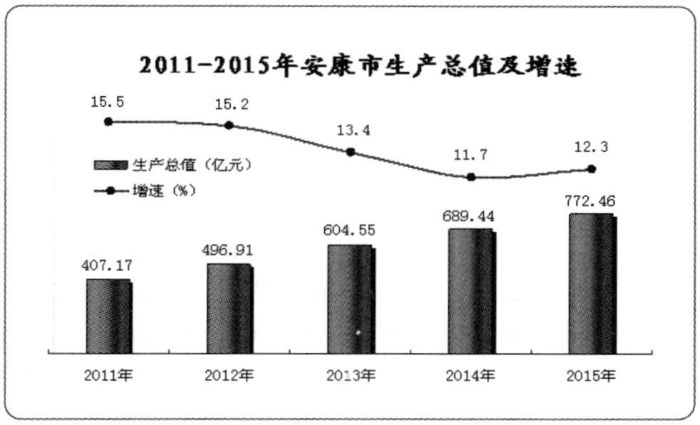

全年非公有制经济实现增加值418.93亿元，占GDP比重达54.2%，比上年提高1.29个百分点。

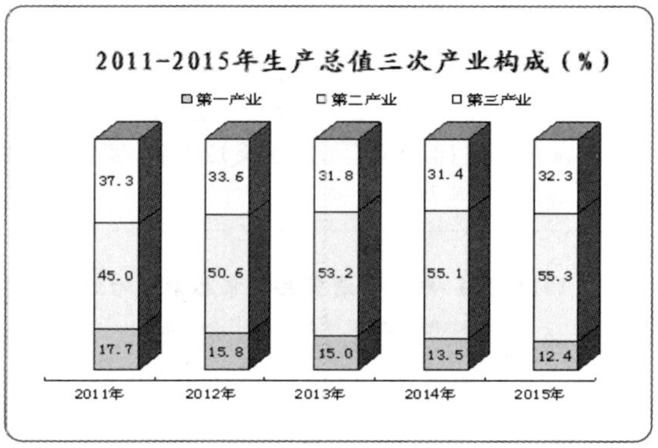

二、农业

全年粮食播种面积26.95万公顷，增长0.3%。其中：夏粮11.79万公顷，增长1.0%；秋粮15.16万公顷，下降0.2%。油料面积7.37万公顷，增长1.6%。蔬菜面积7.46万公顷，增长4.0%。

全年粮食产量87.15万吨，增长1.8%。其中：夏粮30.93万吨，增长3.1%；秋粮56.22万吨，增长1.1%。全年谷物产量58.16万吨，增长1.7%。其中：稻谷产量20.91万吨，增长1.0%；小麦产量12.33万吨，增长2.6%；玉米产量24.79万吨，增长1.9%。

2015年全市主要农产品产量

	计量单位	产量	比上年增长（%）
粮食	万吨	87.15	1.8
油料	万吨	15.26	3.2
其中：油菜籽	万吨	11.96	4.5
烤烟	万吨	2.68	-6.1
蔬菜	万吨	148.65	6.2
园林水果	万吨	22.35	5.5
茶叶	万吨	1.65	19.9

全年水产品产量45194吨，增长6.7%。其中养殖水产品产量40263吨，增长7.3%；捕捞水产品产量4931吨，增长2.0%。全年木材产量16.57万立方米，增长38.9%。

全市森林覆盖率65%。全年营造林面积66.36万亩，全市森林蓄积量累计6500亿立方米，林地保有量2878万亩，湿地保有量43.33万亩，林业自然保护区6个，林业自然保护区面积145.03万亩，占国土面积4.1%。

2015年全市畜牧业生产情况

	计量单位	总量	比上年增长（%）
肉类总产量	万吨	27.72	-1.4
其中：猪肉	万吨	22.69	-1.8
牛肉	万吨	1.19	2.2
羊肉	万吨	1.66	1.4
禽蛋产量	万吨	3.89	3.0
牛年末存栏	万头	25.07	-1.8
羊年末存栏	万只	97.75	0.6
猪年末存栏	万只	230.82	-3.3
家禽年末存栏	万头	952.58	2.2

全年生猪出栏312.16万头，下降2.5%；牛出栏8.09万头，增长0.9%；羊出栏98.46万头，增长1.5%；家禽出栏1241.93万只，增长1.7%。肉类总产量27.72万吨，下降1.4%。禽蛋产量3.89万吨，增长3.0%。

三、工业和建筑业

全年全部工业实现增加值326.95亿元，比上年增长16.4%，其中：规模以上工业实现增加值321.20亿元，增长17.6%。

全年规模以上工业完成工业总产值937.33亿元，比上年增长19.9%。六大支柱工业完成总产值791.33亿元，增长17.4%，其中：新型材料353.50亿元，增长9.1%；富硒食品233.46亿元，增长29.9%；装备制造85.32亿元，增长35.6%；生物医药60.78亿元，增长10.6%；清洁能源42.17亿元，增长14.1%；安康丝绸16.08亿元，增长6.4%。

全年规模以上独立核算工业企业实现主营业务收入843.63亿元，比上年增长21.7%；实现利润105.33亿元，增长33.5%；实现利税155.36亿元，增长26.6%；亏损企业亏损额0.75亿元，下降58.2%。

在统计的76种主要工业产品中，有61种产品产量比上年增长，其中15种产品产量增速超过50%，34种产品增速超过20%。

2015年全市规模以上工业主要产品产量

产品名称	计量单位	产量	增长（%）
丝	吨	3591.92	0.6
精制茶	吨	11148.73	14.9
鲜、冷藏肉	吨	38831.00	-11.5
卷烟	万支	987500.00	-0.8
白酒（折65度，商品量）	千升	6059.30	11.4
软饮料	吨	823597.54	29.2
食用植物油	吨	93257.77	15.3
中成药	吨	1370.40	55.8
化学药品原药	吨	3775.61	-5.9
原煤	万吨	44.44	-4.8
发电量	亿千瓦小时	67.13	18.4
水泥	万吨	764.43	7.5

全年全社会建筑业实现增加值99.78亿元，比上年增长14.4%。全市103家资质以上总承包和专业承包建筑企业完成总产值101.58亿元，增长14.1%，其中国有及国有控股企业完成8.36亿元，增长14.1%。全年签订合同额169.99亿元，增长13.8%。完成房屋建筑施工面积958.25万平方米，增长15.4%。

四、固定资产投资

全年全社会固定资产投资758.16亿元，比上年增长25.2%。其中，固定资产投资667.76亿元，增长23.0%。

固定资产投资中，第一产业投资67.34亿元，比上年增长21.6%；第二产业投资144.40亿元，下降14.1%；第三产业投资456.02亿元，增长26.7%。

全年民间投资336.15亿元，比上年增长20.8%，占固定资产投资的比重为50.3%。

全年房地产开发投资65.50亿元，比上年增长22.5%；房地产开发企业房屋施工面积768.31万平方米，增长32.7%；商品房销售面积127.26万平方米，下降8.0%；商品房待售面积23.61万平方米，增长60.9%。

五、交通和邮电

全年货运量7379万吨（不含铁路，下同），比上年增长9.9%，货物周转量67.28亿吨公里，增长10.7%；客运量5316万人，增长3.0%，旅客周转量25.14亿人公里，增长5.1%。

2015年货物运输和旅客运输情况

指　标	绝对量		增长（%）
	2015年	2014年	
货运量（万吨）	7379	6712	9.9
公路（万吨）	7198	6534	10.2
水路（万吨）	181	178	1.7
货物周转量（万吨公里）	672800	607965	10.7
公路（万吨公里）	668702	602972	10.9
水路（万吨公里）	4098	4993	-17.9
客运量（万人）	5316	5160	3.0
公路（万人）	5009	4855	3.2
水路（万人）	307	305	0.7
旅客周转量（万人公里）	251443	239328	5.1
公路（万人公里）	246030	233960	5.2
水路（万人公里）	5413	5368	0.8

注：本表由安康市道路运输管理局提供。

全年完成邮电业务总量21.75亿元，比上年增长5.7%。其中：邮政业务总量2.17亿元，增长13%；电信业务总量19.57亿元，增长4.9%。年末固定电话用户36.7万户，其中：城市电话用户20.92万户，农村电话用户13.50万户，公用电话用户2.28万户。年末移动电话用户达到228.29万户。全市固定及移动电话用户总数达264.99万户，比上年末增加17.19万户。互联网宽带接入用户数27.89万户，比上年末增加0.56万户。

六、国内贸易

全年社会消费品零售总额219.2亿元，比上年增长13.5%。其中：限额以上企业（单位）实现零售额122.12亿元，增长16.2%。

按经营地分，城镇市场实现零售额183.24亿元，增长13.6%；乡村市场35.96亿元，增长12.9%。按消费形态分，实现商品零售181.53亿元，增长12.4%；实现餐饮收入37.67亿元，增长18.7%。

2011–2015年社会消费品零售总额及增速

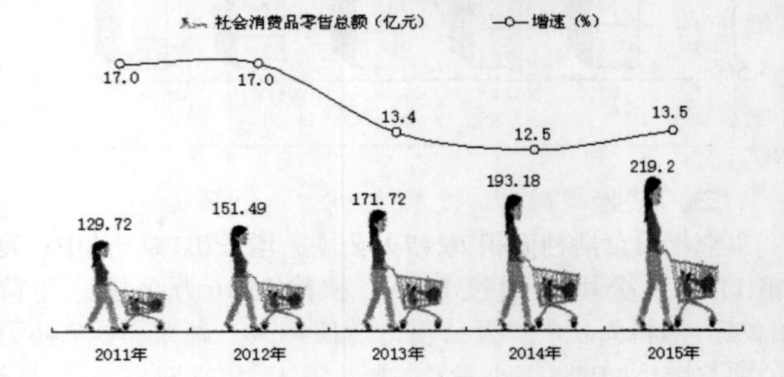

七、市场价格

2015年，安康城区居民消费价格比上年上涨1.5%，其中食品价格上涨1.5%。

2015年安康城区居民消费价格指数

项目名称	上年同期=100
居民消费价格总指数	101.5
其中：食品	101.5
烟酒	104.1
衣着	99.5
家庭设备用品及维修服务	99.1
医疗保健和个人用品	102.2
交通和通信	99.7
娱乐教育文化用品及服务	100.8
居住	103.5

八、国内国际旅游

全年接待境内外游客2851.25万人次，比上年增长12.7%；旅游总收入144.9亿元，比上年增长20.8%。其中接待入境旅游者2.62万人次，比上年增长8.2%；旅游外汇收入589.5万美元，比上年增长10.7%；接待国内游客2848.63万人次，比上年增长12.7%；国内旅游收入143.86亿元，比上年增长20.1%。

九、对外经济

全年外贸进出口总额4766.72万美元，比上年增长35.7%，全部为出口。

全年新批外商投资项目1个，合同外资531万美元，增长4.1倍，实际利用外资（含外商投资企业再投资部分）103万美元。

十、金融、证券和保险业

2015年末，全市金融机构人民币各项存款余额1032.71亿元，比年初增加147.83亿元，比上年增长16.8%；各项贷款余额547.20亿元，比年初增加72.85亿元，比上年增长15.4%。

年末，全市境内有证券营业部4家，期末证券开户数3.61万户，比上年末增加5554户；证券市场交易量633.48亿元，增长2.9倍。

全年24家保险机构实现保费收入23.07亿元，比上年增长40.1%。其中寿险保费收入17.51亿元，产险保费收入5.56亿元。产险赔付2.9亿元，寿险公司给付2.32亿元（含满期给付），赔款支出0.30亿元，退保金支出2.87亿元。

十一、教育和科学技术

全市共有普通高等学校2所，全年招收普通本专科学生6144人，其中本科2535人；年末在校学生21209人，其中本科10906人。

全市共有普通小学631所，在校生17.83万人；普通中学200所（其中初中166所、高中34所），在校生14.11万人（其中初中83720人、高中57352人）。小学学龄儿童净入学率为99.99%、初中学龄人口净入学率为99.86%。

全市共有中等职业学校15所，招生8553人，在校学生2.2万人。

全市共有幼儿园440所（其中：公办234所，民办206所），在园幼儿（包括附设学前班）8.32万人；特殊教育学校3所，在校残疾学生275人。

全年地方登记科技成果共43项，其中：工业4项，农、林、牧、渔15项，建筑业1项，科学研究、综合技术服务和地质勘探业5项，卫生、体育和社会福利业22项。

全年签订各类技术合同26项，合同成交额3751万元。其中，技术开发合同5项，成交金额1880万元；技术转让合同1项，成交金额100万元；技术服务合同20项，成交金额1771万元。

全年受理专利申请量479件，其中发明专利54件，实用新型专利153件，外观设计专利272件；专利授权量340件，其中授权发明专利20件，实用新型专利107件，外观设计专利213件。

全市共有法定计量检定机构1个，产品质量监督检验机构1个、特种设备检验机构1个、纤维检验机构1个；县级质量技术检测检验机构9个（计量检定、质量检验双职能）。

全年完成25个企业工业产品生产许可证年审；强制检验计量器具65691台件；完成定量包装检测86批次，检验纤维制品321批次，检验特种设备2608台件、压力管道1.581KM，气瓶22216只。

全年共有10个产品（其中7个新申报，3个复评）获得陕西省名牌产品称号；有8个产品（其中6个新申报，2个复评）获得市特色品牌产品称号；6种产品获准使用富硒食品专用标志。围绕富硒食品产业发展，全市申报了1大类7项标准为省地方标准立项。

十二、文化、卫生和体育

全市共有图书馆11个，群众艺术馆1个，文化馆10个，博物馆9个。

年末全市共有广播电台19座，电视台10座，县级广播电视台9座。

全市拥有国家综合档案馆11个，馆藏资料9.49万册，馆藏档案51.27万卷、35.72万件。其中：市档案馆馆藏资料1.43万册，馆藏档案8.45万卷、6.98万件。

全市医疗卫生计生机构达3113个，其中：医院43个、基层医疗卫生机构2889个（其中：社区卫生服务中心8个、社区卫生服务站8个、乡镇卫生院173个、门诊部5个、诊所/卫生所/医务室298个、村卫生室2397个）。医疗卫生机构床位数达13215张，其中：医院9320张，乡镇卫生院病床3438张。全市卫生计生人员总数达19918人，其中卫生技术人员达14765人，卫计人员中执业（助理）医师4349人，注册护士61人。

全市实行新型农村合作医疗，参合农民237.01万人，参合率达99.1%。截止2015年全市共有32所县级公立医院进行综合改革。

全年共组织开展各级各类群体竞赛活动26次，培训社会体育指导员687名，落实122个乡镇农民健身工程，56个社区体育器材配送工程，240个村级农民健身工程，到位资金2388万元。

年末全市体育彩票销售网点达280个，全年销售2.03亿元，比上年增长33%。

十三、水利

全年完成水利建设投资16.42亿元，较上年增长103%。

全年全市有效（农田）灌溉面积达到42.81千公顷，节水灌溉面积达35.37千公顷，旱涝保收面积达到23.22千公顷，水土流失治理面积达到605.97千公顷，堤防长度达到989.83公里。全市已建成水库149座，总库容40.59亿立方米。已建成万亩以上灌区7处，有效灌溉面积8.587千公顷。当年解决农村饮水安全人口34.02万人。水利供水工程总供水量达到7.23亿立方米，其中：向农业供水5.24亿立方米，工业供水0.67亿立方米，城乡居民生活供水1.08亿立方米，城镇公共供水0.17万立方米，生态环境供水0.07万立方米。

十四、环境保护和安全生产

2015年，全市中心城区空气质量达到和好于二级以上天数287天；全市城市集中式饮用水源地水质状况安全良好，水质达标率100%，汉江出陕断面水质保持在国家地表水环境质量Ⅱ类标准。

全年化学需氧量排放量比上年下降2.51%；氨氮排放量比上年下降3.17%；二氧化硫排放量比上年下降0.63%；氮氧化物排放量比上年下降8.72%。

全市共发生各类生产安全事故131起，比上年下降29.2%；死亡35人，下降25.5%；受伤38人，下降37.7%；经济损失718.42万元，上升122.7%。

十五、人民生活和社会保障

年末全市常住人口265万人，比上年增加0.8万人。其中：城镇人口117.45万人，占44.32%。出生率9.56‰；死亡率7.24‰；自然增长率2.32‰。

年末全市户籍人口304.8万人，比上年减少1.41万人。其中：男性162.99万人，女性141.81万人。

全年城镇居民人均可支配收入27191元，比上年增加2180元，增长8.72%。全年农民人均纯收入8196元，比上年增加728元，增长9.75%。

全年新增城镇就业19681人，失业人员实现再就业8554人，就业困难人员实现就业3222人，城镇登记失业率3.34%。

全年参加失业保险职工人数97153人，比上年增加953人。参加城乡居民社会养老保险人数147.3万人；参加城镇企业职工基本养老保险人数168105人，其中在职职工人数112413人，离退休人员55692人，参加城镇基本医疗保险人数420403人，其中参加城镇职工医疗保险人数188451人，参加城镇居民医疗保险人数231952人。工伤保险参保人数151310人，增加3018人。生育保险参保人数106769人，增加4653人。

截止2015年底，全市常年需民政救助保障的弱势群体近26万人，享受高龄津贴老人19.6万人。城市低保对象2万户3.96万人，农村低保对象8.29万户17.42万人，农村五保对象4.16万人。全市现有敬老院169所，床位2.3万张，集中供养五保对象2.17万人；全市有孤儿1384名，城市“三无”人员2384名；全年临时救助34014户次，医疗救助27万人次，流浪乞讨救助1.1万人次；十县区老年公寓实现全覆盖，建成15个标准化社区日间照料中心和100个农村互助幸福院（标准化示范点30个），中心城区许可民办养老机构3家；创建省级双拥模范城（县）5个；建成3个县级救灾物资储备库，申报创建全国综合减灾示范社区8个；全市建成城市公益性公墓5个，农村公益性公墓13个，殡葬改革整治坟墓2621座，完成墓地绿化850亩；福利彩票完成销售3.22亿元，比上年增长15%。

注释：

1. 本公报部分指标为初步统计数；

2. 部分数据因四舍五入的原因，存在总计与分项合计不等的情况；

3. 生产总值、各产业增加值绝对数按现价计算，增长速度按不变价计算；

4. 根据国家统计局规定，从2011年开始，纳入规模以上工业统计范围的工业企业起点标准从年主营业务收入500万元提高到2000万元；

5. 根据国家统计局规定，从2011年开始，固定资产投资统计的起点标准从计划总投资50万元提高到500万元。全社会固定资产投资统计范围包括固定资产投资和农户投资。固定资产投资统计范围包括城镇项目投资、非农户项目投资和房地产开发投资；

6. 限额以上企业（单位）是指年主营业务收入2000万元及以上的批发业企业（单位）、500万元及以上的零售业企业（单位）、200万元及以上的住宿和餐饮业企业（单位）；

7. 邮电业务总量按2010年不变价格计。

资料来源：

本公报中邮电数据来自市邮政局、市移动公司、市电信公司和市联通公司；旅游数据来自市旅游局；对外经济数据来自市商务局；金融数据来自市人行；证券业数据来自证券营业部；保险业数据来自市保险行业协会；林业数字来自林业局；教育数据来自高等学校和市教育局；科技成果、技术合同、专利等数据来自市科技局；产品质量监督检验数据来自市质量技术监督局，图书馆、文化馆、广播、电视数据来自市文化文物广电局；档案数据来自市档案局；卫生数据来自市卫生局；体育数据来自市体育局；水利数据来自市水利局；环保数据来自市环保局；安全生产数据来自市安监局；城镇就业、失业、社会保障数据来自市人力资源和社会保障局；社会福利数据来自市民政局。

1、行政区划·自然资源

XING ZHENG QU HUA ZI RAN ZI YUAN

资料整理：潘 冬

1、行政区划和自然资源

安康市位于陕西省东南部，介于北纬31°42′—33°49′、东经108°01′—110°12′之间，东西宽约200公里，南北长约240公里。北与西安市的周至、户县、长安以及商洛市的柞水、镇安毗邻，西与汉中市的佛坪、洋县、西乡县接壤，南与重庆市的城口县、巫溪县、四川省的万源县相连，东与湖北省十堰市的竹山、竹溪、郧西、郧县相接。至2015年全市辖汉滨区、汉阴、石泉、宁陕、紫阳、岚皋、平利、镇坪、旬阳和白河共一区九县，有4个街道办事处，136个镇。

全市国土面积23536平方公里，依秦岭、靠巴山，汉水穿境而过，形成“两山夹一川”的地貌特征，境内河流属长江水系，主要河流有汉江、子午河、池河、月河、旬河、任河、岚河、南江河等。安康属亚热带大陆性季风气候，2015年平均气温15.2度，年降水量902.8毫米。

安康有着丰富的水利、生物、矿产和旅游资源。现已发现并探明储量的有28种，矿产地101处，其中：大型矿床10处。水能理论蕴藏量469万千瓦，水能可开发量300万千瓦，已开发190万千瓦，境内各种经济植物3000余种，树木2157种，中草药1299种，直接进入市场的林特产品600多种。旅游资源十分丰富，全市现有A级景区25处，其中，4A级景区8处，3A级景区11处，2A级6处。

各县区年平均气温（℃）

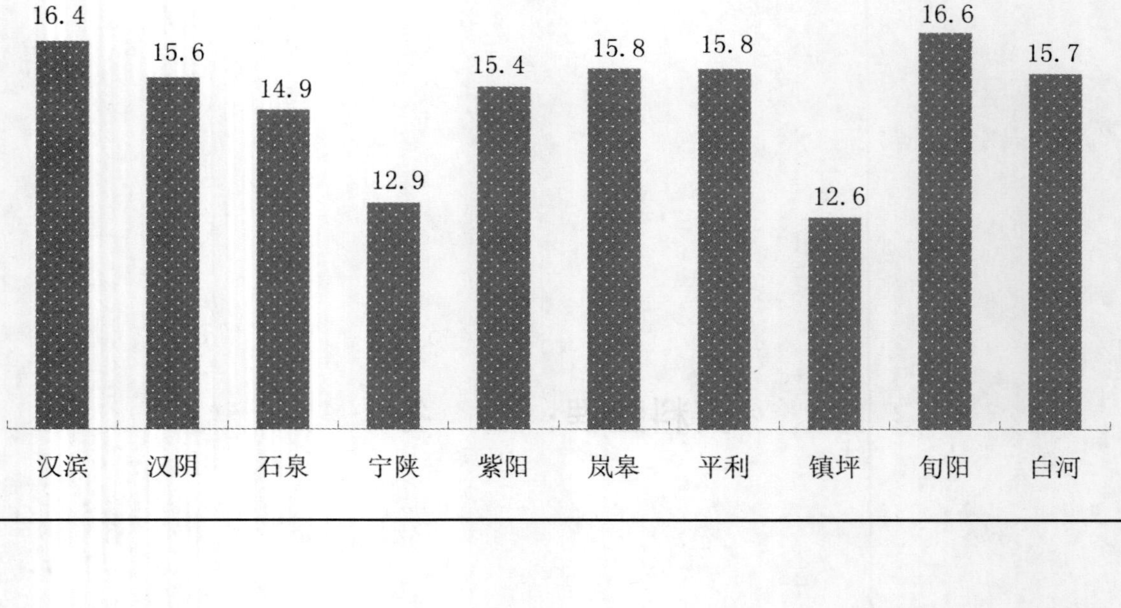

1-1 全市行政区划

2015年 单位：个

	镇 数	街道办事处	社区居委会（居民委员会）	村民委员会
全 市	136	4	203	1650
汉滨区	25	4	54	395
汉阴县	10	0	10	141
石泉县	11	0	21	140
宁陕县	11	0	5	68
紫阳县	17	0	20	174
岚皋县	12	0	11	125
平利县	11	0	13	137
镇坪县	7	0	4	58
旬阳县	21	0	52	269
白河县	11	0	13	113
高新区	0	0	0	30

1–2 全市自然状况及资源

项　目	单　位	2015年
一、自然状况		
1、土地		
土地总面积	平方公里	23536
2、气候		
全市年降水量	毫米	902.8
全市年平均气温	摄氏度	15.2
全市年日照时数	小时	1463.1
全市年平均风速	米／秒	1.4
全市年无霜期	天	273
全市年相对湿度	%	77
全市年气压	百帕	959.3
二、自然资源		
1、土地资源		
年末耕地面积总资源	公顷	341496
①常用耕地面积总资源	公顷	340812
# 水田	公顷	34094
旱地	公顷	306719
②临时性耕地	公顷	
2、林木资源		
森林面积	万公顷	153
森林覆盖率	%	65.00
活立木蓄积量	万立方米	6500
3、水利资源		
水力资源理论蕴藏量	万千瓦	469

1-3 全市主要河流情况

2015年

名　称	河道长度（公里）	平均比降（‰）	流域面积（平方公里）	平均年径流量（亿立方米）	水力蕴藏量（万千瓦）
汉　江	340	0.59	23529	94.03	252.37
子午河	113	5.44	2118	8.57	7.9
池　河	114	7.22	1030	3.70	1.206
任　河	56.9	2.23	1119	39.51	4.84
岚　河	153	6.03	2130	15.32	8.834
月　河	95.2	2.79	2830	9.47	2.479
恒　河	113.1	5.94	975	2.64	0.2
黄洋河	126	3.94	964	4.61	4.13
坝　河	128	3.88	2080	9.24	5.965
乾佑河	148	5.02	2510	6.88	
旬　河	115	2.9	1166	19.05	7.64
南江河	94	7.28	1503	10.30	25.3

1-4 全市及各县区A级旅游景区（点）概况

2015年

	小　计	4A级	3A级	2A级
全　市	25	8	11	6
汉滨区	6	3	1	2
汉阴县	2		1	1
石泉县	3	2	1	
宁陕县	2	1	1	
紫阳县	4		1	3
岚皋县	3	1	2	
平利县	2		2	
镇坪县	1	1		
旬阳县	2		2	
白河县				

注：4A级景区：南宫山国家森林公园、汉江燕翔洞生态旅游景区、瀛湖旅游景区、中坝大峡谷景区、香溪洞风景名胜区、筒车湾休闲景区、汉滨双龙生态旅游景区、镇坪飞渡峡·黄安坝生态旅游。

3A级景区：岚河漂流景区、平利天书峡景区、秦岭峡谷漂流景区、平利县龙头旅游村、旬阳县红军纪念馆、千层河风景区、紫阳文笔山景区、旬阳县蜀河古镇景区、石泉县明清古街景区、汉阴县龙岗生态旅游区、安康高新生态休闲旅游区。

2A级景区：凤凰山森林公园、汉阴两合崖景区、紫阳真人宫景区、安康擂鼓台景区、安康北五省会馆景区、安康龙王山景区。

1-5　全市主要矿产保有储量及潜在价值

2015年

矿　种	单　位	保有储量
汞　矿	金属吨	13629
锑　矿	金属吨	44939
锌　矿	金属吨	1718207
重晶石	矿石万吨	21784
毒重石	矿石万吨	2408
瓦板石	万立方米	18012
矿泉水	吨/天	143

1-6　全市探明矿产居全国、全省前十位

2015年

矿　种	位　次	
	全　省	全国
汞　矿		1
锑　矿		1
锌　矿	1	
重晶石	1	
毒重石	1	
瓦板石	1	1
矿泉水品种	1	

1-7　全市及各县区气候基本情况

2015年

	平均气温（摄氏度）	日照时数（小时）	平均风速（米/秒）	相对湿度（%）	无霜期（天）	气压（百帕）	降水量（毫米）
全　市	15.2	1463.1	1.4	77	273	959.3	902.8
汉滨区	16.4	1595.1	1.2	74	266	982.3	814.9
汉阴县	15.6	1533.0	1.6	75	275	968.4	876.9
石泉县	14.9	1553.2	1.5	79	290	960.1	872.8
宁陕县	12.9	1416.5	1.0	84	239	924.3	930.4
紫阳县	15.4	1164.3	1.1	82	305	957.9	979.8
岚皋县	15.8	1469.9	1.1	74	274	965.7	1039.9
平利县	15.8	1394.6	1.4	77	284	967.5	1019.9
镇坪县	12.6	1434.0	2.1	76	258	903.7	1071.3
旬阳县	16.6	1579.4	1.6	73	271	983.1	665.7
白河县	15.7	1491.2	0.9	77	265	979.5	756.4

1-8　各县区平均气温

2015年　　单位：摄氏度

月　份	汉滨区	汉阴县	石泉县	宁陕县	紫阳县	岚皋县	平利县	镇坪县	旬阳县	白河县
一　月	5.0	4.3	4.1	2.4	4.8	5.1	5.0	3.2	5.6	4.8
二　月	7.4	6.6	5.9	4.1	6.8	7.1	6.9	4.2	7.5	6.2
三　月	12.6	11.8	11.3	9.5	11.6	12.1	11.8	9.2	12.9	11.5
四　月	17.0	16.4	15.7	13.5	16.0	16.3	16.2	13.1	16.9	15.9
五　月	20.9	20.2	19.3	17.2	19.4	20.4	20.2	17.0	21.1	20.7
六　月	23.5	22.6	21.9	20.3	21.9	22.6	22.7	19.2	23.4	23.0
七　月	26.8	26.0	24.9	22.6	25.3	25.6	26.0	21.3	26.9	26.5
八　月	26.5	26.1	24.9	21.9	25.5	25.2	25.6	21.1	26.9	25.9
九　月	22.1	20.9	20.2	18.4	20.4	21.2	21.5	17.8	22.3	21.8
十　月	17.5	16.4	15.7	13.5	16.3	16.9	17.2	13.9	17.7	16.9
十一月	11.3	10.3	10.0	8.9	10.4	11.1	10.9	8.2	11.2	9.8
十二月	6.1	5.2	5.0	2.9	5.8	6.1	6.0	3.3	6.5	5.3
极端最高	39.5	39.2	38.0	34.2	39.6	38.3	38.7	33.7	41.1	40.1
极端最低	−3.9	−4.5	−5.8	−7.8	−3.2	−3.7	−3.9	−6.3	−4.3	−4.9
年平均	16.4	15.6	14.9	12.9	15.4	15.8	15.8	12.6	16.6	15.7

1-9 各县区降水量

2015年

单位：毫米

月份	汉滨区	汉阴县	石泉县	宁陕县	紫阳县	岚皋县	平利县	镇坪县	旬阳县	白河县
一月	8.8	9.4	9.1	5.6	14.4	11.0	9.5	12.0	5.9	17.8
二月	7.1	9.2	11.2	6.9	9.6	11.8	6.3	13.7	7.2	13.8
三月	29.6	26.2	18.4	28.8	32.5	43.2	52.4	41.8	24.0	54.9
四月	109.4	79.3	86.2	90.1	103.5	138.7	97.4	110.1	91.0	102.5
五月	126.0	159.9	114.8	116.8	152.3	120.8	160.2	146.3	117.7	98.2
六月	187.3	242.4	274.0	237.3	255.6	242.2	231.3	224.2	134.0	116.1
七月	64.2	23.6	55.1	75.0	27.2	58.3	100.7	74.0	33.2	97.1
八月	98.1	29.6	50.6	98.1	64.7	136.5	123.2	138.4	66.5	83.7
九月	107.7	181.4	143.6	128.0	176.9	164.1	146.4	147.7	107.7	89.9
十月	54.2	43.5	80.3	85.9	96.7	87.3	75.5	105.3	57.8	45.0
十一月	19.3	29.5	26.6	53.7	41.9	21.5	14.0	49.4	18.7	35.2
十二月	3.2	2.9	29.0	4.2	4.5	4.5	2.8	8.4	2.0	2.2
全年	814.9	876.9	872.8	930.4	979.8	1039.9	1019.9	1071.3	665.7	756.4

1-10 各县区日照时数

2015年

单位：小时

月份	汉滨区	汉阴县	石泉县	宁陕县	紫阳县	岚皋县	平利县	镇坪县	旬阳县	白河县
一月	64.1	78.6	90.6	74.5	50.2	66.5	76.5	90.5	87.3	87.6
二月	111.8	99.7	91.3	82.8	75.7	54.8	79.7	63.5	99.9	79.8
三月	119.3	138.0	130.8	90.8	98.3	118.2	109.3	95.5	133.2	107.2
四月	181.2	188.5	196.5	120.5	139.7	172.8	172.6	157.9	178.4	170.8
五月	170.5	188.0	182.8	209.1	135.2	168.7	151.9	154.6	170.9	157.5
六月	99.8	94.1	100.7	94.3	59.9	99.4	95.1	81.2	101.9	96.9
七月	243.2	237.3	211.3	215.1	135.8	233.8	210.2	265.7	232.7	211.3
八月	232.5	229.3	220.4	180.4	203.4	227.6	201.3	192.8	218.5	209.5
九月	88.0	66.7	76.3	99.7	66.1	82.4	63.3	81.3	84.1	93.6
十月	128.4	103.9	107.1	99.9	88.0	113.9	118.4	131.5	113.2	136.4
十一月	31.9	23.1	37.1	51.1	30.0	39.9	25.7	75.4	39.4	40.7
十二月	124.4	85.8	108.3	98.3	82.0	91.9	90.6	104.1	119.9	99.9
全年	1595.1	1533.0	1553.2	1416.5	1164.3	1469.9	1394.6	1434.0	1579.4	1491.2

1-11 安康市历届人民代表大会代表人数

单位：人

届 次	人 数	#女代表		#少数民族代表	
		人数	占代表总数%	人数	占代表总数%
一届一次（2001年）	351	72	20.51	20	5.70
二次（2001年）	349	72	20.63	20	5.73
三次（2002年）	350	72	20.57	20	5.71
四次（2002年）	351	72	20.51	20	5.70
五次（2003年）	352	72	20.45	20	5.68
六次（2004年）	352	72	20.45	20	5.68
七次（2005年）	352	72	20.45	20	5.68
二届一次（2006年）	341	66	19.35	13	3.81
二次（2007年）	341	66	19.35	13	3.81
三次（2007年）	341	66	19.35	13	3.81
四次（2008年）	343	66	19.35	13	3.81
五次（2009年）	352	74	21.02	16	4.55
六次（2010年）	354	74	20.90	16	4.52
三届一次（2011年）	348	83	23.85	19	5.46
二次（2012年）	360	83	23.06	19	5.23
三次（2013年）	356	85	23.88	19	5.34
四次（2013年）	356	85	23.88	19	5.34
五次（2014年）	355	85	23.94	19	5.34
六次（2015年）	355	87	24.51	19	5.35

1-12 安康市历届政治协商会议委员人数

单位：人

届 次	人 数	中国共产党党员委员		民主党派和无党派爱国人士委员	
		人数	占代表总数%	人数	占代表总数%
一届一次（2001年）	255	101	39.61	154	60.39
二次（2001年）	255	101	39.61	154	60.39
三次（2002年）	260	102	39.23	158	60.77
四次（2003年）	265	105	39.62	159	60.00
五次（2004年）	263	105	39.92	158	60.08
六次（2005年）	268	105	39.18	163	60.82
二届一次（2005年）	283	110	38.87	173	61.13
二次（2007年）	283	110	38.87	173	61.13
三次（2008年）	288	115	39.93	173	60.07
四次（2009年）	289	115	39.79	174	60.21
五次（2010年）	292	116	39.73	176	60.27
三届一次（2011年）	290	116	40.00	174	60.00
二次（2012年）	296	122	41.22	174	58.78
三次（2013年）	302	126	41.72	176	58.28
四次（2014年）	299	122	40.80	177	59.20
五次（2015年）	301	124	41.19	177	58.80

1-13 全市土地状况

	单 位	2015年
总面积	公 顷	2353632
农用地	公 顷	2252116
# 耕地	公 顷	341496
园地	公 顷	16507
林地	公 顷	1839002
牧草地	公 顷	6933
其他农用地	公 顷	48178
建设用地	公 顷	51297
# 农村居民点及工矿用地	公 顷	37416
交通用地	公 顷	6607
水利设施用地	公 顷	7274
未利用地	公 顷	50219
# 未利用土地	公 顷	50219
其他土地	公 顷	

主要统计指标解释

行政区划 指国家对行政区域的划分。根据宪法规定，我国的行政区域划分如下：

（1）全国分为省、自治区、直辖市；（2）省、自治区分为自治州、县、自治县、市；（3）自治州分为县、自治县、市；（4）县、自治县分为乡、民族乡、镇；（5）直辖市和较大的市分为区、县；（6）国家在必要时设立的特别行政区。

气候 指地球与大气之间长期能量交换与质量交换所形成的一种自然环境状态，它是多种因素综合作用的结果。气候既是人类生活和生产的环境要素之一，又是供给人类生活和生产的重要资源。气温、降水、湿度等气象要素的多年平均值是用来描述一个地区气候状况的主要参数，而各种气象要素某年、某月的平均值（或总量）则可以反映出该时期天气气候状况的重要特征。

自然资源 指人类可以直接从自然界获得，并用于生产和生活的物质资源。自然资源一般可以分成可再生资源和非再生资源两大类。可再生资源指在较短时间内可以再生、可以循环利用的资源，包括土地资源、水资源、气候资源、生物资源和海洋资源等。非再生资源指在使用后不能再生的资源，包括矿产资源和地热能源。

土地资源 土地指陆地的表层部分，它主要由岩石、岩石的风化物和土壤构成。土地资源按利用类型可以分为农用地、建筑用地和未利用地。农用地包括耕地、园地、林地。牧草地和水面。建筑用地包括居民点及工矿用地、交通用地和水利设施用地。未利用地指农用地和建筑用地以外的土地，包括滩涂、荒漠、戈壁、冰川和石山等。

森林资源 指森林、林木、林地以及依托森林、林木、林地生存的野生动物、植物和微生物。林木指树木和竹子。森林指以乔木为主体的植物群落，是集生的乔木及与其同作用的植物、动物、微生物和土壤、气候等的总体。

森林面积 指由乔木树种构成，郁闭度0.2经上，（含0.2）的林地或冠幅宽度10米以上的林带的面积，即有林地面积。森林面积包括天然起源和人工起源的针叶林面积、阔叶林面积、针阔混交林面积和竹林面积，不包括灌木林地面积和疏林地面积。

森林蓄积量 指一定森林面积上存在着的林木树干部分的总材积。它是反映一个国家或地区森林资源总规模和水平的基本指标之一，也是反映森林资源的丰富程度、衡量森林生态环境优劣的重要依据。

森林覆盖率 指一个国家或地区森林面积占土地总面积的百分比。森林覆盖率是反映森林资源的丰富程度和生态平衡状况的重要指标。在计算森林覆盖率时，森林面积包括郁闭度0.2以上的乔木林地面积和竹林地面积，国家特别规定的灌木林地面积、农田林网以及四旁（村旁、路旁、水旁、宅旁）林木的覆盖面积。计算公式为：

森林覆盖率（%）= 森林面积 / 土地总面积 × 100%

径流 指陆地上接受降水后扣除损耗外，从地表和地下向流域出口断面汇集的水流。径流可分为地表径流、地下径流和壤中流。地表径流指沿地表向河流、湖泊、沼泽、海洋等汇集的水流；地下径流指沿潜水层或隔水层间的含水层，向河流、湖泊、沼泽、海洋等汇集的地下水水流。

径流量 指在一定时段内通过河流某一过水断面的水量，用以反映一个国家或地区水资源的丰欠程度。计算公式：径流量 = 降水量 - 蒸发量

矿产资源 矿产指由地质作用形成，富集于地壳中或出露于地表达到工农业利用要求的有用矿物。矿产是一种重要的自然资源，是社会发展的重要物质基础。

矿产保有储量 指探明的矿产储量（包括工业储量和远景储量），扣除已开采部分和地下损失量后的年末实有储量。

2、综　合

ZONG HE

资料整理：余国琴　邝晓丽

2、综合

2015年全市

生产总值	755.05亿元，增长12.1%
全社会固定资产投资	758.16亿元，增长25.2%
公共财政预算收入	30.84亿元，增长9.8%
社会消费品零售总额	219.2亿元，增长13.5%
城镇居民人均可支配收入	23985元，增长8.7%
农民人均纯收入	7913元，增长9.7%

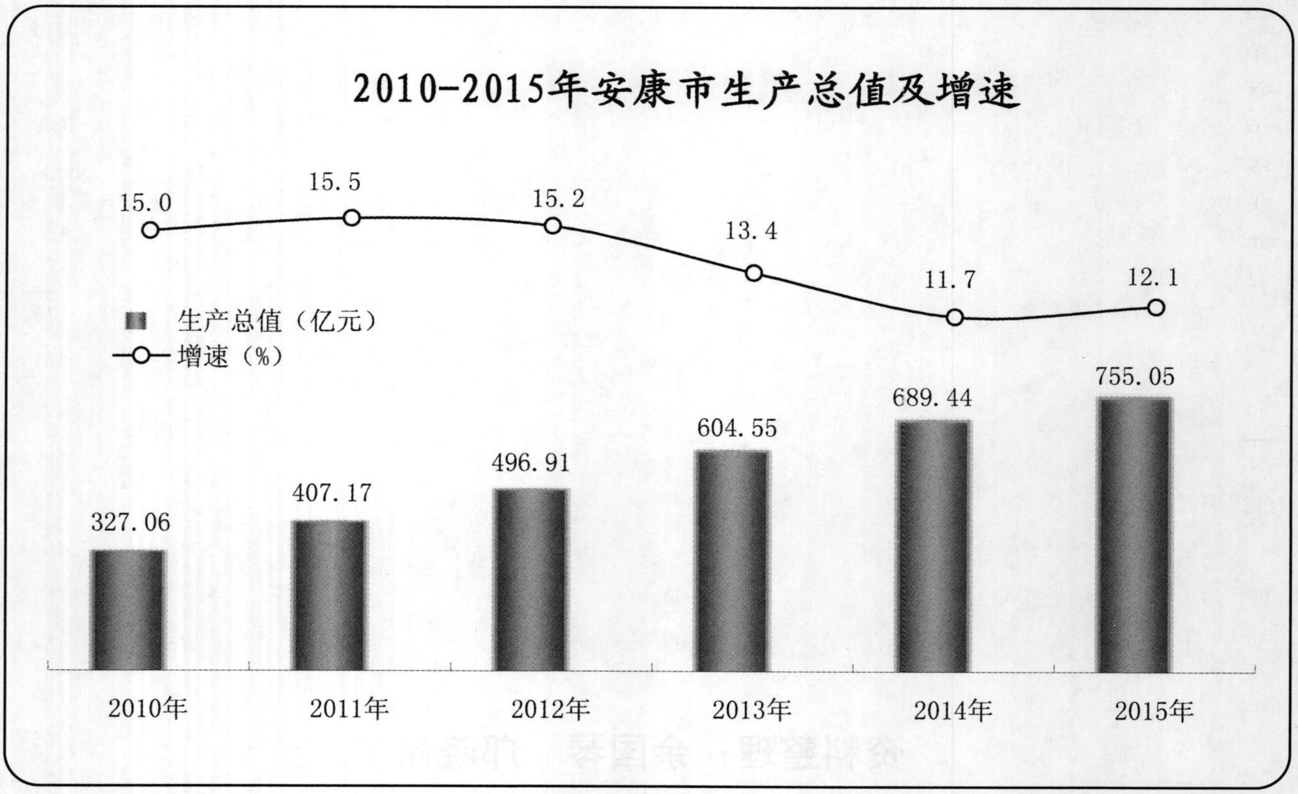

2-1 安康一日

指　标	单位	2010年	2011年	2012年	2013年	2014年	2015年
一、每天创造的财富							
生产总值	万元	8961	11155	13577	16563	18889	20686
第一产业	万元	1838	1973	2212	2481	2548	2632
第二产业	万元	3548	5017	6652	8806	10411	11052
第三产业	万元	3575	4165	4713	5276	7975	7003
财政一般预算收入	万元	362	475	592	694	770	845
粮食	吨	2550	2195	2327	2363	2346	2388
油料	吨	325	344	368	396	405	418
烟叶	吨	60	70	87	89	78	74
蚕茧	吨	56	40	30	26	24	23
茶叶	吨	23	23	29	33	38	45
水果	吨	459	518	533	553	580	612
肉类	吨	648	685	714	746	770	761
发电量	万千瓦时	1489	1858	1667	1587	1495	1839
二、每天消费量							
能源消费量	万吨标煤	0.83	0.92	1.02	1.12	1.19	0.98
社会消费品零售总额	万元	3028	3543	4139	4705	5293	6006
三、每天其他经济活动							
货运量	万吨	15	17	19	21	18	20
客运量	万人次	19	22	22	23	14	15
邮电业务总量	万元	307	346	389	461	563	631
进出口总额	万美元	4.52	4.77	6.51	8.01	9.73	13.06
#出口总额	万美元	4.52	4.77	6.51	7.61	9.73	13.06
国际旅游人数	人	40	49	55	60	66	72
居民储蓄额	万元	7962	9608	11511	13745	15381	17464
四、每天人口变动和婚姻							
出生	人	119	100	113	120	175	154
死亡	人	95	77	83	44	160	126
结婚	对	64	70	69	68	104	95
离婚	对	8	10	11	11	18	19

注：货运量和客运量均不含铁路运输。

2-2 全市国民经济和社会发展总量指标

指 标	单位	2010年	2011年	2012年	2013年	2014年	2015年
人口与就业							
人 口							
年底总人口(公安户籍)	万人	304.35	305.07	306.04	308.27	306.21	304.80
#男性人口	万人	163.60	163.93	164.15	165.40	164.73	162.99
女性人口	万人	140.75	141.14	141.88	142.88	141.48	141.81
年末常住人口	万人	263.08	263.07	263.36	263.76	264.20	265.00
就 业							
从业人员	万人	148.45	152.06	152.70	154.49	154.53	155.25
#职工人数	万人	12.88	13.91	14.79	17.16	17.63	18.05
城镇登记失业人数	人	9300	9536	9344	9350	8922	8847
宏观经济							
国民经济核算							
生产总值（GDP）	亿元	327.06	407.17	496.91	604.55	689.44	755.05
#第一产业	亿元	67.07	72.01	80.95	90.57	93.01	96.06
第二产业	亿元	129.51	183.13	243.47	321.40	371.03	403.39
第三产业	亿元	130.48	152.03	172.49	192.58	225.40	255.60
固定资产投资							
全社会固定资产投资	亿元	360.05	304.49	380.27	482.56	605.56	758.16
#固定资产投资	亿元		234.68	324.41	426.99	541.78	667.76
财 政							
地方财政收入	亿元	13.23	17.34	21.66	25.34	28.09	30.84
地方财政支出	亿元	110.17	127.15	162.28	187.50	205.09	224.60
物价指数（上年=100）							
商品零售价格总指数	%	102.30	104.0	101.9	101.7	100.1	100.2
居民消费品价格总指数	%	103.20	104.8	102.7	102.8	101.0	101.5

2-2 全市国民经济和社会发展总量指标（续1）

指　　标	单位	2010年	2011年	2012年	2013年	2014年	2015年
产　业							
农　业							
常用耕地面积	公顷	195541	197095	197937	198120	197296	196357
农林牧渔业从业人员	万人	69.43	66.45	64.94	62.27	63.45	61.67
农林牧渔业增加值	亿元	67.07	72.01	80.95	90.57	94.92	98.03
主要农产品产量							
粮食	万吨	93.09	80.13	85.18	86.23	85.63	87.15
油料	万吨	11.85	12.56	13.46	14.44	14.79	15.26
烟叶	万吨	2.19	2.57	3.20	3.24	2.89	2.7
蚕茧	吨	20311	14778	11147	9582	8816	8429
茶叶	吨	8480	9489	10516	12100	13763	16496
水果	万吨	16.76	18.92	19.50	20.18	21.19	22.35
肉类	万吨	23.64	25.00	26.14	27.24	28.11	27.77
工　业							
规模以上独立核算工业企业							
年末固定资产原值	亿元	160.84	178.81	215.14	266.52	320.00	338.2
利税总额	亿元	34.38	59.34	87.07	113.06	128.94	160.89
主要工业产品产量							
蚕丝	吨	2961	3439	3474	3620	3570	3592
卷烟	亿支	91	95	97	98	99.50	98.75
白酒	千升	3140	3399	3355	3809	5439	6059
中成药	吨	31	27	33.3	35	884	1370
化学药品原药	吨	1390	2433	2922	3864	4478	3776
水泥	万吨	617.23	660.91	707.75	698.91	711.41	764.43
水力发电量	亿千瓦时	54.36	67.83	61.00	57.93	54.57	66.42
交通运输							
货物运输量	万吨	5460	6272	6992	7502	6712	7379
水路	万吨	138	166	172	173	178	181
公路	万吨	5322	6106	6820	7329	6534	7198
货物周转量	亿吨公里	25.50	31.35	37.17	41.68	60.8	67.28
水路	亿吨公里	0.48	0.58	0.60	0.62	0.5	0.41
公路	亿吨公里	25.02	30.77	36.57	41.06	60.3	66.87
旅客运输量	万人	7106	7899	8214	8548	5160	5316
水路	万人	269	282	290	298	305	307
公路	万人	6837	7617	7924	8250	4855	5009
旅客周转量	亿人公里	24.63	28.98	30.50	32.24	23.93	25.14
水路	亿人公里	0.57	0.55	0.56	0.58	0.54	0.54
公路	亿人公里	24.06	28.43	29.94	31.66	23.39	24.60

2-2 全市国民经济和社会发展总量指标（续2）

指　　标	单位	2010年	2011年	2012年	2013年	2014年	2015年
邮电通信业							
邮电业务总量	万元	112210	126171	142401	168166	205670	230156
函件	万件	190	127	105	169	58	43.71
电话机	户	425580	383701	374012	384600	364782	347181
移动电话	户	1760311	1902915	2186854	1978218	2113153	2263960
国际互联网用户数	户	159157	192690	228355	258113	273320	298307
国内商业							
社会消费品零售总额	亿元	110.53	129.32	151.34	171.72	193.18	219.20
旅　游							
旅游人数	万人次	1219	1562	1837	2166	2529	2851
境外游客	人次	14600	18000	20000	22000	24200	26200
旅游收入	亿元	47.68	63.38	76.22	95.30	119.91	144.9
境外游客	万美元	262.8	360.0	400.0	450.0	532.4	589.5
金融保险							
金融机构各项存款	亿元	475.54	567.38	673.09	790.35	884.51	1032.71
#住户存款余额	亿元	290.62	350.71	421.29	501.69	561.40	637.44
金融机构各项贷款	亿元	211.34	258.59	308.97	383.11	474.35	547.20
教　育							
学校数							
普通高等学校	所	2	2	2	2	2	2
中等学校	所	232	221	218	216	212	200
小学	所	886	839	773	686	639	631
在校学生数							
普通高等学校	万人	1.63	1.84	1.94	2.02	2.09	2.12
中等学校	万人	21.42	20.77	19.16	17.73	16.91	16.31
小学	万人	20.84	19.95	18.15	17.44	17.56	17.83
专任教师数							
普通高等学校	人	988	899	845	881	905	899
中等学校	人	12712	12327	13157	13226	13276	13570
小学	人	14364	13574	11899	11188	10769	10395

2-2 全市国民经济和社会发展总量指标（续3）

指　　标	单位	2010年	2011年	2012年	2013年	2014年	2015年
居　住							
城镇居民人均居住面积	平方米	35	35.49	38.66	38.97	39.7	37.9
农村居民人均住房面积	平方米	35	35.44	39.48	39.87	40.2	45.2
生　活							
城镇居民人均可支配收入	元	14642	17365	20300	22533	25011	27191
农村居民人均纯收入	元	3976	5009	5815	6624	7468	8196
工　资							
在岗职工工资总额	亿元	39.4	48.89	56.16	65.5	70.21	82.43
在岗职工平均工资	元	32903	37802	40951	42754	44000	50410
卫　生							
卫生机构	个	768	3189	3177	3275	3190	3133
医生数	人	3605	3906	4094	4358	4288	4349
医院床位数	张	8059	8598	9968	11354	12595	13215
市政建设							
自来水供应量	万M3	7941	4899	2542	3041	2900	3047.96
下水道长度	公里	477	498	495	543	573	681.3
城市液化气供应量	吨	12166	14029	14959	15339	14432	14942.92
公共汽车总数	辆	124	135	161	214	267	380
绿地面积	公顷	1535	2001	2826	3898	4030	4180.14
环境·灾害							
火灾损失	万元	171.8	70.1	199.3	445.67	205.5	385.28
交通事故发生数	次	390	358	366	212	75	952
交通事故损失	万元	255.1	407.5	668	258.84	117.05	1254.41

2-3 各县区国民经济

2015年

指 标	单 位	汉滨区	汉阴县	石泉县
一、年末常住人口	万人	876734	247932	172525
二、在岗职工年末人数	人	72565	12497	8345
三、生产总值	亿元	224.69	75.51	60.37
第一产业	亿元	22.71	12.26	6.55
第二产业	亿元	94.45	43.43	38.93
第三产业	亿元	107.53	19.82	14.89
四、全社会固定资产投资	万元	2419241	659608	649036
#固定资产投资	万元	2196277	595113	583079
#房地产开发投资	万元	399251	67395	34879
五、地方财政收入	万元	58546	21500	14696
地方财政支出	万元	492528	189000	161888
六、在岗职工平均工资	元	50369	48802	59380
七、城镇居民人均可支配收入	元	24332	23995	23905
农村居民人均可支配收入	元	7849	8063	8011
八、农林牧渔业总产值	万元	387029	208869	115214
粮食产量	吨	214262	101208	69911
油料产量	吨	46067	29457	14335
九、规模以上工业总产值	万元	1934408	1247625	1103127
轻工业	万元	895544	623834	301378
重工业	万元	1038864	610472	792661
十、邮电业务总量	万元	100968	17079	13289
固定电话	户	169848	24680	23327
移动电话	户	918309	187468	139968
十一、社会消费品零售总额	万元	1008981	153530	109174
十二、进出口总额	万美元			
十三、中小学校数	所	359	97	32
#小学	所	280	83	20
普通中学（初中+高中）	所	79	14	12
中小学专任教师数	人	8868	2047	1536
#小学		3553	986	714
普通中学（初中+高中）		5315	1061	822
在校小学生人数	人	62306	19489	9882
在校初中生人数	人	33263	8283	4384
在校高中生人数	人	23423	5027	2918
十四、卫生机构数	个	1089	229	229
床位数	张	5616	1102	772
卫生技术人员	人	6390	1199	769
十五、土地面积	平方公里	3646	1365	1516

主要指标

宁陕县	紫阳县	岚皋县	平利县	镇坪县	旬阳县	白河县
70977	286025	155342	194467	51386	429951	164661
5008	12182	8561	12600	3326	21991	8116
24.11	75.00	40.26	68.01	13.45	120.96	52.70
4.20	11.01	6.39	10.04	3.11	12.44	7.35
13.08	42.07	22.47	45.27	4.58	67.95	31.16
6.83	21.92	11.40	12.70	5.76	40.57	14.19
316108	693510	406749	631695	154604	1162710	488385
209476	643545	389090	422662	149368	1023726	465260
7450	42298	8620	12158	—	60069	22900
8215	21306	10703	14245	6151	42197	13646
89699	210080	145268	164530	74866	250293	165400
47635	47537	47445	50685	52810	49169	55096
23338	23575	24020	23810	23620	23907	23432
7625	8051	7707	8130	7728	7900	7768
77333	196564	112891	183856	57384	229561	126822
19423	111311	67290	76898	27534	125482	58180
857	12590	7438	11862	1795	21541	6678
228574	838381	508722	1017486	71302	1613827	887298
37028	511112	333836	363624	21517	528229	391704
179269	315885	162982	642673	46697	1085598	495594
5796	20530	12157	14663	4969	27614	13090
8255	22319	17779	22907	6910	34457	16698
60578	207090	111017	156375	51442	300156	131557
46893	198923	94441	121163	32696	307869	118363
26	83	34	35	15	106	44
21	63	25	23	10	73	33
5	20	9	12	5	33	11
601	2166	1114	1703	508	3164	1547
333	934	553	971	269	1375	707
268	1232	561	732	239	1789	840
3771	21903	9865	12074	3746	22786	12428
1720	9698	4199	4911	1493	10795	4974
1098	4998	2779	3534	1228	8123	4224
137	281	191	246	95	452	164
328	821	773	771	283	2078	671
464	1224	679	849	379	2048	764
3667	2240	1957	2648	1502	3541	1453

2-4 各市（区）国民经济

2015年

指标	单位	关中	西安市	铜川市	宝鸡市	咸阳市	渭南市	杨凌示范区
年底常住人口	万人	2385.08	870.56	84.62	376.33	497.24	535.99	20.34
城镇非私营单位就业人员年末人数	万人	347.11	188.97	12.02	41.00	54.86	45.74	4.52
生产总值	亿元	11585.17	5801.20	307.16	1787.63	2152.92	1430.41	105.85
全社会固定资产投资总额	亿元	13432.49	5165.98	383.98	2589.88	3063.20	2085.21	144.25
#固定资产投资	亿元	12922.76	4930.98	347.55	2543.15	2981.85	1978.22	141.01
#房地产开发投资	亿元	2243.26	1831.67	28.30	94.78	181.82	97.33	9.37
地方一般预算收入	亿元	925.33	650.99	23.11	84.47	85.44	72.06	9.26
一般预算支出	亿元	1931.04	917.24	89.86	264.07	300.19	336.09	23.58
城镇非私营单位就业人员工资总额	亿元	1914.69	1182.98	56.65	195.33	246.99	208.64	24.09
城镇非私营单位就业人员平均工资	元		60213	47506	47886	45309	45775	52999
城镇居民人均可支配收入	元		33188	25559	29475	29425	25472	33109
农村居民人均可支配收入	元		14072	8739	9511	9690	8705	13792
农林牧渔业总产值	亿元	1700.40	380.76	42.22	289.89	577.52	397.54	12.47
粮食产量	万吨	766.38	180.86	24.11	149.65	192.38	217.27	2.11
棉花产量	吨	36868	294		52	123	36399	
油料产量	万吨	16.26	0.95	0.90	1.92	5.18	7.30	0.01
规模以上工业总产值	亿元	12862.98	4346.16	565.23	2599.43	3164.89	2053.87	133.41
邮电业务总量	亿元	487.10	298.83	13.04	52.17	61.97	61.10	0.00
固定电话	万户	526.34	314.39	13.22	64.76	54.01	79.97	
移动电话	万户	2513.48	1370.63	65.96	295.45	373.66	407.79	
社会消费品零售总额	亿元	5247.78	3405.38	110.05	612.84	601.59	503.25	14.66
进出口总值	亿元	1859.36	1761.75	1.48	53.61	28.64	10.55	3.34
#出口总值	亿元	887.28	819.87	1.47	40.85	15.22	8.66	1.20
实际利用外商直接投资额	万美元	414984	400833		268	13443	289	151
卫生机构数	个	18879	5802	946	2999	4715	4246	171
卫生机构床位数	张	134779	54708	5219	23091	28458	22183	1120
卫生技术人员	人	180963	81462	7310	24460	39044	26869	1818

注：本表价值量指标中，除邮电业务总量按不变价格计算，其余均按当年价格计算。

主要指标

陕南	汉中市	安康市	商洛市	陕北	延安市	榆林市
844.55	343.81	265.00	235.74	563.24	223.13	340.11
68.09	30.32	18.05	19.71	75.31	33.62	41.69
2433.18	1059.61	755.05	618.52	3690.15	1198.27	2491.88
2565.25	1039.40	758.16	767.69	3021.54	1637.17	1384.37
2389.15	930.27	707.82	751.06	2526.08	1392.41	1133.67
153.05	68.20	65.50	19.35	97.97	50.98	46.99
107.30	44.67	30.84	31.79	456.75	161.17	295.58
664.77	258.65	224.60	181.52	780.96	315.60	465.36
317.80	147.37	86.77	83.65	436.85	193.33	243.51
	48893	48628	42821		56459	58442
	23625	23985	23509		28590	27765
	8164	7913	7706		9789	9802
677.46	339.66	169.55	168.24	447.71	197.63	250.08
251.83	103.24	87.15	61.44	215.11	72.21	142.90
82	53	27	2	970	839	131
36.87	19.21	15.26	2.40	9.53	2.14	7.39
2660.48	922.03	945.07	793.37	4623.61	1417.24	3206.37
98.35	43.00	34.86	20.49	116.83	44.33	72.50
111.85	52.58	34.52	24.74	85.08	33.84	51.25
567.48	251.83	186.79	128.86	568.69	219.27	349.41
692.86	319.00	219.20	154.66	637.50	241.09	396.41
27.21	5.54	2.95	18.72	8.83	6.84	1.99
22.57	4.34	2.95	15.28	8.66	6.83	1.83
1206	1054		152	10653		10653
10046	3814	3113	3119	8105	3244	4861
45940	20960	13215	11765	31166	12865	18301
47013	20356	14765	11892	37405	15214	22191

2-5 毗邻城市经济

2015年

指标名称	单位	襄阳		十堰	
		总量	增长（%）	总量	增长（%）
地区生产总值	亿元	3382.1	8.9	1300.12	7.5
第一产业	亿元	402.1	4.8	157.48	4.7
第二产业	亿元	1922.9	9.0	636.11	4.3
#工业增加值	亿元	1748.9	9.2	574.17	4.1
第三产业	亿元	1057.1	10.1	506.53	13
人均生产总值	元	60319	19.4	38431	7.2
年末常用耕地面积	千公顷	453.9	0.5	174.92	−0.4
农作物播种面积	千公顷	965.8	−0.4	475.10	0.6
粮食总产量	万吨	505.3	0.3	117.64	−0.2
其中：夏粮	万吨	231.6	0.2	33.96	0.03
秋粮	万吨	273.8	0.5	83.68	−0.3
棉花	吨	26000	−13.4	107	−10.8
油料	万吨	24.1	−3.2	13.35	−0.1
蔬菜	万吨	335.5	4.6	158.94	0.6
水果	万吨	136.9	6.2	50.38	17.5
肉类总产量	万吨	83.8	−4.2	23.13	−1.8
水产品	万吨	21.7	9.5	7.66	5.2
规模以上工业增加值	亿元	——	9.8	497.97	3.2
规模以上主营业务收入	亿元	5180.1	11.4	1677.70	−1.5
规模以上工业利税总额	亿元	418.6	7.2	219.78	2.2
规模以上工业利润总额	亿元	282.4	12.7	159.83	1.6
全社会固定资产投资	亿元	3071.9	20.3	1307.25	18.7
固定资产投资	亿元	2921.8	19.3	1225.51	17.8
#工业投资	亿元	1465.2	19.9	328.95	14.2
民间投资	亿元	2327.1	15.0	609.71	11.3
房地产开发投资	亿元	334.6	1.1	83.01	−8.6
社会消费品零售总额	亿元	1165.1	13.1	639.41	12.8
对外贸易进出口总额	万美元	241244	22.7	65984	16.7
其中：进口总额	万美元	25457	12.0	2051	−15.6
出口总额	万美元	215787	24.1	63933	18.1
公共财政预算收入	亿元	339.1	36.1	93.38	8.9
公共财政预算支出	亿元	564.4	28.9	312.53	20.7
金融机构各项存款余额	亿元	2705.2	8.9	1841.50	10.9
金融机构各项贷款余额	亿元	1691.7	12.2	1032.71	16.9
非私营在岗职工平均工资	元	48022	8.1	55236	9
城镇居民人均可支配收入	元	26282	9.0	24057	8.6
农村居民人均可支配收入	元	13650	8.9	7779	10.4
城镇化率	%	57.30		52.90	
年末常住人口	万人	561.4		338.30	

注：城乡居民收入为新口径数据。

社会发展主要指标

南阳		荆门		达州		安康	
总量	增长（%）	总量	增长（%）	总量	增长（%）	总量	增长（%）
2522.32	9.2	1388.46	9.2	1350.76	3.1	755.05	12.1
404.19	4.5	200.86	5.1	290.82	3.9	96.06	4.9
1153.91	8.9	729.66	10.0	581.19	−0.2	403.39	14.8
9930.6	8.9	678.86	10.0	496.16	−1.1	309.94	15.4
964.22	12.0	457.94	9.7	478.76	9.6	255.60	11.3
29370	9.3	48000	9.0	24342	2.6	28536	11.8
		268.65	0.60	30.70	持平	196.40	−0.5
1543.73	0.1	600.94	−1.7	82.70	0.8	482.64	1.2
541.05	5.6	278.18	1.9	289.31	2.5	87.15	1.8
317.09	6.2	51.3	−4.6	48.21	2.7	30.93	3.1
223.96	4.9	226.88	3.5	241.10	2.5	56.22	1.1
1.31	−18.6	2.14	−29.8	—	—	27	−22.9
110.55	7.2	40.04	1.2	32.45	1.6	15.26	3.2
794.24	0.5	209.04	2.2	301.49	1.6	148.65	6.2
145.24	4.6	60.18	−11.8	31.14	3.1	22.35	5.5
5.41	−0.2	43.4	−2.2	49.73	−0.7	27.77	−1.2
11.38	−6.9	55.08	6.0	9.20	2.8	4.52	6.6
885.27	9.7	—	10.6	289.9	−3.0	304.18	17.6
3524.89	7.1	3011.23	5.6	1023.75	−9.3	863.04	22.3
291.21	−14.2	299.39	19.3	100.29	−29.1	160.89	24.8
169.28	−14.3	153.34	11.8	56.32	−41.0	108.49	31.3
2698.56	16.5	—	—	1331.68	13.2	758.16	25.2
2630.45	17.5	1404.58	18.0	1296.68	12.9	667.76	23.0
1616.3	15.8	703.17	14.5	393.23	13.9	144.35	14.5
2364.8	20.9	1150.25	21.8	540.41	2.5	336.15	20.8
150.67	1.9	118.11	−4.7	82.58	−13.1	65.50	22.5
1429.29	13	541.43	13.3	672.47	13.5	219.20	13.5
19.28亿美元	−1.5	117501	21.5	36886	13.4	4735	35.7
4.54亿美元	−9.9	29352	47.3	3417	−32.8	—	—
14.74亿美元	1.4	88149	14.8	33469	22.0	4735	35.7
157.08	11.4	80.43	19.3	79.15	8.9	30.84	9.8
519.19	14.9	225.48	26.0	324.33	12.6	224.60	9.7
3072.31	11.4	1430.56	13.8	2086.42	19.1	1032.71	16.8
1723.16	11.0	793.9	21.5	929.32	15.9	547.20	15.4
43340	5.1	47929	10.9	42446	10.9	50410	14.6
25140	8.6	26731	8.5	23884	8.6	23985	8.7
10777	9.6	14716	9.2	10688	10.1	7913	9.7
42.07		54.21		40.9		44.32	
859.6		289.63		556.76		265.00	

2-6 全市主要社会经济指标占陕西省比重

2015年

指 标	单位	安康市	陕西省	安康占陕西%
一、年末常住人口	万人	265.00	3793.00	6.99
二、城镇非私营单位年末从业人员	万人	18.05	511.84	3.53
其中：在岗职工人数	万人	16.52	474.13	3.48
三、生产总值	亿元	755.05	18021.86	4.19
其中：第一产业	亿元	96.06	1597.63	6.01
第二产业	亿元	403.39	9082.13	4.44
第三产业	亿元	255.60	7342.10	3.48
其中：工业	亿元	309.94	7344.62	4.22
建筑业	亿元	93.45	1780.85	5.25
四、全社会固定资产投资总额	亿元	758.16	20177.86	3.76
其中：固定资产投资	亿元	667.76	19826.65	3.37
五、财政总收入	亿元	72.82	3301.23	2.21
其中：一般预算收入	亿元	30.84	2059.87	1.50
地方财政支出	亿元	224.60	4375.53	5.13
六、人民币各项存款余额	亿元	1032.71	32415.24	3.19
人民币各项贷款余额	亿元	547.20	21760.61	2.51
七、规模以上工业总产值	亿元	945.07	20333.98	4.65
八、农业总产值	亿元	169.55	2813.50	6.03
粮食总产量	万吨	87.15	1226.80	7.10
油料总产量	万吨	15.26	62.70	24.34
九、城镇常住居民人均可支配收入	元	23985	26420	90.78
十、农村常住居民人均可支配收入	元	7913	8689	91.07
十一、社会消费品零售总额	亿元	219.20	6578.14	3.33
十二、进出口总额	亿元	2.95	1895.40	0.16
其中：出口额	亿元	2.95	918.51	0.32

2-7 全市法人单位和产业活动单位数

2015年 单位：个

	法人单位数	单产业法人单位	多产业法人单位	其中："四上"企业单位数	产业活动单位数	多产业法人所属的产业活动单位
合　计	14665	14226	439	1339	17211	2985
一、按国民经济行业分组	14665	14226	439	1339	17211	2985
农、林、牧、渔业	1273	1272	1	0	1279	7
农业	452	452	0	0	453	1
林业	77	77	0	0	79	2
畜牧业	519	519	0	0	519	0
渔业	127	126	1	0	127	1
农、林、牧、渔服务业	98	98	0	0	101	3
采矿业	384	382	2	90	388	6
煤炭开采和洗选业	56	55	1	18	58	3
黑色金属矿采选业	34	34	0	10	34	0
有色金属矿采选业	96	96	0	20	96	0
非金属矿采选业	181	180	1	42	182	2
开采辅助活动	2	2	0	0	2	0
其他采矿业	15	15	0	0	16	1
制造业	1177	1173	4	411	1180	7
农副食品加工业	179	177	2	79	178	1
食品制造业	48	48	0	16	48	0
酒、饮料和精制茶制造业	199	199	0	66	200	1
烟草制品业	1	1	0	0	1	0
纺织业	25	25	0	11	25	0
纺织服装、服饰业	20	20	0	4	20	0
皮革、毛皮、羽毛及其制品和制鞋业	3	3	0	1	3	0
木材加工和木、竹、藤、棕、草制品业	36	36	0	7	36	0
家具制造业	17	17	0	3	17	0
造纸和纸制品业	7	7	0	1	7	0
印刷和记录媒介复制业	31	31	0	3	31	0
文教、工美、体育和娱乐用品制造业	9	9	0	1	9	0
石油加工、炼焦和核燃料加工业	1	1	0	1	1	0
化学原料和化学制品制造业	44	44	0	21	44	0
医药制造业	38	38	0	28	38	0
橡胶和塑料制品业	18	18	0	5	18	0
非金属矿物制品业	329	329	0	109	329	0

2-7 全市法人单位和产业活动单位数（续1）

2015年 单位：个

	法人单位数	单产业法人单位	多产业法人单位	其中："四上"企业单位数	产业活动单位数	多产业法人所属的产业活动单位
黑色金属冶炼和压延加工业	8	8	0	5	8	0
有色金属冶炼和压延加工业	16	16	0	10	16	0
金属制品业	44	44	0	11	45	1
通用设备制造业	17	16	1	4	18	2
专用设备制造业	20	20	0	5	20	0
汽车制造业	9	8	1	6	10	2
铁路、船舶、航空航天和其他运输设备制造业	5	5	0	1	5	0
电气机械和器材制造业	23	23	0	9	23	0
计算机、通信和其他电子设备制造业	4	4	0	1	4	0
仪器仪表制造业	3	3	0	0	3	0
其他制造业	11	11	0	2	11	0
废弃资源综合利用业	8	8	0	1	8	0
金属制品、机械和设备修理业	4	4	0	0	4	0
电力、热力、燃气及水生产和供应业	210	205	5	26	231	26
电力、热力生产和供应业	165	162	3	22	173	11
燃气生产和供应业	7	7	0	2	10	3
水的生产和供应业	38	36	2	2	48	12
建筑业	586	572	14	93	600	28
房屋建筑业	214	203	11	71	218	15
土木工程建筑业	100	98	2	17	103	5
建筑安装业	44	44	0	0	46	2
建筑装饰和其他建筑业	228	227	1	5	233	6
批发和零售业	2010	1968	42	401	2228	260
批发业	576	561	15	76	620	59
零售业	1434	1407	27	325	1608	201
交通运输、仓储和邮政业	254	244	10	0	299	55
道路运输业	160	156	4	0	175	19
水上运输业	14	14	0	0	14	0
航空运输业	1	1	0	0	1	0
装卸搬运和运输代理业	23	22	1	0	26	4
仓储业	23	23	0	0	24	1
邮政业	33	28	5	0	59	31

2-7 全市法人单位和产业活动单位数（续2）

2015年 单位：个

	法人单位数	单产业法人单位	多产业法人单位	其中："四上"企业单位数	产业活动单位数	多产业法人所属的产业活动单位
住宿和餐饮业	456	454	2	199	467	13
住宿业	183	182	1	70	191	9
餐饮业	273	272	1	129	276	4
电信、广播电视和卫星传输服务	30	26	4	0	159	133
互联网和相关服务	34	33	1	0	33	0
软件和信息技术服务业	36	36	0	0	38	2
金融业	97	69	28	0	599	530
货币金融服务	55	38	17	0	452	414
资本市场服务	12	12	0	0	12	0
保险业	25	14	11	0	130	116
其他金融业	5	5	0	0	5	0
房地产业	368	361	7	119	392	31
租赁和商务服务业	543	538	5	0	560	22
租赁业	53	53	0	0	53	0
商务服务业	490	485	5	0	507	22
科学研究和技术服务业	435	428	7	0	660	232
研究和试验发展	16	16	0	0	17	1
专业技术服务业	220	213	7	0	340	127
科技推广和应用服务业	199	199	0	0	303	104
水利、环境和公共设施管理业	192	188	4	0	239	51
水利管理业	26	24	2	0	49	25
生态保护和环境治理业	17	16	1	0	31	15
公共设施管理业	149	148	1	0	159	11
居民服务、修理和其他服务业	202	201	1	0	206	5
居民服务业	74	74	0	0	76	2
机动车、电子产品和日用产品修理业	91	90	1	0	93	3
其他服务业	37	37	0	0	37	0
教育	917	866	51	0	1128	262
教育	917	866	51	0	1128	262
卫生和社会工作	1142	1140	2	0	1205	65
卫生	1027	1025	2	0	1061	36
社会工作	115	115	0	0	144	29

2-7 全市法人单位和产业活动单位数（续3）

2015年 单位：个

	法人单位数	单产业法人单位	多产业法人单位	其中："四上"企业单位数	产业活动单位数	多产业法人所属的产业活动单位
文化、体育和娱乐业	346	345	1	0	418	73
新闻和出版业	2	2	0	0	2	0
广播、电视、电影和影视录音制作业	33	33	0	0	35	2
文化艺术业	139	138	1	0	209	71
体育	15	15	0	0	15	0
娱乐业	157	157	0	0	157	0
公共管理、社会保障和社会组织	3973	3725	248	0	4902	1177
中国共产党机关	121	116	5	0	123	7
国家机构	977	736	241	0	1818	1082
人民政协、民主党派	11	11	0	0	11	0
社会保障	85	85	0	0	169	84
群众团体、社会团体和其他成员组织	440	438	2	0	442	4
基层群众自治组织	2339	2339	0	0	2339	0
二、按县区分组	14665	14226	439	1339	17193	2967
汉滨区	5183	5087	96	415	5642	555
汉阴县	1338	1294	44	154	1657	363
石泉县	1221	1194	27	125	1445	251
宁陕县	625	588	37	35	829	241
紫阳县	903	857	46	81	1202	345
岚皋县	695	683	12	64	813	130
平利县	1152	1096	56	129	1459	363
镇坪县	554	527	27	36	648	121
旬阳县	2080	2030	50	200	2368	338
白河县	914	870	44	100	1130	260
三、按机构类型分组	14665	14226	439	1339	17211	2985
企业	7865	7734	131	1339	8849	1115
事业单位	1871	1807	64	0	2792	985
机关	859	617	242	0	1486	869
社会团体	428	426	2	0	431	5
民办非企业单位	845	845	0	0	845	0
居委会	184	184	0	0	184	0
村委会	2155	2155	0	0	2155	0
其他组织机构	458	458	0	0	469	11

主要统计指标解释

可比价格 指计算各种总量指标所采用的扣除了价格变动因素的价格，可进行不同时期总量指标的对比。按可比价格计算总量指标有两种方法：一种是直接用产品产量乘某一年的不变价格计算；另一种是用价格指数进行缩减。

指数 是一种表明社会经济现象动态的相对数。运用指数可以测定不能直接相加和直接对比的社会经济现象的总动态，可以分析社会经济现象总变动中各因素变动的影响程度，可以研究总平均指标变动中各组标志水平和总体结构变动的作用。它是在把各个年份的产值换算成可比价格的基础上，根据定基数等于相应各个环比指数的连乘积这个换算关系计算出来的。

平均增长速度 我国计算平均增长速度有两种方法：一种是习惯上经常使用的“水平法”，又称几何平均法，是以间隔期最后一年的水平同基期水平对比来计算平均每年增长（或下降）速度；另一种是“累计法”，又称代数平均法或方程法，是以间隔期内各年水平的总和同基期水平对比来计算平均每年增长（或下降）速度。在一般正常情况下，两种方法计算的平均每年增长速度比较接近；但在经济发展不平衡、出现大起大落时，两种方法计算的结果差别较大。本《年鉴》内所列的平均增长速度，除固定资产投资用“累计法”计算外，其余均用“水平法”计算。从某年到某年平均增长速度的年份，均不包括基期年在内。如建国五十年以来的平均增长速度是从1949年为基期计算的，则写为1950—2001年平均增长速度，其余类推。

企业（单位）登记注册类型 是以在工商行政管理机关登记注册的各类企业为划分对象，以工商行政管理部门对企业登记注册的类型为依据，将企业登记注册类型分为内资企业、港澳台商投资企业和外商投资企业三大类。内资企业包括国有企业、集体企业、股份合作企业、联营企业、有限责任公司、股份有限公司、私营公司和其他企业；港澳台商投资企业和外商投资企业分别包括合资经营企业、合作经营企业、独资经营企业和股份有限公司。对不在工商行政管理部门进行登记注册的行政机关、事业单位和社会团体，主要按其经费来源和管理方式进行划分。

国有企业 指企业全部资产归国家所有，并按《中华人民共和国企业法人登记管理条例》规定登记注册的非公司制的经济组织。不包括有限责任公司中的国有独资公司。

集体企业 指企业资产归集体所有，并按《中华人民共和国企业法人登记管理条例》规定登记注册的经济组织。

股份合作企业 指以合作制为基础，由企业职工共同出资入股，吸收一定比例的社会资产投资组建，实行自主经营，自负盈亏，共同劳动，民主管理，按劳分配与按股分红相结合的一种集体经济组织。

联营企业 指两个及两个以上相同或不同所有制性质的企业法人或事业单位法人，按自愿、平等、互利的原则，共同投资组成的经济组织。联营企业包括国有联营企业、集体联营企业、国有与集体联营企业和其他联营企业。

有限责任公司 指根据《中华人民共和国公司登记管理条例》规定登记注册，由两个以上、五十个以下的股东共同出资，每个股东以其所认缴的出资额对公司承担有限责任，公司以其全部资产对其债务承担责任的经济组织。有限责任公司包括国有独资公司以及其他有限责任公司。

股份有限公司 指根据《中华人民共和国公司登记管理条例》规定登记注册，其全部注册资本由等额股份构成并通过发行股票筹集资本，股东以其认购的股份对公司承担有限责任，公司以其全部资产对其债务承担责任的经济组织。

私营企业 指由自然人投资设立或由自然人控股，以雇佣劳动为基础的营利性经济组织。包括按照《公司法》、《合伙企业法》、《私营企业暂行条例》规定登记注册的私营有限责任公司、私营股份有限公司、私营合伙企业和私营独资企业。

其他企业 指上述企业之外的其他内资经济组织。

与港澳台商合资经营企业 指港澳台地区投资者与内地企业依照《中华人民共和国中外合资经营企业法》及有关法律的规定，按合同规定的比例投资设立、分享利润和分担风险的企业。

与港澳台商合作经营企业 指港澳台地区投资者与内

地企业依照《中华人民共和国中外合作经营企业法》及有关法律的规定，依照合作合同的约定进行投资或提供条件设立、分配利润和分担风险的企业。

港澳台商独资经营企业 指依照《中华人民共和国外资企业法》及有关法律的规定，在内地由港澳台地区投资者全额投资设立的企业。

港澳台商投资股份有限公司 指根据国家有关规定，经外经贸部依法批准设立，其中港、澳、台商的股本占公司注册资本的比例达25%以上的股份有限公司。凡其中港、澳、台商的股本占公司注册资本的比例小于25%的，属于内资企业中的股份有限公司。

中外台资经营企业 指外国企业或外国人与中国内地企业依照《中华人民共和国中外合资经营企业法》及有关法律的规定，按合同规定的比例投资设立、分享利润和分担风险的企业。

中外合作经营企业 指外国企业或外国人与中国内地企业依照《中华人民共和国中外合作经营企业法》及有关法律的规定，依照合作合同的约定进行投资或提供条件设立、分配利润和分担风险的企业。

外资企业 指依照《中华人民共和国外资企业法》及有关法律的规定，在中国内地由外国投资者全额投资设立的企业。

外商投资股份有限公司 指根据国家有关规定，经外经贸部依法批准设立，其中外资的股本占公司注册资本的比例达25%以上的股份有限公司。凡其中外资股本占公司注册资本的比例小于25%的，属于内资企业中的股份有限公司。

行政机关、事业单位和社会团体 参照企业登记注册类型，主要按其经费来源和管理方式划分。具体规定如下：

（1）行政机关：包括国家机关和政党机关，原则上均列为“国有”。有特殊规定的。如供销社等，则列为“集体”。

（2）事业单位：包括经国家机构编制部门和有关业务主管部门批准成立的各类事业单位，不包括实行企业化管理的事业单位。事业单位的划分办法如下：

①由国家财政预算拨款或列入财政预算外资金管理以及经费主要来源于国有主管部门或国有上级单位的事业单位，列为“国有”。

②经费主要来源于集体单位的事业单位，列为“集体”。

③公民个人（或个人合伙）开办的事业单位，列为“私营”。

④上述以外的其他事业单位，如果其经费来源不明确，按管理方式进行归类。

（3）社会团体：包括经民政部门批准成立以及未纳入社会团体管理条例范围的工会、妇联等各类社会团体。社会团体的划分办法如下：

①未纳入民政部社会团体管理条例范围的工会、妇联、共青团、青联、工商联、科协、侨联等社会团体，国家拨款设立的基金会或基金管理组织以及经费主要来源于国有业务主管部门或国有上级单位的社会团体，列为“国有”。

②经费主要来源于集体单位的社会团体，列为“集体”。

③公民个人（或个人合伙）开办的社会团体，划为“私营”。

④上述以外的其他社会团体，如果其经费来源不明确，改按管理方式进行归类。

3、国民经济核算

GUO MIN JING JI HE SUAN

资料整理：王　辉

3、国民经济核算

2015年全市	
生产总值	755.05亿元，增长12.1%
# 第一产业	96.06亿元，增长4.9%
第二产业	403.39亿元，增长14.8%
第三产业	255.60亿元，增长11.3%
人均生产总值	28536元，增长11.8%

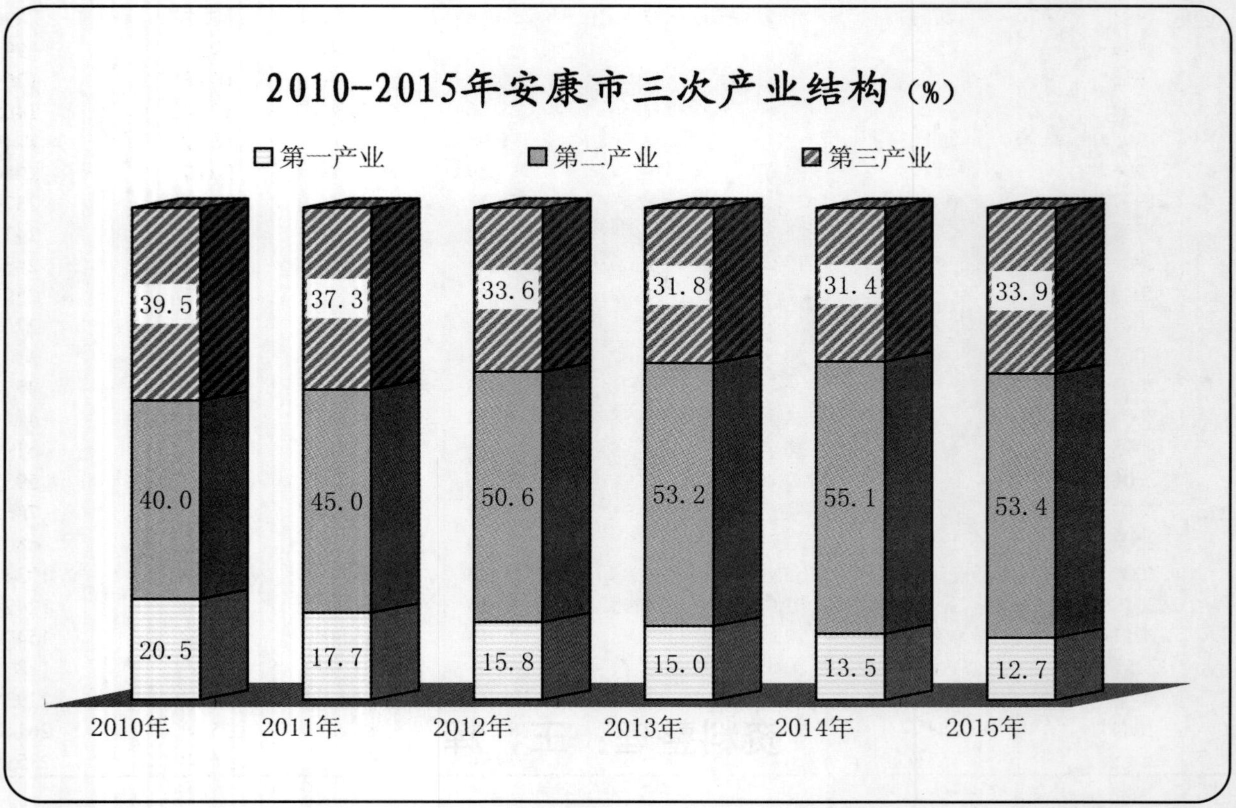

3-1 全市主要年份生产总值

年 份	生产总值（亿元）	第一产业	第二产业			第三产业	人均生产总值（元）
				工业	建筑业		
1949	1.40						95
1952	1.61	1.35	0.04			0.22	97
1957	1.85						
1962	1.89						
1965	2.31						
1970	2.38						
1975	3.54						
1978	4.95	2.82	1.17			0.96	195
1979	5.70	3.09	1.33			1.28	223
1980	6.21	3.25	1.49			1.47	258
1981	6.14	3.35	1.14			1.65	235
1982	6.80	3.74	0.78	0.42	0.36	2.28	258
1983	7.66	3.70	1.64	0.84	0.80	2.32	289
1984	8.23	3.91	1.68	1.08	0.60	2.64	309
1985	9.93	4.37	2.61	1.67	0.94	2.95	371
1986	10.43	4.39	2.84	1.53	1.30	3.20	386
1987	11.90	5.50	2.89	1.87	1.01	3.51	436
1988	15.56	7.45	3.60	2.33	1.27	4.51	563
1989	18.16	8.45	4.18	3.06	1.12	5.53	650
1990	21.77	10.02	4.97	3.69	1.28	6.78	770
1991	23.67	10.78	5.16	3.78	1.38	7.73	830
1992	28.40	12.54	6.66	4.80	1.86	9.20	991
1993	36.34	14.81	11.05	9.32	1.73	10.48	1264
1994	42.30	18.00	11.36	8.66	2.70	12.94	1465
1995	50.62	22.11	11.99	8.98	3.01	16.52	1749
1996	60.49	24.63	15.19	11.59	3.60	20.67	2086
1997	67.71	26.10	17.89	13.57	4.32	23.72	2329
1998	71.01	25.56	17.63	12.32	5.31	27.82	2438
1999	72.38	23.08	18.06	11.24	6.82	31.24	2483
2000	74.80	22.76	20.29	12.41	7.88	31.75	2561
2001	80.74	23.50	21.33	12.72	8.61	35.91	2758
2002	91.08	24.59	24.42	14.97	9.45	42.07	3107
2003	105.03	26.61	28.72	18.25	10.47	49.70	3577
2004	121.97	31.50	35.18	23.14	12.04	55.29	4141
2005	143.76	36.71	42.83	28.23	14.60	64.22	5191
2006	163.57	42.44	49.05	32.26	16.79	72.08	5935
2007	191.37	48.69	60.71	40.03	20.68	81.97	7067
2008	241.24	63.79	79.42	50.40	29.02	98.03	8802
2009	274.95	65.59	96.83	60.36	36.47	112.53	10341
2010	327.06	67.07	130.95	86.15	44.80	129.04	12428
2011	407.17	72.01	183.13	127.13	56.00	152.03	15477
2012	496.91	80.95	243.47	179.91	63.56	172.49	18878
2013	604.55	88.73	315.99	238.41	77.58	199.83	22938
2014	689.44	93.01	371.03	282.41	88.62	225.40	26117
2015	755.05	96.06	403.39	309.94	93.45	255.60	28536

注：1. 本表按当年价格计算。
2. 2014年起三次产业分类依据国家统计局2012年制定的《三次产业划分规定》。

3-2 全市主要年份生产总值指数

（上年 = 100）

年　份	生产总值	第一产业	第二产业	工业	建筑业	第三产业	人均生产总值
1990	108.7	108.6	107.7	107.8	107.3	109.5	107.4
1991	108.8	104.6	118.2	122.5	105.9	108.1	107.9
1992	105.9	103.5	108.9	111.6	99.9	106.7	105.4
1993	110.3	106.2	123.2	131.5	92.3	105.6	109.9
1994	100.3	90.0	109.4	107.8	117.9	105.8	99.9
1995	107.0	105.1	105.0	105.2	104.5	111.1	106.7
1996	110.1	107.9	117.0	118.6	109.4	106.3	109.9
1997	110.2	104.9	115.5	117.2	106.4	110.9	109.9
1998	109.8	104.5	114.7	114.0	118.6	110.4	109.6
1999	105.6	95.1	112.4	110.6	122.8	108.7	105.5
2000	105.8	106.0	102.8	101.4	110.0	108.9	105.6
2001	106.4	104.6	102.9	102.0	104.4	109.9	106.1
2002	108.6	101.3	110.9	114.9	104.9	112.1	108.5
2003	108.6	98.8	113.1	117.9	104.9	112.1	108.4
2004	109.2	109.2	113.2	116.8	106.4	106.7	108.9
2005	109.8	110.4	109.1	108.0	111.3	109.9	109.6
2006	110.4	108.0	112.5	111.1	115.1	110.4	110.7
2007	112.8	106.3	116.5	118.0	113.6	113.9	112.7
2008	115.4	107.7	121.6	119.4	125.8	115.2	115.3
2009	115.0	106.2	120.2	116.4	127.2	115.5	114.8
2010	115.0	106.4	121.5	123.3	118.6	113.9	115.0
2011	115.5	106.5	122.9	126.0	116.8	112.6	115.5
2012	115.2	105.7	123.6	130.2	110.0	110.5	115.1
2013	113.4	105.1	119.8	122.8	112.5	109.5	113.3
2014	111.7	105.5	115.7	117.1	111.8	109.1	111.5
2015	112.1	104.9	114.8	115.4	112.9	111.3	111.8

注：本表按不变价格计算。

3-3 全市生产总值

2015年

	生产总值（亿元）	构成（%）	比上年增长（±%）
地区生产总值	755.05	100	12.1
#农、林、牧、渔业	98.03	13.0	4.8
工业	309.94	41.0	15.4
建筑业	93.45	12.4	12.9
批发和零售业	35.48	4.7	13.0
交通运输、仓储和邮政业	33.81	4.5	0.2
住宿和餐饮业	21.53	2.9	10.9
信息传输、软件和信息技术服务业	7.83	1.0	16.2
金融业	28.71	3.8	17.5
房地产业	22.13	2.9	2.8
租赁和商务服务业	3.32	0.5	19.7
科学研究和技术服务业	4.48	0.6	16.7
水利、环境和公共设施管理业	1.35	0.2	13.5
居民服务、修理和其他服务业	10.12	1.3	12.1
教育	21.96	2.9	14.5
卫生和社会工作	15.87	2.1	12.1
文化、体育和娱乐业	2.40	0.3	18.9
公共管理、社会保障和社会组织	44.64	5.9	13.9
#第一产业	96.06	12.7	4.9
第二产业	403.39	53.4	14.8
第三产业	255.60	33.9	11.3

注：1. 绝对额按现价计算，增长速度按不变价计算。
2. 三次产业分类依据国家统计局2012年制定的《三次产业划分规定》。
3. 行业分类采用《国民经济行业分类（GB/T 4754－2011）》。
4. 该表为初步核实数据。

3-4 分县区生产总值

年份	县区	生产总值(亿元)	第一产业	第二产业	工业	建筑业	第三产业	人均生产总值(元)
2010	汉滨区	114.2	15.29	39.51	21.24	18.27	59.4	13130
	汉阴县	28.45	8.36	10.15	8.06	2.09	9.94	11558
	石泉县	27	4.59	14.95	11.32	3.63	7.46	15814
	宁陕县	11.61	2.67	5.35	2.66	2.69	3.59	16418
	紫阳县	28.1	8.9	8.57	4.6	3.97	10.63	9725
	岚皋县	16.31	4.37	6.14	3.87	2.27	5.8	10546
	平利县	23.9	6.76	10.56	8.56	2	6.58	12354
	镇坪县	6.81	1.93	2.07	1.49	0.58	2.81	13324
	旬阳县	55.44	9.19	24.74	17.14	7.6	21.51	12983
	白河县	20.04	5.02	7.44	5.75	1.69	7.58	12201
2011	汉滨区	136.95	16.55	54.7	31.27	23.43	65.7	15735
	汉阴县	35.11	8.88	14.68	12.06	2.62	11.55	14261
	石泉县	33.65	5.07	20.2	16.06	4.14	8.38	19656
	宁陕县	14.66	2.99	7.52	4.14	3.38	4.15	20807
	紫阳县	35.36	9.49	13.44	8.4	5.04	12.43	12452
	岚皋县	19.81	4.68	8.61	5.82	2.79	6.52	12845
	平利县	29.33	7.16	14.81	12.55	2.26	7.36	15191
	镇坪县	8.7	2.1	3.23	2.51	0.72	3.37	17060
	旬阳县	67.77	9.67	34.1	24.99	9.11	24	15879
	白河县	25.49	5.42	11.54	9.33	2.2	8.53	15594
2012	汉滨区	159.28	19.2	65.15	37.86	27.29	74.93	18291
	汉阴县	45.93	9.82	22.94	20.05	2.89	13.17	18648
	石泉县	38.24	5.6	23.12	18.58	4.54	9.52	22315
	宁陕县	18.32	3.53	10.03	6.17	3.86	4.76	25982
	紫阳县	44.85	10.09	20.24	14.25	5.99	14.52	16437
	岚皋县	25.56	5.22	12.79	9.51	3.28	7.55	16565
	平利县	39.82	8.43	23.16	20.81	2.35	8.23	20618
	镇坪县	11.74	2.55	5.27	4.41	0.86	3.92	23007
	旬阳县	81.74	10.5	44.04	33.97	10.07	27.2	19742
	白河县	32.71	6	17.12	14.7	2.42	9.59	19997

注：1. 本表按当年价格计算。
　　2. 人均生产总值按常住人口计算。

3-4 分县区生产总值（续）

年份	县区	生产总值（亿元）	第一产业	第二产业	工业	建筑业	第三产业	人均生产总值（元）
2013	汉滨区	188.98	21.19	79.41	46.81	32.6	88.38	21673
	汉阴县	57.81	11.05	31.41	26.62	4.79	15.35	23439
	石泉县	46.83	6.1	30	24.79	5.21	10.73	27855
	宁陕县	21.09	3.85	12.04	7.69	4.35	5.2	29883
	紫阳县	55.34	10.38	28.6	21.7	6.9	16.36	19116
	岚皋县	31.08	5.78	16.15	12.46	3.685	9.15	20114
	平利县	52.9	9.32	33.94	29.36	4.58	9.64	26108
	镇坪县	13.14	2.87	5.91	4.7	1.21	4.36	25339
	旬阳县	96.26	11.79	54.76	43.44	11.32	29.71	22511
	白河县	41.13	6.83	23.77	20.84	2.93	10.53	25378
2014	汉滨区	210.39	22.18	91.61	54.08	37.53	96.6	24090
	汉阴县	68.44	11.68	39.15	33.72	5.43	17.61	27711
	石泉县	54.76	6.32	35.69	29.79	5.9	12.75	31862
	宁陕县	22.22	4.06	12.39	7.47	4.92	5.77	31426
	紫阳县	64.79	10.95	34.67	26.72	7.95	19.17	22739
	岚皋县	35.11	6.03	19.08	14.9	4.18	10	22686
	平利县	60.59	9.72	39.95	34.73	5.22	10.92	31277
	镇坪县	12.06	2.98	4.09	2.72	1.37	4.99	23559
	旬阳县	112.37	12.09	65.23	52.42	12.81	35.05	26237
	白河县	48.27	7	29.16	25.85	3.31	12.11	29428
2015	汉滨区	224.69	22.71	94.45	56.34	38.11	107.53	25667
	汉阴县	75.51	12.26	43.43	37.42	6.01	19.82	30501
	石泉县	60.37	6.55	38.93	32.58	6.36	14.89	35046
	宁陕县	24.11	4.2	13.08	7.81	5.27	6.83	34023
	紫阳县	75	11.01	42.07	33.63	8.44	21.92	26260
	岚皋县	40.26	6.39	22.47	17.82	4.65	11.4	25954
	平利县	68.01	10.04	45.27	39.53	5.74	12.7	35026
	镇坪县	13.45	3.11	4.58	3.03	1.55	5.76	26215
	旬阳县	120.96	12.44	67.95	54.28	13.67	40.57	28176
	白河县	52.7	7.35	31.16	27.51	3.65	14.19	32052

注：1. 本表按当年价格计算。
2. 人均生产总值按常住人口计算。

3-5 分县区生产总值发展指数

（上年 = 100）

年份	县区	生产总值	第一产业	第二产业	工业	建筑业	第三产业	人均生产总值
2010	汉滨区	114.7	106.5	119.2	120.0	118.3	114.0	114.5
	汉阴县	114.9	107.1	125.3	125.0	126.4	114.2	114.7
	石泉县	116.1	107.2	122.6	124.4	118.4	112.5	115.8
	宁陕县	114.9	105.4	125.1	140.0	118.4	111.6	115.2
	紫阳县	116.3	106.3	126.8	122.3	130.6	118.9	116.3
	岚皋县	116.7	105.4	127.1	127.2	127.0	117.5	116.4
	平利县	116.1	106.1	127.9	133.2	115.8	115.2	116.2
	镇坪县	114.4	107.8	115.4	119.4	109.7	118.1	114.7
	旬阳县	113.6	105.9	114.7	117.6	109.6	115.5	113.6
	白河县	114.1	106.2	125.5	126.4	123.4	112.4	114.6
2011	汉滨区	114.8	106.3	121.1	122.1	119.9	112.8	114.7
	汉阴县	115.6	106.7	124.7	126.6	117.5	113.8	115.6
	石泉县	116.9	106.7	123.0	128.1	107.1	111.0	117.0
	宁陕县	116.1	106.5	123.2	129.1	117.4	112.5	116.5
	紫阳县	116.2	106.6	125.2	130.3	119.3	116.9	116.3
	岚皋县	115.2	106.5	122.6	127.0	115.1	114.0	115.1
	平利县	117.4	106.2	129.3	134.7	106.0	109.8	117.7
	镇坪县	115.6	106.4	124.4	127.4	116.6	115.4	115.9
	旬阳县	115.1	106.8	120.0	123.3	112.6	112.9	115.2
	白河县	116.1	106.4	127.4	128.9	122.3	111.4	116.7
2012	汉滨区	114.6	105.8	121.9	129.6	112.8	111.4	114.5
	汉阴县	115.2	105.7	125.5	130.0	107.0	110.9	115.1
	石泉县	117.3	105.8	123.4	128.1	106.0	110.4	117.2
	宁陕县	116.6	105.7	124.4	137.2	110.5	111.5	116.5
	紫阳县	115.3	105.6	124.5	131.0	116.4	113.9	115.3
	岚皋县	115.1	105.8	122.8	127.7	113.7	112.8	115.0
	平利县	119.6	105.6	132.7	138.6	100.8	108.7	119.5
	镇坪县	115.0	105.7	124.2	127.3	115.5	113.5	114.9
	旬阳县	114.6	105.7	121.1	126.7	107.0	110.2	114.5
	白河县	116.6	105.6	129.3	135.8	106.1	109.4	116.6
2013	汉滨区	112.9	105.0	118.5	118.1	119.1	110.2	112.7
	汉阴县	114.5	105.6	123.3	125.7	111.4	110.0	114.4
	石泉县	114.7	105.3	119.6	121.2	112.5	108.1	114.6
	宁陕县	111.6	104.9	117.9	123.5	110.4	104.5	111.4
	紫阳县	113.4	105.0	122.6	126.7	116.9	110.0	113.2
	岚皋县	114.0	105.4	121.7	127.2	110.2	110.0	113.8

注：本表按不变价格计算。

3-5 分县区生产总值发展指数（续）

（上年＝100）

年 份	县 区	生产总值	第一产业	第二产业	工业	建筑业	第三产业	人均生产总值
2013	平利县	116.0	105.2	123.9	126.0	107.5	108.5	115.9
	镇坪县	110.2	105.4	116.5	111.1	133.0	107.5	110.0
	旬阳县	113.5	104.6	120.3	123.8	110.1	107.8	113.3
	白河县	115.0	104.6	125.0	129.3	105.1	108.1	114.8
2014	汉滨区	111.0	105.5	114.8	115.7	113.6	109.0	110.9
	汉阴县	113.4	105.8	120.6	122.3	111.1	108.5	113.3
	石泉县	113.3	105.6	116.1	117.1	111.2	109.9	113.2
	宁陕县	109.1	105.2	111.5	111.7	111.1	106.8	109.0
	紫阳县	111.5	105.7	116.7	119.0	113.0	109.5	111.4
	岚皋县	111.5	105.4	116.7	118.9	111.3	108.2	111.4
	平利县	113.3	105.6	118.0	118.7	111.8	108.1	113.2
	镇坪县	108.3	105.8	110.5	110.2	111.2	107.7	108.2
	旬阳县	111.9	105.7	115.7	117.1	111.0	108.4	111.8
	白河县	113.9	105.3	121.8	123.8	110.7	106.3	113.7
2015	汉滨区	111.6	104.8	115.6	116.4	114.5	109.5	111.3
	汉阴县	112.4	104.9	116.9	117.6	112.4	110.4	112.1
	石泉县	113.9	105.2	116.4	116.8	114.7	110.9	113.6
	宁陕县	113.8	104.4	117.1	118.5	115.0	112.6	113.0
	紫阳县	112.0	104.9	116.4	117.7	114.2	111.1	111.7
	岚皋县	113.3	105.2	117.2	118.7	113.0	112.3	113.0
	平利县	112.4	104.7	115.7	115.9	113.8	109.8	112.1
	镇坪县	113.3	104.6	120.2	122.0	115.3	111.6	113.0
	旬阳县	111.6	105.1	113.9	113.6	114.8	110.2	111.3
	白河县	113.4	104.9	117.6	118.4	112.3	110.7	113.1

注：本表按不变价格计算。

3-6 全市非公有制经济增加值占GDP比重

年 份	非公经济增加值		# 第一产业		第二产业		第三产业	
	总量（亿元）	占GDP比重（%）	总量（亿元）	占GDP比重（%）	总量（亿元）	占GDP比重（%）	总量（亿元）	占GDP比重（%）
2010	156.53	47.86	21.81	32.52	76.01	58.04	58.71	45.50
2011	198.52	48.76	23.90	33.19	105.08	57.38	69.54	45.74
2012	247.20	49.75	32.22	39.80	138.41	56.85	76.57	44.39
2013	307.86	50.92	27.60	31.11	189.13	59.85	91.13	45.60
2014	364.78	52.91	28.50	30.64	233.20	62.85	103.08	45.73
2015	408.86	54.20	33.67	35.10	261.57	64.80	113.62	44.50

3-7 各县区非公有制经济增加值

单位：亿元

	2010年	2011年	2012年	2013年	2014年	2015年
汉滨区	50.93	62.13	74.71	88.26	101.21	111.38
汉阴县	15.18	18.91	25.76	32.02	38.83	43.90
石泉县	13.94	17.68	22.27	25.46	30.56	34.16
宁陕县	5.94	7.57	9.89	11.16	12.03	13.36
紫阳县	12.15	15.47	20.74	25.26	30.85	37.06
岚皋县	7.80	9.59	12.54	15.58	18.06	21.31
平利县	11.86	14.70	20.35	27.32	32.14	37.19
镇坪县	3.20	4.17	5.80	6.52	6.14	7.02
旬阳县	30.99	38.22	47.90	47.99	57.50	63.37
白河县	9.58	2.33	16.58	20.51	24.87	27.99

3-8 各县区非公经济增加值占GDP比重

单位：%

	2010年	2011年	2012年	2013年	2014年	2015年
汉滨区	44.60	45.37	45.83	46.71	48.11	49.57
汉阴县	53.35	53.85	54.32	55.38	56.74	58.14
石泉县	51.62	52.55	53.21	54.36	55.81	56.58
宁陕县	51.13	51.64	52.22	52.94	54.16	55.40
紫阳县	43.24	43.76	44.42	45.64	47.60	49.41
岚皋县	47.85	48.42	49.05	50.12	51.45	52.94
平利县	49.62	50.13	50.63	51.63	53.05	54.68
镇坪县	46.97	47.90	48.35	49.62	50.88	52.18
旬阳县	55.90	56.40	56.82	49.85	51.17	52.39
白河县	47.80	48.38	48.89	49.88	51.52	53.12

主要统计指标解释

关于地区GDP及相关指标的中文译名

GDP的英文全称为Gross Domestic Product，是反映一个国家或地区在一定时期内生产活动最终成果的指标。我国习惯上将国家和地区的GDP统称为国内生产总值。

考虑到Domestic一词有“国内、地区、当地、家里”等多种涵义，故国内外一些专家和学者认为，将全国和地区的GDP一律称为国内生产总值显然不恰当，香港特别行政区统计部门在使用这一概念时就是用的“本地生产总值”。为了更加准确和规范化地表述，决定将地区GDP的中文名称作如下调整：地区GDP的中文名称改为“地区生产总值”；特定地区的GDP用行政区的名字作定语，如“XX省生产总值”，简称为“XX省GDP”。各地GDP称为“各地生产总值”。

生产总值：是指一个国家（地区）所有常住单位在一定时期内生产活动的最终成果。国内生产总值有三种表现形态，即价值形态、收入形态和产品形态。从价值形态看，它是所有常住单位在一定时期内生产的全部货物和服务价值超过同期投入的全部非固定资产货物和服务价值的差额，即所有常住单位的增加值之和；从收入形态看，它是所有常在单位在一定时期内创造并分配给常住单位和非常住单位的初次分配收入之和；从产品形态看，它是“最终使用”的货物和服务减去进口货物和服务之差。

在实际核算中，国内生产总值的三种表现形态表现为三种计算方法，即生产法、收入法和支出法。三种方法分别从不同的方面反映国内生产总值及构成。

生产法：生产法是从生产的角度衡量常住单位在核算期内新创造价值的一种计算方法。即从生产过程中生产的全部货物和服务总产品的价值中，剔除生产过程中投入的中间产品的价值，计算增加值的一种方法。全社会所有常住单位增加值的总和就是国内生产总值。计算公式为：

增加值 = 总产出 – 中间投入

收入法：收入法也称为分配法。按收入法计算国内生产总值，是从生产过程创造收入的角度，根据生产要素在生产过程中应得的收入份额反映最终成果的一种计算方法。按照这种计算方法，增加值由劳动者报酬、生产税净额、固定资产折旧和营业盈余四部分组成。计算公式为：

增加值 = 劳动者报酬 + 生产税净额 + 固定资产折旧 + 营业盈余

支出法：支出法是从最终使用的角度衡量核算期内生产的货物和服务的最终去向的一种计算方法。“最终使用”包括货物和服务的最终消费、资本形成总额、货物和服务净出口三部分。计算公式为：

国内生产总值 = 最终消费 + 资本形成总额 + 货物和服务净出口。

总产出：是指一定时期内一个国家（或地区）常住单位生产的所有货物和服务总价值，既包括新增加的价值，也包括中间投入的转移价值。总产出反映国民经济各个部门生产活动总规模。

中间投入：是指常住单位在生产货物或提供服务过程中，消耗和使用的所有非固定资产货物和服务的价直，中间投入也称为中间消耗。一般按购买者价格计算。

增加值：是指常住单位生产过程中创造的新增价值和固定资产的转移价值之和。它可以按生产法计算，也可以按收入法计算。按生产法计算，增加值等于总产出减去中间投入；按收入法计算，等于劳动者报酬、生产税净额、固定资产折旧和营业盈余之和。增加值反映生产部门单位或部门对国内生产总值的贡献。

劳动者报酬：指劳动者因从事生产活动所获得的各种形式的报酬。它包括劳动者获得的各种形式的工资、奖金、津贴和其他收入，既包括货币形式的，也包括实物形式的，还包括劳动者所享受公费医疗的医药卫生费、上下班交通补贴和单位支付的社会保险费等。个体劳动者通过生产经营所获得的纯收入全部视为劳动者报酬，应为个体劳动者所得的劳动报酬和经营利润很难分开。

生产税净额：是指生产税减生产补贴后的差额。生产税是指政府对生产单位从事经营活动及其使用某些生产要素（如固定资产、土地、劳动力等）所征收的各种税、附加费和规费。具体包括：销售税金及附加、增值税、营业税、管理费中开支的各种税、应交纳的排污费、教育费附加和水电费附加、烟酒专卖上缴政府的专项收入等。生产补贴是政府对生产单位在生产和经营活动中由于政策性原因而产生的亏损所给予的财政补贴、包括政策性亏损补贴、粮食系统价格补贴、外贸企业出口退税收入等。与生产税相反，补贴作为负税处理。

固定资产折旧：是指生产单位在一定时期内因生产活动使用固定资产而损耗的固定资产的价值。它反映了固定资产在当期生产中的转移价值。或按国民经济核算统一规定的折旧率虚拟计算的固定资产折旧。各类企业和企业化管理的事业单位的固定资产折旧指实际计提并计入成本费用中的折旧费；不计提折旧的政府机关、非企业化管理的事业单位和居民住房，其固定资产折旧则是按照统一的折旧率乘固定资产原值计算。原则上，固定资产折旧应按固定资产的重置价值来计算。但是，我国目前尚不具备对全社会固定资产进行重估价的基础，所以暂时只能采用上述方法来计算。

营业盈余：营业盈余相当于企业的营业利润，但要扣除从利润中支付给劳动者个人部分。实际上，营业盈余等于常住单位所创造的增加值在对劳动者进行了分配，上缴国家税收（不包括所得税），对固定资产进行了价值补偿以后，所余下的单位从事增加值的创造而应得到份额。

最终消费：最终消费指常住单位为满足物质、文化和精神生活的需要，从本国经济领土和国外购买的货物和服务的支出。它不包括非常住单位在本国经济领土内的消费支出。最终消费分为居民消费和政府消费。

居民消费：指常住住户在一定时期内对于货物和服务的全部最终消费支出。居民对于货物的最终消费支出在货物的所有权发生变化时记录，对于服务的最终消费支出在服务提供时记录。居民消费按居民支付的购买者价格计算，货物的购买者价格是购买者取得交货所支付的价格，它包括购买者支付的运输和商业费用。居民消费除了直接以货币形式购买的货物和服务的消费支出外，还包括以其他方式获得的货物和服务的消费支出，即所谓的虚拟消费支出。居民虚拟消费支出包括如下几种类型：单位以实物报酬及实物转移的形式提供给劳动者的货物和服务；住户生产并由本住户消费了的货物和服务，其中的服务仅指住户的自有住房服务和付酬的家庭雇员提供的家庭和个人服务；金融机构提供的金融媒介服务；保险公司提供的保险服务。

政府消费：指政府部门为全社会提供的公共服务的消费支出和免费或以较低的价格向居民住户提供的货物和服务的净支出，前者等于政府服务的产出价值减去政府单位所获得的经营收入的价值，后者等于政府部门免费或以较低价格向居民住户提供的货物和服务的市场价值减去向住户收取的价值。

资本形成总额：指常住单位在一定时期内获得减去处置的固定资产和存货的净额，包括固定资本形成总额和存货增加两部分。

固定资本形成总额：指生产者在一定时期内获得的固定资产减处置的固定资产的价值总额。固定资产是通过生产活动生产出来的，且其使用年限在一年以上、单位价值在规定标准以上的资产，不包括自然资产。可分为有形固定资本形成总额和无形固定资本形成总额。有形固定资本形成总额包括一定时期内完成的建筑工程、安装工程和设备工器具购置（减处置）价值，以及土地改良、新增役、种、奶、毛、娱乐用牲畜和新增经济林木价值。无形固定资本形成总额包括矿藏的勘探、计算机软件等获得减处置。

存货增加：指常住单位在一定时期内存货实物量变动的市场价值，即期末价值减期初价值的差额，再扣除当期由于价格变动而产生的持有收益。存货增加可以是正值，也可以是负值，正值表示存货上升，负值表示存货下降。存货包括生产单位购进的原材料、燃料和储备物资等存货，以及生产单位生产的产成品、在制品和半成品等存货。

货物和服务净出口：指货物和服务出口减货物和服务进口的差额。出口包括常住单位向非常住单位出售或无偿转让的各种货物和服务的价值；进口包括常住单位从非常住单位购买或无偿得到的各种货物和服务的价值。由于服务活动的提供与使用同时发生，一般把常住单位从非常住单位得到的服务作为进口，非常住单位从常住单位得到的服务作为出口。货物的出口和进口都按离岸价格计算。

4、人　口

RENKOU

资料整理：奚后梅

4、人口

2015年全市

年底常住总人口	265.0万人
人口出生率	9.56‰
人口死亡率	7.24‰
人口自然增长率	2.32‰
城镇化率	44.32%
人口密度	113人/平方公里

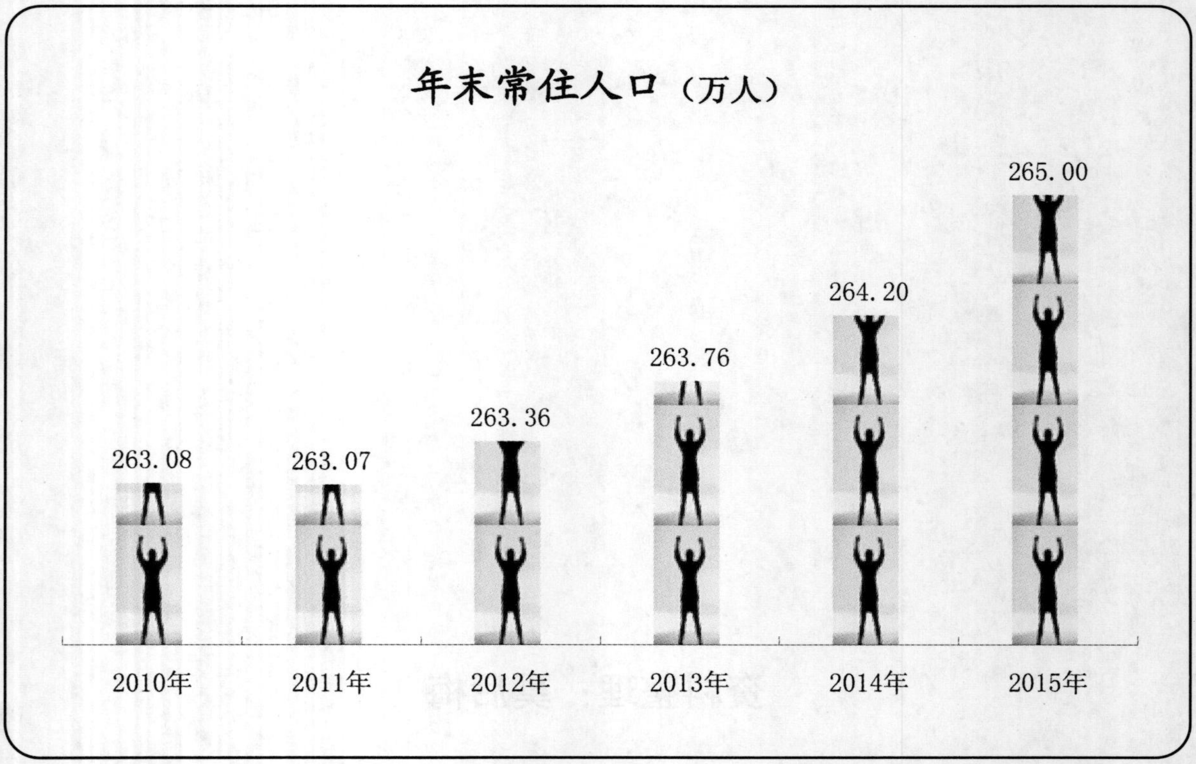

4-1 全市历年户籍人口数及构成

单位：万人

年 份	年末总人口	按性别分		按农业非农业分		
		男	女	农业人口	非农业人口	未落户
2000	292.43	158.05	134.38	254.90	36.75	0.78
2001	293.10	157.49	135.61	252.31	39.74	1.05
2002	293.24	157.68	135.56	250.42	41.99	0.83
2003	294.06	158.36	135.70	250.16	43.26	0.65
2004	294.97	158.53	136.45	250.03	44.51	0.43
2005	294.94	158.88	136.06	249.87	45.07	
2006	297.15	159.35	137.80	251.34	45.81	
2007	300.07	161.42	138.65	253.38	46.69	
2008	301.87	162.49	139.38	254.21	47.66	0.09
2009	303.57	163.39	140.18	255.28	48.29	0.08
2010	304.35	163.60	140.75	255.56	48.79	0.08
2011	305.07	163.93	141.14	255.93	49.14	0.08
2012	306.04	164.15	141.89	256.43	49.61	0.03
2013	308.27	165.39	142.88	258.30	49.97	0.00
2014	306.21	164.73	141.48	256.71	49.50	0.00
2015	304.80	162.99	141.81	226.58	78.22	0.00

注：2015年起户籍人口不再按农业非农业分，而分为城镇人口和乡村人口。

4-2 全市历年常住人口数和自然变动情况

年　份	年末常住人口（人）	出生率（‰）	死亡率（‰）	自然增长率（‰）
2000	2665668	8.71	8.76	-0.05
2005	2648100	9.58	8.03	1.55
2006	2650100	9.98	8.05	1.93
2007	2652500	10.07	7.87	2.20
2008	2657100	10.03	7.88	2.15
2009	2660600	10.01	7.91	2.10
▲2009	2632360			
*2010	2630826	9.63	6.85	2.78
2011	2630700	9.60	7.03	2.57
2012	2633600	9.98	7.23	2.75
2013	2637600	10.01	7.16	2.85
2014	2642000	9.96	7.24	2.72
2015	2650000	9.56	7.24	2.32

注：*为人口普查数；▲为人口普查平滑数。

4-3 全市及各县区历年城镇化率

单位：%

	2010年	2012年	2013年	2014年	2015年
全　市	34.6	39.31	41.02	42.80	44.32
汉滨区	43.64	47.50	49.04	50.80	52.24
汉阴县	25.18	32.26	34.36	36.30	38.10
石泉县	33.1	35.20	37.08	38.99	40.29
宁陕县	37.34	38.50	40.02	41.60	43.02
紫阳县	26.44	32.29	34.06	35.94	37.49
岚皋县	30.95	34.58	36.28	38.14	40.05
平利县	32.17	37.40	39.27	41.11	43.00
镇坪县	27.56	32.52	34.22	35.72	37.45
旬阳县	32.55	38.60	40.21	41.88	43.24
白河县	29.01	33.83	35.79	37.39	38.73

注：按常住人口计算。

4-4　各县区年末常住人口及变动情况

2015年

单位：人、‰

	年末常住人口数	人口出生率	人口死亡率	人口自增率
汉滨区	876734	9.80	6.72	3.08
汉阴县	247932	9.98	7.93	2.05
石泉县	172525	8.68	6.67	2.01
宁陕县	70977	9.40	8.06	1.34
紫阳县	286025	8.91	7.59	1.32
岚皋县	155342	8.63	6.98	1.65
平利县	194467	8.66	6.58	2.08
镇坪县	51386	10.68	8.17	2.51
旬阳县	429951	10.24	7.82	2.42
白河县	164661	9.58	7.85	1.73

4-5　全市及各县区年末户籍人口及构成

2015年

	年末总户数（户）	年末总人口（人）	按居住地分		按性别分	
			城镇人口	乡村人口	男	女
全　市	1050262	3047999	782167	2265832	1629851	1418148
汉滨区	343715	1008443	258783	749660	536461	471982
汉阴县	106423	313391	80421	232970	168183	145208
石泉县	68747	182533	46841	135692	97862	84671
宁陕县	27195	73899	18964	54935	39631	34268
紫阳县	110303	340371	87345	253026	184320	156051
岚皋县	55562	167804	43061	124743	90983	76821
平利县	99573	232095	59559	172536	125182	106913
镇坪县	22000	59387	15240	44147	31470	27917
旬阳县	150679	456740	117207	339533	243067	213673
白河县	66065	213336	54746	158590	112692	100644

主要统计指标解释

人口数 指一定时点、一定地区范围内有生命的个人总和。

年度统计的年末人口数指每年12月31日24时的人口数。年度统计的全国人口总数内未包括香港、澳门特别行政区和台湾省以及海外华侨人数。

城镇人口和乡村人口 城镇人口是指居住在城镇范围内的全部常住人口；乡村人口是除上述人口以外的全部人口。

出生率（又称粗出生率） 指在一定时期内（通常为一年）一定地区的出生人数与同期内平均人数（或期中人数）之比，用千分率表示。本资料中的出生率指年出生率，其计算公式为：

$$出生率=\frac{年出生人数}{年平均人数}\times 1000‰$$

式中：出生人数指活产婴儿，即胎儿脱离母体时（不管怀孕月数），有过呼吸或其他生命现象。年平均人数指年初、年底人口数的平均数，也可用年中人口数代替。

死亡率（又称粗死亡率） 指在一定时期内（通常为一年）一定地区的死亡人数与同期内平均人数（或期中人数）之比，用千分率表示。本资料中的死亡率指年死亡率，其计算公式为：

$$死亡率=\frac{年死亡人数}{年平均人数}\times 1000‰$$

人口自然增长率 指在一定时期内（通常为一年）人口自然增加数（出生人数减死亡人数）与该时期内平均人数（或期中人数）之比，用千分率表示。计算公式为：

$$人口自然增长率=\frac{本年出生人数-本年死亡人数}{年平均人数}\times 1000‰$$

=人口出生率–人口死亡率

总抚养比 也称总负担系数。指人口总体中非劳动年龄人口数与劳动年龄人口数之比。通常用百分比表示。说明每100名劳动年龄人口大致要负担多少名非劳动年龄人口。用于从人口角度反映人口与经济发展的基本关系。计算公式为：

$$GDR=\frac{P_{0\sim14}+P_{65+}}{P_{15\sim64}}\times 100\%$$

其中：GDR为总抚养比；

$P_{0\sim14}$为0～14岁少年儿童人口数；

P_{65+}为65岁及65岁以上的老年人口数；

$P_{15\sim64}$为15～64岁劳动年龄人口数。

老年人口抚养比 也称老年人口抚养系数。指某一人口中老年人口数与劳动年龄人口数之比。通常用百分比表示。用以表明每100名劳动年龄人口要负担多少名老年人。老年人口抚养比是从经济角度反映人口老化社会后果的指标之一。计算公式为：

$$ODR=\frac{P_{65+}}{P_{15\sim64}}\times 100\%$$

其中：ODR为老年人口抚养比；

P_{65+}为65岁及65岁以上的老年人口数；

$P_{15\sim64}$为15～64岁的劳动年龄人口数。

少年儿童抚养比 也称少年儿童抚养系数。指某一人口中少年儿童人口数与劳动年龄人口数之比。通常用百分比表示。以反映每100名劳动年龄人口要负担多少名少年儿童。计算公式为：

$$CDR=\frac{P_{0\sim14}}{P_{15\sim64}}\times 100\%$$

其中：CDR为少年儿童抚养比；

$P_{0\sim14}$为0～14岁少年儿童人口数；

$P_{15\sim64}$为15～64岁劳动年龄人口数。

5、从业人员和职工工资

CONG YE REN YUAN HE ZHI GONG GONG ZI

资料整理：郑铭慧

5、从业人员和职工工资

2015年全市非私营单位

年末从业人员	18.05万人
# 在岗职工（含劳务派遣）	16.52万人
单位从业人员工资总额	86.77亿元
# 在岗职工（含劳务派遣）	82.43亿元
单位从业人员平均工资	48628元
# 在岗职工（含劳务派遣）	50410元

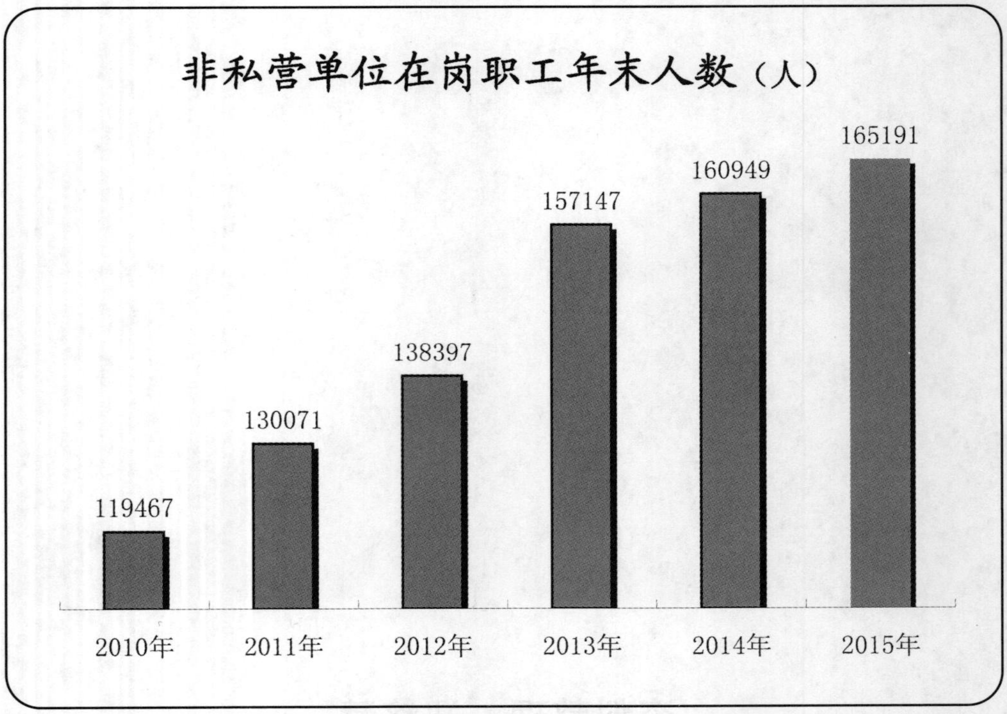

5-1 全市历年城镇单位在岗职工人数和平均工资

年 份	年末在岗职工人数（人）	在岗职工年平均工资（元）
2000	127647	6766
2001	127787	8156
2002	126761	9215
2003	122136	10005
2004	116386	11237
2005	118918	11953
2006	115848	13485
2007	113099	18266
2008	116325	22864
2009	114713	27447
2010	119467	32903
2011	130071	37802
2012	138397	40951
2013	157147	42754
2014	160949	44000
2015	165191	50410

注：自2011年始在岗职工含劳务派遣人员，下同。

5-2 全市及各县区非私营单位从业人员人数和工资总额

2015年

	年末从业人员（人）				工资总额（千元）			
	合计	国有	集体	其他	合计	国有	集体	其他
全 市	180545	102588	4622	73335	8677325	5642880	278777	2755668
汉滨区	79413	38575	2098	38740	3775200	2165838	114717	1494645
汉阴县	12572	8027	329	4216	604594	429464	38828	136302
石泉县	10412	8579		1833	565032	469214		95818
宁陕县	6825	4206	117	2502	295255	200609	5936	88710
紫阳县	12737	7340		5397	588401	414521		173880
岚皋县	9309	6558	216	2535	427831	323492	19951	84388
平利县	13295	7438	625	5232	655775	427906	49741	178128
镇坪县	3713	3165	339	209	184916	165135	11708	8073
旬阳县	22419	12425	837	9157	1084210	688174	36468	359568
白河县	9850	6275	61	3514	496111	358527	1428	136156

5-3 全市及各县区非私营单位平均工资

2015年

单位：元

	单位从业人员	在岗职工	国有经济		集体经济		其他经济	
			从业人员	在岗职工	从业人员	在岗职工	从业人员	在岗职工
全　市	48628	50410	55396	56993	62338	67199	38216	39508
汉滨区	48468	50369	56592	57164	57158	63901	39739	42040
汉阴县	48734	48802	53960	53963	117305	117606	33115	33112
石泉县	55109	59380	55634	58744			52676	63697
宁陕县	42446	47635	47855	53765	50735	50735	33513	32731
紫阳县	46360	47537	56613	59518			32380	32399
岚皋县	46287	47445	49646	50932	90686	90980	33661	33152
平利县	49778	50685	57849	58779	83458	122117	34381	34522
镇坪县	50194	52810	52691	56001	36702	36585	34948	35864
旬阳县	48715	49169	55750	56273	44419	44419	39552	39823
白河县	50168	55096	56954	63750	23410	23410	38538	39941

5-4　全市及各县区非私营单位年末人数

2015年

单位：人

	全　市		国有经济		集体经济		其他经济	
	从业人员	在岗职工	从业人员	在岗职工	从业人员	在岗职工	从业人员	在岗职工
全　市	180545	165191	102588	96576	4622	3857	73335	64758
汉滨区	79413	72565	38575	37349	2098	1664	38740	33552
汉阴县	12572	12497	8027	8010	329	328	4216	4159
石泉县	10412	8345	8579	7271			1833	1074
宁陕县	6825	5008	4206	3472	117	117	2502	1419
紫阳县	12737	12182	7340	6792			5397	5390
岚皋县	9309	8561	6558	6227	216	194	2535	2140
平利县	13295	12600	7438	7252	625	320	5232	5028
镇坪县	3713	3326	3165	2792	339	336	209	198
旬阳县	22419	21991	12425	12246	837	837	9157	8908
白河县	9850	8116	6275	5165	61	61	3514	2890

5-5 全市非私营单位

2015年

项目	单位数（个）	从业人员期末人数（人）	在岗职工	其他从业人员
总计	3886	180545	165191	15354
一、按执行会计标准类别分组				
1. 企业	882	83131	72636	10495
2. 事业	1631	56696	53843	2853
3. 机关	1313	39199	37199	2000
4. 民间非营利组织	23	347	346	1
5. 其他	37	1172	1167	5
二、按国民经济行业分组				
（一）农、林、牧、渔业	29	598	560	38
（二）采矿业	36	4206	3905	301
（三）制造业	152	16914	16118	796
（四）电力、热力、燃气及水的生产和供应业	54	2650	2532	118
（五）建筑业	53	23581	18399	5182
（六）批发和零售业	228	9552	9373	179
（七）交通运输、仓储和邮政业	64	5172	4772	400
（八）住宿和餐饮业	76	4620	4512	108
（九）信息传输、软件和信息技术服务业	16	2641	2568	73
（十）金融业	90	8909	5848	3061
（十一）房地产业	82	2900	2789	111
（十二）租赁和商务服务业	33	664	640	24
（十三）科学研究、技术服务业	158	2830	2735	95
（十四）水利、环境和公共设施管理业	45	1791	1732	59
（十五）居民服务、修理和其他服务业	5	129	128	1
（十六）教育	827	33953	32660	1293
（十七）卫生和社会工作	352	16007	14639	1368
（十八）文化、体育和娱乐业	109	1655	1558	97
（十九）公共管理、社会保障和社会组织	1477	41773	39723	2050

从业人员及工资总额

从业人员平均人数（人）			从业人员工资总额（千元）			从业人员平均工资（元）		
	在岗职工	其他从业人员		在岗职工	其他从业人员		在岗职工	其他从业人员
178443	163516	14927	8677325	8242784	434541	48628	50410	29111
81727	71635	10092	3306993	2995815	311178	40464	41821	30834
56220	53479	2741	3126379	3051882	74497	55610	57067	27179
39022	37039	1983	2141955	2096030	45925	54891	56590	23159
343	342	1	11186	11165	21	32612	32646	21000
1131	1021	110	90812	87892	2920	80294	86084	26545
592	554	38	23583	23110	473	39836	41715	12447
4263	3998	265	153191	143935	9256	35935	36002	34928
16767	15994	773	621877	594853	27024	37089	37192	34960
2627	2515	112	114132	111198	2934	43446	44214	26196
22907	17701	5206	876039	690494	185545	38243	39009	35641
9476	9304	172	340786	335743	5043	35963	36086	29320
5102	4698	404	240355	223990	16365	47110	47678	40507
4641	4518	123	116580	113154	3426	25120	25045	27854
2637	2564	73	175977	173623	2354	66734	67716	32247
8491	5795	2696	578081	529450	48631	68082	91363	18038
2871	2754	117	98956	95544	3412	34467	34693	29162
659	635	24	21583	20776	807	32751	32718	33625
2817	2722	95	145723	140535	5188	51730	51629	54611
1811	1766	45	70533	68943	1590	38947	39039	35333
129	128	1	5830	5808	22	45194	45375	22000
33618	32290	1328	1904967	1878174	26793	56665	58166	20175
15756	14428	1328	828492	782094	46398	52583	54207	34938
1688	1596	92	80702	78462	2240	47809	49162	24348
41591	39556	2035	2279938	2232898	47040	54818	56449	23115

5-6 全市非私营单位从业

2015年

项目	单位数（个）	从业人员期末人数（人）	在岗职工	其他从业人员
合计	3041	102588	96576	6012
一、按隶属关系分组				
1. 中央	24	3687	3429	258
2. 省、自治区、直辖市	53	1947	1885	62
3. 地区	229	14612	13806	806
4. 县及县以下	2729	81998	77128	4870
5. 其他	6	344	328	16
二、按执行会计标准类别分组				
1. 企业	100	6647	5493	1154
2. 事业	1622	56598	53745	2853
3. 机关	1313	39199	37199	2000
4. 民间非营利组织	2	15	15	0
5. 其他	4	129	124	5
三、按国民经济行业分组				
（一）农、林、牧、渔业	21	373	354	19
（二）采矿业	1	50	50	0
（三）制造业	5	457	453	4
（四）电力、燃气及水的生产和供应业	27	1191	1085	106
（五）建筑业	5	945	179	766
（六）交通运输、仓储和邮政业	22	1418	1406	12
（七）信息传输、计算机服务和软件业	25	2121	1881	240
（八）批发和零售业	1	63	63	0
（九）住宿和餐饮业	7	244	226	18
（十）金融业	11	801	796	5
（十一）房地产业	6	96	96	0
（十二）租赁和商务服务业	10	93	91	2
（十三）科学研究、技术服务和地质勘查业	150	2492	2436	56
（十四）水利、环境和公共设施管理业	33	998	992	6
（十五）居民服务和其他服务业	3	89	88	1
（十六）教育	796	32567	31291	1276
（十七）卫生、社会保障和社会福利业	343	15489	14135	1354
（十八）文化、体育和娱乐业	99	1338	1241	97
（十九）公共管理和社会组织	1476	41763	39713	2050

人员及工资总额（国有单位）

从业人员平均人数（人）	在岗职工	其他从业人员	从业人员工资总额（千元）	在岗职工	其他从业人员	从业人员平均工资（元）	在岗职工	其他从业人员
101864	96032	5832	5642880	5473157	169723	55396	56993	29102
3699	3438	261	250759	238480	12279	67791	69366	47046
1935	1873	62	107578	105868	1710	55596	56523	27581
14514	13740	774	867511	837829	29682	59771	60977	38349
81374	76655	4719	4404084	4278312	125772	54122	55813	26652
342	326	16	12948	12668	280	37860	38859	17500
6595	5492	1103	369451	320270	49181	56020	58316	44588
56122	53381	2741	3124704	3050207	74497	55677	57140	27179
39022	37039	1983	2141955	2096030	45925	54891	56590	23159
13	13	0	427	427	0	32846	32846	0
112	107	5	6343	6223	120	56634	58159	24000
373	354	19	17223	17153	70	46174	48455	3684
50	50	0	2000	2000	0	40000	40000	0
455	451	4	23425	23280	145	51484	51619	36250
1186	1086	100	59585	56935	2650	50240	52426	26500
897	179	718	40395	6899	33496	45033	38542	46652
1413	1401	12	85376	84944	432	60422	60631	36000
2136	1893	243	137807	126068	11739	64516	66597	48309
63	63	0	1792	1792	0	28444	28444	0
243	225	18	11462	11077	385	47169	49231	21389
803	798	5	51174	51054	120	63729	63977	24000
94	94	0	5229	5229	0	55628	55628	0
93	91	2	5063	4996	67	54441	54901	33500
2485	2429	56	132836	131370	1466	53455	54084	26179
1006	1000	6	44083	43898	185	43820	43898	30833
89	88	1	4536	4514	22	50966	51295	22000
32269	31062	1207	1856892	1833241	23651	57544	59019	19595
15292	13978	1314	814019	768004	46015	53232	54944	35019
1336	1244	92	70657	68417	2240	52887	54998	24348
41581	39546	2035	2279326	2232286	47040	54817	56448	23115

5-7 全市非私营单位从业

2015年

项　　目	单位数（个）	从业人员期末人数（人）	在岗职工	其他从业人员
合　　计	79	4622	3857	765
一、按执行会计标准类别分组				
1. 企业	69	4519	3754	765
2. 事业	9	98	98	0
4. 民间非营利组织	1	5	5	0
二、按国民经济行业分组（GB/T4754-2011）				
（二）采矿业	2	115	115	0
（三）制造业	2	6	6	0
（四）电力、热力、燃气及水生产和供应业	1	10	10	0
（五）建筑业	6	2245	1515	730
（六）批发和零售业	31	552	540	12
（七）交通运输、仓储和邮政业	2	45	45	0
（八）住宿和餐饮业	2	35	35	0
（十）金融业	28	1551	1528	23
（十二）租赁和商务服务业	4	58	58	0
（十六）教育	1	5	5	0

人员及工资总额（集体单位）

从业人员平均人数（人）	在岗职工	其他从业人员	从业人员工资总额（千元）	在岗职工	其他从业人员	从业人员平均工资（元）	在岗职工	其他从业人员
4472	3736	736	278777	251054	27723	62338	67199	37667
4369	3633	736	276892	249169	27723	63377	68585	37667
98	98	0	1675	1675	0	17092	17092	0
5	5	0	210	210	0	42000	42000	0
115	115	0	2683	2683	0	23330	23330	0
6	6	0	147	147	0	24500	24500	0
10	10	0	290	290	0	29000	29000	0
2099	1398	701	91410	66009	25401	43549	47217	36235
541	529	12	14812	14526	286	27379	27459	23833
45	45	0	1300	1300	0	28889	28889	0
35	35	0	864	864	0	24686	24686	0
1558	1535	23	165015	162979	2036	105915	106175	88522
58	58	0	2046	2046	0	35276	35276	0
5	5	0	210	210	0	42000	42000	0

5-8 全市非私营单位从业

2015年

项　　目	单位数(个)	从业人员期末人数(人)	在岗职工	其他从业人员
合　　计	766	73335	64758	8577
一、按登记注册类型分组				
（一）内资	757	71712	63161	8551
（二）港、澳、台商投资	7	1202	1184	18
（三）外商投资	2	421	413	8
二、按执行会计标准类别分组				
1. 企业	713	71965	63389	8576
4. 民间非营利组织	20	327	326	1
5. 其他	33	1043	1043	0
三、按国民经济行业分组				
（一）农、林、牧、渔业	8	225	206	19
（二）采矿业	33	4041	3740	301
（三）制造业	145	16451	15659	792
（四）电力、热力、燃气及水生产和供应业	26	1449	1437	12
（五）建筑业	42	20391	16705	3686
（六）批发和零售业	175	7582	7427	155
（七）交通运输、仓储和邮政业	37	3006	2846	160
（八）住宿和餐饮业	73	4522	4414	108
（九）信息传输、软件和信息技术服务业	9	2397	2342	55
（十）金融业	51	6557	3524	3033
（十一）房地产业	76	2804	2693	111
（十二）租赁和商务服务业	19	513	491	22
（十三）科学研究和技术服务业	8	338	299	39
（十四）水利、环境和公共设施管理业	12	793	740	53
（十五）居民服务、修理和其他服务业	2	40	40	0
（十六）教育	30	1381	1364	17
（十七）卫生和社会工作	9	518	504	14
（十八）文化、体育和娱乐业	10	317	317	0
（十九）公共管理、社会保障和社会组织	1	10	10	0

人员及工资总额（其他单位）

从业人员平均人数（人）			从业人员工资总额（千元）			从业人员平均工资（元）		
	在岗职工	其他从业人员		在岗职工	其他从业人员		在岗职工	其他从业人员
72107	63748	8359	2755668	2518573	237095	38216	39508	28364
70488	62153	8335	2648051	2411527	236524	37567	38800	28377
1195	1179	16	81484	81137	347	68187	68818	21688
424	416	8	26133	25909	224	61634	62281	28000
70763	62510	8253	2660650	2426376	234274	37599	38816	28387
325	324	1	10549	10528	21	32458	32494	21000
1019	914	105	84469	81669	2800	82894	89353	26667
219	200	19	6360	5957	403	29041	29785	21211
4098	3833	265	148508	139252	9256	36239	36330	34928
16306	15537	769	598305	571426	26879	36692	36778	34953
1431	1419	12	54257	53973	284	37915	38036	23667
19911	16124	3787	744234	617586	126648	37378	38302	33443
7522	7374	148	240598	236273	4325	31986	32041	29223
2921	2760	161	101248	96622	4626	34662	35008	28733
4543	4420	123	113924	110498	3426	25077	25000	27854
2394	2339	55	164515	162546	1969	68720	69494	35800
6130	3462	2668	361892	315417	46475	59036	91108	17419
2777	2660	117	93727	90315	3412	33751	33953	29162
508	486	22	14474	13734	740	28492	28259	33636
332	293	39	12887	9165	3722	38816	31280	95436
805	766	39	26450	25045	1405	32857	32696	36026
40	40	0	1294	1294	0	32350	32350	0
1344	1223	121	47865	44723	3142	35614	36568	25967
464	450	14	14473	14090	383	31192	31311	27357
352	352	0	10045	10045	0	28537	28537	0
10	10	0	612	612	0	61200	61200	0

主要统计指标解释

1. 从业人员期末人数　指报告期末最后一日24时在本单位工作，并取得工资或其他形式劳动报酬的人员数。该指标为时点指标，不包括最后一日当天及以前已经与单位解除劳动合同关系的人员，是在岗职工、劳务派遣人员及其他从业人员之和。从业人员不包括：

①离开本单位仍保留劳动关系，并定期领取生活费的人员；

②利用课余时间打工的学生及在本单位实习的各类在校学生；

③本单位因劳务外包而使用的人员，如：建筑业整建制使用的人员。

非全日制人员　根据《中华人民共和国劳动合同法》规定，非全日制人员指以小时计酬为主，其在同一用人单位一般平均每日工作时间不超过四小时，每周工作时间累计不超过二十四小时，且劳动报酬结算支付周期最长不得超过十五日的人员。非全日制人员不包括不定时工作制人员，如：老师、编辑等不坐班人员。

2. 在岗职工　指在本单位工作且与本单位签订劳动合同，并由单位支付各项工资和社会保险、住房公积金的人员，以及上述人员中由于学习、病伤、产假等原因暂未工作仍由单位支付工资的人员。在岗职工还包括：

①应订立劳动合同而未订立劳动合同人员（如使用的农村户籍人员）；

②处于试用期人员；

③编制外招用的人员，如临时人员；

④派往外单位工作，但工资仍由本单位发放的人员（如挂职锻炼、外派工作等情况）。

在岗职工不包括：

①本单位使用的且由本单位直接支付工资的劳务派遣人员，应统计在本单位"劳务派遣人员"指标中；

②本单位因劳务外包而使用的人员，由承包劳务的单位统计为在岗职工。

3. 劳务派遣人员　根据《中华人民共和国劳动合同法》规定，指与劳务派遣单位签订劳动合同，并被劳务派遣单位派遣到实际用工单位工作，且劳务派遣单位与实际用工单位签订《劳务派遣协议》的人员。

注意：无论用工单位是否直接支付劳动报酬，劳务派遣人员均由实际用工单位填报，而劳务派遣单位（派出单位）不填报这些人员。

4. 其他从业人员　指在本单位工作，不能归到在岗职工、劳务派遣人员中的人员。此类人员是实际参加本单位生产或工作并从本单位取得劳动报酬的人员。具体包括：非全日制人员、聘用的正式离退休人员、兼职人员和第二职业者等，以及在本单位中工作的外籍和港澳台方人员。

5. 单位负责人　指在单位及其职能部门中担任领导职务并具有决策、管理权的人员。包括单位主要负责人或高级管理人员（包含同级别及副职）、单位内的一级部门或内设机构的负责人（包含同级别及副职），特大型单位可以包括一级部门内设的管理机构的负责人（包含副职）。具体包括中国共产党中央委员会和地方各级组织负责人、国家机关及其工作机构负责人、民主党派和社会团体及其工作机构负责人、事业单位负责人、企业负责人。

6. 专业技术人员　指专门从事各种科学研究和专业技术工作的人员。从事本类职业工作的人员，一般都要求接受过系统的专业教育，具备相应的专业理论知识，并且按规定的标准条件评聘专业技术职务，以及未聘任专业技术职务，但在专业技术岗位上工作的人员。具体包括科学研究人员、工程技术人员、农业技术人员、飞机和船舶技术人员、卫生专业技术人员、经济业务人员、金融业务人员、法律专业人员、教学人员、文学艺术工作人员、体育工作人员、新闻出版、文化工作人员、宗教职业者、其他专业技术人员。

7. 办事人员和有关人员　指在国家机关、党群组织、企业、事业单位中从事行政业务、行政事务工作的人员和从事安全保卫、消防、邮电等业务的人员。具体包括行政办公人员、安全保卫和消防人员、邮政和电信业务人员、其他办事人员和有关人员。

8. 商业、服务业人员　指从事商业、餐饮、旅游、娱乐、运输、医疗辅助服务及社会和居民生活等服务工作的人员。具体包括购销人员、仓储人员、餐饮服务人员、饭店、旅游及健身娱乐场所服务人员、运输服务人员、医疗卫生辅助服务人员、社会服务和居民生活服务人员、其他商业、服务业人员。

9. 生产、运输设备操作人员及有关人员　指从事矿产勘查、开采，产品的生产制造、工程施工和运输设备操作的人员及有关人员。具体包括勘测及矿物开采人员，金属冶炼、轧制人员，化工产品生产人员，机械制造加工人员，机电产品装配人员，机械设备修理人员，电力设备安装、运行、检修及供电人员，电子元器件与设备制造、装配、调试及维修人员，橡胶和塑料制品生产人员，纺织、针织、印染人员，裁剪、缝纫和皮革、毛皮制品加工制作人员，粮油、食品、饮料生产加工及饲料生产加工人员，烟草及其制品加工人员，药品生产人员，木材加工、人造板生产、木制品制作及制浆、造纸和纸制品生产加工人员，建筑材料生产加工人员，玻璃、陶瓷、搪瓷及其制品生产加工人员，广播影视制品制作、播放及文物保护作业人员，印刷人员、工艺、美术品制作人员，文化教育、体育用品制作人员，工程施工人员，运输设备操作人员及有关人员，环境监测与废物处理人员，检验、计量人员，其他生产、运输设备操作人员及有关人员。

10. 从业人员平均人数　指报告期内（年度、季度、月度）平均拥有的从业人员数。季度或年度平均人数按单位实际月平均人数计算得到，不得用期末人数替代。

①月平均人数是以报告月内每天实有的全部人数相加之和，除以报告月的日历日数。计算公式为：

$$月平均人数=\frac{报告月内每天实有的全部人数之和}{报告月的日历日数}$$

对人员增减变动很小的单位，其月平均人数也可以用月初人数与月末人数之和除以2求得。计算公式为：

$$月平均人数=\frac{月初人数+月末人数}{2}$$

在计算月平均人数时应注意：

（1）公休日与节假日的人数应按前一天的人数计算。

（2）对新建立不满整月的单位（月中或月末建立），在计算报告月的平均人数时，应以其建立后各天实有人数之和，除以报告期日历日数求得，而不能除以该单位建立的天数。

②1-本季平均人数是季报基层表中应填报的平均人数是“1-本季平均人数”，以年初至报告季内各月平均人数之和除以报告季内月数求得。计算公式为：

一季度：1－本季平均人数＝

$$\frac{1月平均人数+2月平均人数+3月平均人数}{3}$$

二季度：1－本季平均人数＝

$$\frac{1月平均人数+\cdots\cdots+6月平均人数}{6}$$

三季度：1－本季平均人数

$$\frac{1月平均人数+\cdots\cdots+9月平均人数}{9}$$

或（用本季平均人数计算）

一季度：1-本季平均人数=1季度本季平均人数

二季度：1-本季平均人数＝

$$\frac{1季度本季平均人数+2季度本季平均人数}{2}$$

三季度：1－本季平均人数＝

$$\frac{1季度本季平均人数+2季度本季平均人数+3季度本季平均人数}{3}$$

本季平均人数以报告季内三个月的平均人数之和除以3求得。计算公式为：

$$本季平均人数=\frac{报告季内3个月平均人数之和}{3}$$

③年平均人数是以12个月的平均人数相加之和除以12求得，或以4个季度的平均人数之和除以4求得。计算公式为：

$$年平均人数=\frac{报告年内12个月平均人数之和}{12}$$

或：

$$年平均人数=\frac{报告年内4个季度平均人数之和}{4}$$

在年内新成立的单位年平均人数计算方法为：从实际开工之月起到年底的月平均人数相加除以12个月。计算公式为：

$$年平均人数=\frac{开工之月平均人数+\cdots\cdots+12月平均人数}{12}$$

11. 从业人员工资总额 指根据《关于工资总额组成的规定》（1990年1月1日国家统计局发布的一号令）进行修订，本单位在报告期内（季度或年度）直接支付给本单位全部从业人员的劳动报酬总额。包括计时工资、计件工资、奖金、津贴和补贴、加班加点工资、特殊情况下支付的工资，是在岗职工工资总额、劳务派遣人员工资总额和其他从业人员工资总额之和。

工资总额是税前工资，包括单位从个人工资中直接为其代扣或代缴的房费、水费、电费、住房公积金和社会保险基金个人缴纳部分等。

工资总额不论是计入成本的还是不计入成本的，不论是以货币形式支付的还是以实物形式支付的，均应列入工资总额的计算范围。

12. 在岗职工工资总额 指本单位在报告期内直接支付给本单位全部在岗职工的劳动报酬总额。在岗职工工资总额由基本工资、绩效工资、工资性津贴和补贴、其他工资四部分组成。工资总额不包括病假、事假等情况的扣款。

各单位在填报在岗职工工资总额四项构成时，应根据实际情况调整对应项目；如不能确定调整项，可扣减基本工资项。

13. 基本工资 也可称为标准工资、合同工资、谈判工资。指本单位在报告期内（季度或年度）支付给本单位在岗职工的按照法定工作时间提供正常工作的劳动报酬。各单位给个人确定的底薪可作为基本工资。包括工龄工资。

基本工资不含定时、定额发放的各种奖金、各种津贴和补贴、加班工资，也不包括补发的上一季度或上一年度的基本工资。

14. 绩效工资 也可称为效益工资、业绩工资。指根据本单位利润增长和工作业绩定期支付给本单位在岗职工的奖金；支付给本单位从业人员的超额劳动报酬和增收节支的劳动报酬。具体包括：值加班工资、绩效奖金（如年度、季度、月度等）、全勤奖、生产奖、节约奖、劳动竞赛奖和其他名目的奖金；以及某工作事项完成后的提成工资、年底双薪等。但不包括入股分红、股权激励兑现的钱和各种资本性收益。

15. 工资性津贴和补贴 指本单位制定的员工相关工资政策中，为补偿本单位在岗职工特殊或额外的劳动消耗和因其他特殊原因支付的津贴，以及为保证其工资水平不受物价影响而支付的物价补贴。具体包括：补偿特殊或额外劳动消耗的津贴及岗位性津贴、保健性津贴、技术性津贴、地区津贴和其他津贴。如：过节费、通讯补贴、交通补贴、不休假补贴、无食堂补贴、单位发的可自行支配的住房补贴以及为员工缴纳的各种商业性保险等。上述各种项目既包括货币性质的，也包括实物性质的以及各种形式的充值卡、购物卡（券）等。

16. 其他工资 指上述基本工资、绩效工资、工资性津贴和补贴三类工资均不能包括的发给在岗职工的工资，如补发上一年度的工资等。

17. 劳务派遣人员工资总额 指实际用工单位（派遣人员的使用方）在一定时期内为使用劳务派遣人员而付出的劳动报酬总额，包括用工单位负担的基本工资、加班工资、绩效工资以及各种津贴、补贴等，但不包括因使用派遣人员而支付的管理费用和其他用工成本。

18. 其他从业人员工资总额 指本单位在报告期内直接支付给本单位其他从业人员的全部劳动报酬。

19. 从业人员平均工资 指本单位从业人员在报告期内平均每人所得的工资额。计算公式为：

$$\text{从业人员平均工资}=\frac{\text{从业人员工资总额}}{\text{从业人员平均人数}}$$

20. 在岗职工平均工资 指本单位在岗职工在报告期内平均每人所得的工资额。计算公式为：

$$\text{在岗职工平均工资}=\frac{\text{在岗职工工资总额}}{\text{在岗职工平均人数}}$$

21. 劳务派遣人员平均工资 指本单位劳务派遣人员在报告期内平均每人所得的工资额。计算公式为：

$$\text{劳务派遣人员平均工资}=\frac{\text{劳务派遣人员工资总额}}{\text{劳务派遣人员平均人数}}$$

22. 其他从业人员平均工资 指本单位其他从业人员在报告期内平均每人所得的工资额。计算公式为：

$$\text{其他从业人员平均工资}=\frac{\text{其他从业人员工资总额}}{\text{其他从业人员平均人数}}$$

23. 本表数据包含的单位数 根据国家统计局有关文件规定，工资统计原则上以填报基层年报表（I102-2表）的单位作为计算单位数的依据。但是，目前有些地区的工资统计报表仍然采用由主管部门整体上报，例如县教育局将全县范围内的所有中小学统一报到当地统计局，该指标主要针对这种情况设置。单位需要填报本报表数据所包括的法人单位个数。

注：不能填报“从业人员”和“工资总额”数据的法人单位，填报发放工资的法人单位组织机构代码和单位详细名称指由于调查单位客观原因，不能填报从业人员和工资总额数据，需要填写实际发放工资的法人单位的组织机构代码和详细名称。如：工资由其他法人单位代为发放，本单位不掌握每人工资发放情况。

6、固定资产投资

GU DING ZI CHAN TOU ZI

资料整理：钱 超　张 敏

6、固定资产投资

2015年全市

全社会固定资产投资	758.16亿元，比上年增长25.2%
#跨市区投资	62.35亿元，比上年增长74.4%
固定资产投资	667.76亿元，比上年增长23.0%
农户投资	28.06亿元，比上年增长0.1%

全社会固定资产投资及增速

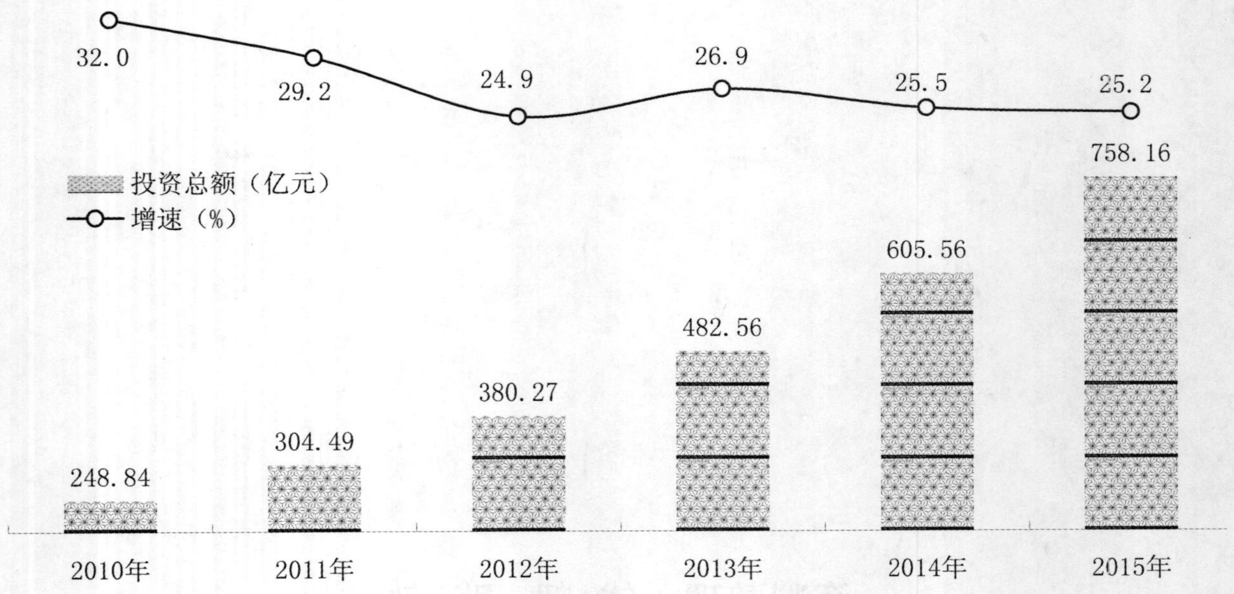

6-1 全市历年全社会固定资产投资

年 份	全社会固定资产投资（万元）	固定资产投资	# 房地产开发	农户投资
1952	10			
1957	127			
1962	60			
1965	685			
1970	1517			
1971	1490			
1972	1790			
1973	1438			
1974	1751			
1975	2765			
1976	2642			
1977	3085			
1978	11638			
1979	10555			
1980	9098			
1981	10723	8076		241
1982	13941	11744		248
1983	16567	14664		253
1984	20509	18666		743
1985	34262	30341		921
1986	35760	31225		1130
1987	40200	36371		722
1988	43209	37590		1237
1989	47286	41315		3121
1990	45614	41135		3154
1991	60833	55910	886	3149
1992	63634	56862	1220	3698
1993	61966	52730	3028	4412
1994	75539	63120	3343	6499
1995	100253	78899	2398	15010
1996	90172	74395	2584	7735
1997	108246	77282	4184	12130
1998	158848	122019	7551	14129
1999	213507	171385	36821	18485
2000	268379	217606	33569	25312
2001	290756	233351	44771	32677
2002	388574	325943	57505	35778
2003	463641	381994	66969	43386
2004	561836	434804	72751	48509
2005	623100	475939	65773	70458
2006	1082785	571464	65268	104808
2007	1477442	831896	63236	119061
2008	2006900	1255294	97765	130967
2009	2727670	1757570	126676	145654
2010	2488434	1654877	166544	160412
2011	3044866	2346779	223246	256188
2012	3802691	3244091	364015	270300
2013	4825629	4269929	505314	278900
2014	6055625	5417825	534816	280300
2015	7581646	6677596	655020	280581

6-2 全市及各县区全社会固定资产投资

2015年 单位：万元

	投资总额	跨市区投资	固定资产投资	农户投资
全 市	7581646	623469	6677596	280581
汉滨区	2419241	144000	2196277	78964
汉阴县	659608	35000	595113	29495
石泉县	649036	46900	583079	19057
宁陕县	316108	100000	209476	6632
紫阳县	693510	20000	643545	29965
岚皋县	406749		389090	17659
平利县	631695	187469	422662	21564
镇坪县	154604		149368	5236
旬阳县	1162710	90100	1023726	48884
白河县	488385		465260	23125

6-3 全市及各县区施工项目个数

2015年 单位：个

	总 计	国有控股	集体控股	私人控股	其 他
全 市	1865	1088	11	691	72
汉滨区	283	167	1	113	2
汉阴县	270	158		97	15
石泉县	231	145	2	81	3
宁陕县	65	35		29	1
紫阳县	191	142	1	38	10
岚皋县	155	96		57	2
平利县	178	106	1	68	3
镇坪县	93	51	1	40	1
旬阳县	247	115	3	101	25
白河县	152	73	2	67	10

6-4 全市固定资产投资完成情况

2015年

	合　计	地方项目
一、计划投资（万元）		
1. 计划总投资	15715637	15592289
其中：本年新开工项目	6893975	6866684
2. 自开始建设累计完成投资	10989640	10893358
二、自年初累计完成投资（万元）	6677596	6636317
其中：国有经济控股	3318615	3277336
其中：住宅	1335224	1307013
1. 按登记注册类型分		
内资企业	6633664	6592385
国有企业	3140045	3107512
集体企业	2774	2774
联营企业	404	404
国有联营企业	2359	2359
其他联营企业	2359	2359
有限责任公司	540399	536947
国有独资公司	111369	103483
其他有限责任公司	609872	609872
股份有限公司	108421	107561
私营企业	2084524	2084524
私营独资企业	185084	185084
私营合伙企业	10532	10532
私营有限责任公司	2110629	2110629
私营股份有限公司	134179	134179
其他企业	217995	217995
港、澳、台商投资企业	25307	25307
港、澳、台商独资经营企业	25307	25307
外商投资企业	10041	10041
其他外商投资企业	10041	10041
个体经营	8585	8585
个体户	8585	8585
2. 按建设性质分		
（1）新建	6087356	6055401
（2）扩建	117344	116884
（3）改建和技术改造	191242	184602
3. 按构成分		
建筑工程	5806858	5774313
安装工程	358686	354103

6-4 全市固定资产投资完成情况（续1）

2015年

	合 计	地方项目
设备工器具购置	217173	215701
其中：用于更新的设备	27998	27998
其他费用	294879	292201
4. 按国民经济行业分		
（一）农、林、牧、渔业	780242	780242
农业	383804	383804
林业	89052	89052
畜牧业	166390	166390
渔业	34177	34177
农、林、牧、渔服务业	106819	106819
（二）采矿业	145994	145994
煤炭开采和洗选业	11593	11593
黑色金属矿采选业	740	740
有色金属矿采选业	77995	77995
非金属矿采选业	55666	55666
（三）制造业	1076056	1072397
农副食品加工业	229854	229854
食品制造业	53247	53247
酒、饮料和精制茶制造业	212719	212719
烟草制品业	11474	11474
纺织业	4138	4138
纺织服装、服饰业	52140	52140
木材加工和木、竹、藤、棕、草制品业	2950	2950
家具制造业	14897	14897
印刷和记录媒介复制业	29250	29250
文教、工美、体育和娱乐用品制造业	15739	15739
化学原料和化学制品制造业	43380	39721
医药制造业	56674	56674
橡胶和塑料制品业	15600	15600
非金属矿物制品业	114833	114833
黑色金属冶炼和压延加工业	4574	4574
有色金属冶炼和压延加工业	32224	32224
金属制品业	41489	41489
通用设备制造业	36471	36471
专用设备制造业	33890	33890
汽车制造业	35765	35765
铁路、船舶、航空航天和其他运输设备制造业	3500	3500
电气机械和器材制造业	14320	14320
计算机、通信和其他电子设备制造业	662	662

6-4 全市固定资产投资完成情况（续2）

2015年

	合　计	地方项目
仪器仪表制造业	5073	5073
其他制造业	400	400
废弃资源综合利用业	10793	10793
（四）电力、热力、燃气及水生产和供应业	221416	220916
电力、热力生产和供应业	148762	148262
燃气生产和供应业	31986	31986
水的生产和供应业	40668	40668
（五）建筑业	511	511
房屋建筑业	511	511
（六）批发和零售业	110238	110238
批发业	25959	25959
零售业	84279	84279
（七）交通运输、仓储和邮政业	423618	421975
道路运输业	262586	260943
水上运输业	640	640
装卸搬运和运输代理业	109986	109986
仓储业	49941	49941
邮政业	464	464
（八）住宿和餐饮业	165666	165666
住宿业	126611	126611
餐饮业	39055	39055
（九）信息传输、软件和信息技术服务业	15327	11977
电信、广播电视和卫星传输服务	10753	7987
互联网和相关服务	1188	603
软件和信息技术服务业	3386	3386
（十）金融业	5095	5095
货币金融服务	5095	5095
（十一）房地产业	2187230	2159115
房地产业	2187230	2159115
（十二）租赁和商务服务业	21845	21845
租赁业	36	36
商务服务业	21809	21809
（十三）科学研究和技术服务业	24901	24901
研究和试验发展	3741	3741
专业技术服务业	21160	21160
（十四）水利、环境和公共设施管理业	1124507	1120878
水利管理业	222710	220097
生态保护和环境治理业	46350	46350
公共设施管理业	855446	854431
（十五）居民服务、修理和其他服务业	9701	9701
居民服务业	9052	9052
机动车、电子产品和日用产品修理业	649	649
（十六）教育	131989	131989
教育	131989	131989

6-4 全市固定资产投资完成情况（续3）

2015年

	合 计	地方项目
（十七）卫生和社会工作	110513	110513
卫生	87014	87014
社会工作	23499	23499
（十八）文化、体育和娱乐业	88282	88282
广播、电视、电影和影视录音制作业	1341	1341
文化艺术业	27025	27025
体育	22996	22996
娱乐业	36921	36921
（十九）公共管理、社会保障和社会组织	34467	34467
国家机构	30473	30473
社会保障	288	288
群众团体、社会团体和其他成员组织	3149	3149
基层群众自治组织	557	557
三、新增固定资产（万元）	6038400	5965104
四、项目个数（个）		
1. 施工项目个数	1865	1845
其中：本年新开工	1311	1302
2. 本年投产项目个数	1291	1278
五、房屋建筑面积（平方米）		
1. 施工面积	18425867	18134969
其中：住宅	11782804	11524712
2. 竣工面积	7455539	7264834
其中：住宅	4826786	4657027
六、本年资金来源合计（万元）	7066245	7028123
1. 上年末结余资金	118237	117490
2. 本年资金来源小计	6948008	6910633
（1）国家预算内资金	964103	963153
（2）国内贷款	241670	241670
（3）债券	0	
（4）利用外资	3295	3295
其中：外商直接投资	1200	1200
（5）自筹资金	5132418	5096604
其中：企、事业单位自有资金	406205	396916
（6）其他资金来源	606522	605911
七、各项应付款合计（万元）	1139807	1106700
其中：工程款	988435	956928
八、征用和购置土地情况		
1. 规划用地面积（平方米）	0	0
2. 本年实际征用和购置土地面积（平方米）	16966	16966
3. 本年实际征用和购置土地成交价款（万元）	3110	3110

6-5　全市新增生产能力

2015年

	建设规模	本年施工规模	其中：本年新开工能力	累计新增生产能力	其中：本年新增能力
铁矿开采（原矿）（万吨／年）	30	30	0	30	30
铜采矿（原矿）（万吨／年）	12	12	12	12	12
铜选矿：（1）处理原矿（万吨／年）	36	10.7	0	36	10.7
铅锌采矿（原矿）（万吨／年）	64.28	55.48	55.48	55.48	28.28
镍冶炼（吨／年）	1	1	0	1	1
水力发电（万千瓦）	60.31	21.44	0.3	17.31	7.91
火力发电（万千瓦）	132	132	132	0	0
输电线路长度（110KV及以上）（公里）	338.09	298.09	294.3	334.3	294.3
平板玻璃（万重量箱／年）	70	70	70	70	70
钾肥（吨／年）	1800	1800	1800	0	0
新建公路（公里）	228.44	228.44	221.17	14.07	14.07
二级公路（公里）	71.97	71.97	64.7	7.6	7.6
改建公路（公里）	1455.2	1077.5	877.5	1098.8	789.2
二级公路（公里）	135.3	101.2	33.2	112.2	10.1
新建独立公路桥梁（延长米）	1158	1158	1009	402	253
新建独立公路桥梁（座）	14	14	13	3	2
新建独立公路隧道（延长米）	2525	2525	0	0	0
新建独立公路隧道（处）	1	1	0	0	0
新（扩）建公路客、货运站（个）	4	4	4	2	2
新（扩）建公路客、货运站（平方米）	15060	15060	15060	6980	6980

6-6 全市房地产开发投资完成情况

2015年　　单位：万元、平方米

	合　计	其中：地方	其中：地市县属
计划总投资	2973393	2956419	2956419
自开始建设累计完成投资	1918411	1906912	1906912
本年计划投资			
本年完成投资	655020	650320	650320
国有经济控股	95417	90717	90717
内资企业	650890	646190	646190
国有企业	54360	54360	54360
有限责任公司	191691	186991	186991
国有独资公司	41057	36357	36357
其他有限责任公司	150634	150634	150634
股份有限公司	27587	27587	27587
私营企业	377252	377252	377252
私营有限责任公司	361432	361432	361432
私营股份有限公司	15820	15820	15820
港澳台商投资企业	4130	4130	4130
港澳台商独资经营企业	4130	4130	4130
按构成分：建筑工程	579887	575517	575517
安装工程	41096	41096	41096
设备工器具购置	8148	8148	8148
其他费用	25889	25559	25559
其中：旧建筑物购置费	1052	1052	1052
土地购置费	13338	13338	13338
住宅	538336	534036	534036
其中：90平方米以下	147286	146486	146486
90-144平方米	366401	365451	365451
144平方米以上	24649	22099	22099
别墅、高档公寓	48820	48820	48820
办公楼	6044	6044	6044
商业营业用房	82811	82753	82753
其他	27829	27487	27487
本年新增固定资产	198913	198913	198913
一、本年资金来源合计	825829	821329	821329
1. 上年末结余资金	99353	99353	99353

6-6 全市房地产开发投资完成情况（续）

2015年　　单位：万元、平方米

	合计	其中：地方	其中：地市县属
2. 本年资金来源小计	726476	721976	721976
（1）国内贷款	151455	151455	151455
银行贷款	135961	135961	135961
非银行金融机构贷款	15494	15494	15494
（2）利用外资			
其中：外商直接投资			
（3）自筹资金	277816	273316	273316
其中：自有资金	138035	133535	133535
股东投入资金	49660	49660	49660
借入资金	37626	37626	37626
（4）其他资金来源	297205	297205	297205
其中：定金及预收款	206033	206033	206033
其中：个人按揭贷款	79677	79677	79677
二、本年各项应付款合计	208542	204042	204042
其中：工程款	153246	148746	148746
项目规划占地面积	3836244	3826084	3826084
项目规划建筑面积	10973612	10913199	10913199
其中：住宅	8420778	8371445	8371445
商业营业用房	1537616	1535588	1535588
办公楼	133303	133303	133303
其他	881915	872863	872863
规划住宅套数	72462	72068	72068
其中：90平方米以下	11804	11740	11740
144平方米以上	3526	3196	3196
其中：别墅、高档公寓	6030	6030	6030
项目个数	150	148	148
本年完成开发土地面积			
待开发土地面积	377839	377839	377839
本年购置土地面积	16966	16966	16966
本年土地成交价款	3110	3110	3110
其中：拆迁补偿费	2223	2223	2223
土地使用权出让金	710	710	710
契税	19	19	19

6-7 全市房地产面积

2015年

单位：平方米、万元

	合计	住宅	90平米及以下	144平米以上	别墅、高档公寓	办公楼	商业营业用房	其他房屋
房屋施工面积	7683089	6140083	872799	400334	413831	98621	997732	446653
其中：本年新开工面积	2914555	2170066	311693	144572	334744	21587	481958	240944
本年房屋竣工面积	859985	700637	108771	34284	0	2216	137412	19720
其中：不可销售面积	80312	64784	0	5000	0	0	10150	5378
本年住宅竣工套数	—	6160	1274	216	0	—	—	—
本年房屋竣工价值	172530	135400	15631	6980	0	335	33990	2805
本年批准预售面积	1254011	1059561	80391	49266	300217	0	176935	17515
本年批准预售住宅套数	—	9479	989	308	2528	—	—	—
房屋出租面积	0	0	0	0	0	0	0	0
本年商品房销售面积	1272640	1210485	73930	41685	148750	0	57780	4375
其中：本月销售面积	182327	144980	5081	2170	11174	0	37312	35
现房销售面积	156107	146893	24753	4570	0	0	7584	1630
期房销售面积	1116533	1063592	49177	37115	148750	0	50196	2745
商品房销售额	450785	393433	21037	15992	45865	0	55171	2181
其中：本月销售额	73403	47395	1163	729	3790	0	26003	5
现房销售额	45211	35488	4556	1322	0	0	9698	25
期房销售额	405574	357945	16481	14670	45865	0	45473	2156
商品住宅销售套数	—	10657	886	250	1207	—	—	—
现房销售套数	—	1378	288	29	0	—	—	—
期房销售套数	—	9279	598	221	1207	—	—	—
待售面积	236115	152926	4215	13519	0	0	78697	4492
其中：待售1-3年面积	69298	52785	270	0	0	0	16513	0
其中：待售3年以上面积	2150	250	0	0	0	0	1900	0

6-8 全市房地产开发企业财务情况

2015年　　单位：千元

	年初存货	流动资产合计	其中：应收账款	其中：存货	固定资产合计	固定资产原价	累计折旧	其中：本年折旧
总　计	12086944	27402334	875666	13380754	2046788	1112041	279455	54432
一、按登记注册类型分								
内资企业	11957492	27202905	872524	13201381	2046545	1110214	277871	54055
国有企业	2786895	6944916	0	3550699	3263	7021	3758	1062
国有独资公司	2000901	3860436	199794	2209735	445055	11659	2190	415
其他有限责任公司	2970939	6710425	294802	2808056	494002	473001	116114	25558
股份有限公司	317298	919651	54896	374681	113400	100038	19535	3651
私营有限责任公司	3862672	8512937	233988	4207956	978649	508584	134803	23073
私营股份有限公司	18787	254540	89044	50254	12176	9911	1471	296
港澳台商投资企业	129452	199429	3142	179373	243	1827	1584	377
港澳台商独资经营企业	129452	199429	3142	179373	243	1827	1584	377
二、按控股情况分								
国有控股	4787796	10805352	199794	5760434	448318	18680	5948	1477
集体控股	564177	1212634	1370	659807	48385	48161	9800	1850
私人控股	6453789	15000326	667268	6615131	1537164	1029018	260446	49861
港澳台商控股	129452	199429	3142	179373	243	1827	1584	377
其他	151730	184593	4092	166009	12678	14355	1677	867
三、按企业资质等级分								
一级	635703	973610	5211	431285	83242	128414	45172	6392
二级	4508944	10909618	48103	5786960	341180	414153	109330	15665
三级	3569307	6907666	509381	3810329	260819	201120	52410	12317
四级	1744910	5313748	215881	1979859	371478	270813	57680	14097
暂定	1251389	2162069	35316	986056	511338	54124	10125	3951
其他	376691	1135623	61774	386265	478731	43417	4738	2010
四、按隶属关系分								
中央	20820	60647	16131	29140	13	89	76	4
地区（州、盟、省辖市）	2425145	5038519	178756	2707331	172696	217203	58649	10236
县（区、市、旗）	3882878	9887056	87834	4328380	580149	151995	32917	6688
其他	5758101	12416112	592945	6315903	1293930	742754	187813	37504
五、按县区分								
汉滨区	10176366	23263070	600846	11822031	981362	701330	199445	34411
汉阴县	221971	573157	56482	176187	172236	70555	10520	3226
石泉县	53895	287412	39621	116367	66906	37391	6511	1736
宁陕县	533297	659203	0	5908	218	627	409	32
紫阳县	40854	262186	85069	13351	444714	10143	2808	558
岚皋县	0	10277	1021	0	3240	4527	1287	239
平利县	282786	497311	26730	310457	40920	45211	6243	2690
旬阳县	541375	1351048	27333	656618	147512	145183	39788	5901
白河县	236400	498670	38564	279835	189680	97074	12444	5639

6-8 全市房地产开发

2015年

	在建工程	资产总计	流动负债合计	其中：应付账款	非流动负债合计	负债合计	所有者权益合计
总　计	1507036	32032344	19664401	1751263	6123470	25787871	6244473
一、按登记注册类型分							
内资企业	1507036	31832574	19588382	1685847	6066087	25654469	6178105
国有企业	3553	7375883	3258976	0	3803847	7062823	313060
国有独资公司	541160	4869733	2815339	277329	814200	3629539	1240194
其他有限责任公司	192226	7704842	5205906	644033	821664	6027570	1677272
股份有限公司	52390	1122521	869024	46742	13918	882942	239579
私营有限责任公司	618966	10134952	7069945	581415	607529	7677474	2457478
私营股份有限公司	98741	624643	369192	136328	4929	374121	250522
港澳台商投资企业	0	199770	76019	65416	57383	133402	66368
港澳台商独资经营企业	0	199770	76019	65416	57383	133402	66368
二、按控股情况分							
国有控股	544713	12245616	6074315	277329	4618047	10692362	1553254
集体控股	0	1394841	1196017	40335	89336	1285353	109488
私人控股	962323	17956501	12174646	1274454	1358704	13533350	4423151
港澳台商控股	0	199770	76019	65416	57383	133402	66368
其他	0	235616	143404	93729	0	143404	92212
三、按企业资质等级分							
一级	0	1078736	849353	71253	66427	915780	162956
二级	55943	12148847	6911488	268512	4038714	10950202	1198645
三级	120936	7454789	4688368	263794	856530	5544898	1909891
四级	347930	6777042	4366938	733370	784225	5151163	1625879
暂定	463591	2899024	1722982	409217	181222	1904204	994820
其他	518636	1673906	1125272	5117	196352	1321624	352282
四、按隶属关系分							
中央	0	67664	58254	27924	0	58254	9410
地区（州、盟、省辖市）	54752	5384451	3223172	91019	675327	3898499	1485952
县（区、市、旗）	680673	11621619	5876531	232550	4534119	10410650	1210969
其他	771611	14958610	10506444	1399770	914024	11420468	3538142
五、按县区分							
汉滨区	511846	25326094	15713703	667038	5578606	21292309	4033785
汉阴县	218507	1345955	875955	197588	90048	966003	379952
石泉县	44039	512344	231473	33631	29747	261220	251124
宁陕县	0	751009	329101	122744	0	329101	421908
紫阳县	533807	1023533	628728	135424	194309	823037	200496
岚皋县	0	44668	25952	234	0	25952	18716
平利县	0	628889	459955	57687	0	459955	168934
旬阳县	136410	1686697	1137022	407086	167277	1304299	382398
白河县	62427	713155	262512	129831	63483	325995	387160

企业财务情况（续1）

单位：千元

其中：实收资本	营业收入	主营业务收入	土地转让收入	商品房屋销售收入	房屋出租收入	其他收入	营业成本
3884647	3192703	3133691	56533	2908406	68726	100026	2435397
3829739	3091128	3032116	47019	2818261	66810	100026	2365699
20000	0	0	0	0	0	0	0
543873	245294	245294	0	186459	11815	47020	228570
1421160	1120785	1120636	0	1064852	8090	47694	841146
194049	348497	348497	0	348497	0	0	274252
1571912	1241816	1182953	43969	1089769	46905	2310	916748
78745	134736	134736	3050	128684	0	3002	104983
54908	101575	101575	9514	90145	1916	0	69698
54908	101575	101575	9514	90145	1916	0	69698
563873	245294	245294	0	186459	11815	47020	228570
108692	105976	105827	0	105787	0	40	93694
3068041	2695340	2636477	47019	2481697	54995	52766	2010616
54908	101575	101575	9514	90145	1916	0	69698
89133	44518	44518	0	44318	0	200	32819
150150	404401	404401	0	391572	0	12829	355957
446654	727289	702435	0	701995	0	440	538971
1016367	585695	585669	10614	520827	7008	47220	454821
1268626	1130842	1127432	45239	980938	61718	39537	804241
779500	175676	144954	0	144954	0	0	131942
223350	168800	168800	680	168120	0	0	149465
7692	47020	47020	0	0	0	47020	45328
763709	342098	342098	0	326606	2663	12829	289984
841826	558123	557974	0	545572	12362	40	401064
2271420	2245462	2186599	56533	2036228	53701	40137	1699021
2525406	1275929	1247688	0	1184579	3210	59899	1054103
229150	286587	286587	41289	194288	50810	200	227051
127590	185768	185719	2000	181131	2588	0	133621
385000	3550	3450	0	3450	0	0	2980
101230	187163	156541	0	152641	3900	0	157413
14558	125850	125850	0	125850	0	0	94514
125880	202136	202136	0	202136	0	0	148364
265925	715329	715329	3730	673115	3182	35302	482880
109908	210391	210391	9514	191216	5036	4625	134471

6-8 全市房地产开发

2015年

	主营业务成本	营业税金及附加	主营业务税金及附加	其他业务利润	销售费用	管理费用	其中：税金	财务费用	其中：利息收入
总　计	2403245	206063	200432	26004	129553	194567	10701	110367	7253
一、按登记注册类型分									
内资企业	2333547	185392	179761	26004	129533	193905	10701	108666	7246
国有企业	0	0	0	31	11023	8711	0	121	0
国有独资公司	228570	10471	10471	0	620	2978	201	22367	902
其他有限责任公司	830448	60261	60261	149	48175	74039	3420	26730	5707
股份有限公司	274252	18469	18469	0	9578	15029	53	8027	91
私营有限责任公司	895694	89255	83634	25824	58899	88433	5986	50178	526
私营股份有限公司	104583	6936	6926	0	1238	4715	1041	1243	20
港澳台商投资企业	69698	20671	20671	0	20	662	0	1701	7
港澳台商独资经营企业	69698	20671	20671	0	20	662	0	1701	7
二、按控股情况分									
国有控股	228570	10471	10471	31	11643	11689	201	22488	902
集体控股	93694	6220	6220	149	522	13742	1607	1408	95
私人控股	1979629	168095	162464	25824	117342	166164	8893	83807	6247
港澳台商控股	69698	20671	20671	0	20	662	0	1701	7
其他	31654	606	606	0	26	2310	0	963	2
三、按企业资质等级分									
一级	346424	27820	27820	0	5023	11296	356	6853	66
二级	537547	51886	51886	22578	32997	47799	3019	25481	201
三级	454421	51689	46703	26	16110	34643	950	41005	5312
四级	804198	55771	55770	3400	49626	68986	6108	26347	1600
暂定	111190	12076	11432	0	20036	21490	227	9310	15
其他	149465	6821	6821	0	5761	10353	41	1371	59
四、按隶属关系分									
中央	45328	159	159	0	0	959	0	-6	6
地区（州、盟、省辖市）	280451	21560	21560	0	9344	24966	592	35500	992
县（区、市、旗）	401064	34862	34862	180	38773	39936	2163	2874	459
其他	1676402	149482	143851	25824	81436	128706	7946	71999	5796
五、按县区分									
汉滨区	1041972	90328	85352	25955	90013	127771	4561	78508	6099
汉阴县	227017	16818	16818	0	7986	10359	273	3603	49
石泉县	133621	10616	10615	49	3319	5372	256	6247	124
宁陕县	2980	724	80	0	709	1748	0	6	0
紫阳县	137826	7697	7697	0	1152	4255	1212	998	3
岚皋县	94514	6591	6591	0	2255	2615	355	960	1
平利县	148364	13341	13341	0	2486	7437	63	6344	73
旬阳县	482480	34601	34591	0	20313	30662	3459	8290	896
白河县	134471	25347	25347	0	1320	4348	522	5411	8

企业财务情况（续2）

单位：千元

其中：利息支出	营业利润	营业外收入	补贴收入	营业外支出	利润总额	应交所得税	本年应付工资总额	资产减值损失	投资收益
90113	124412	16239	8070	12261	128404	26347	163470	843	30
88405	115589	16239	8070	11816	120026	20238	162045	843	30
0	−19824	176	0	1517	−21165	0	3413	0	0
23199	−19712	7348	7315	1	−12365	150	8697	0	0
15962	73090	6219	700	5597	73712	3739	52407	69	14
7508	23142	500	0	990	22652	1487	15315	0	0
41154	43172	1996	55	3711	41471	14332	76301	774	16
582	15721	0	0	0	15721	530	5912	0	0
1708	8823	0	0	445	8378	6109	1425	0	0
1708	8823	0	0	445	8378	6109	1425	0	0
23199	−39536	7524	7315	1518	−33530	150	12110	0	0
1492	−9610	4100	0	173	−5683	1104	5415	0	0
63714	154611	4615	755	10125	149115	18489	142780	843	30
1708	8823	0	0	445	8378	6109	1425	0	0
0	10124	0	0	0	10124	495	1740	0	0
5498	−2548	101	0	719	−3166	1037	4464	0	0
20544	30186	4325	0	2606	31905	2207	31630	0	0
37006	−12573	9351	7345	3368	−6576	17640	37578	0	14
22536	125108	493	20	5311	120290	2579	62979	774	6
4121	−16738	1264	0	216	−15690	2333	19272	0	10
408	977	705	705	41	1641	551	7547	69	0
0	580	0	0	1	579	150	5123	0	0
33962	−39256	7936	7315	1334	−32654	0	11743	0	0
2509	40580	4020	0	1944	42656	3237	39644	69	4
53642	122508	4283	755	8982	117823	22960	106960	774	26
63979	−156790	12451	7320	5912	−150237	8145	77220	0	16
3240	20780	63	30	1485	19358	5442	13289	0	10
5572	26593	20	20	1	26612	799	5373	0	0
0	−2617	1264	0	16	−1369	0	1892	0	0
1001	15648	0	0	0	15648	2105	4151	0	0
862	18915	0	0	0	18915	183	9135	0	0
6401	24164	2270	700	310	26124	1161	4116	0	0
4760	137844	11	0	462	137393	1172	40666	843	4
4298	39875	160	0	4075	35960	7340	7628	0	0

主要统计指标解释

固定资产投资 固定资产投资是建造和购置固定资产的经济活动，既固定资产再生产活动。固定资产投资额是以货币表现的建造的购置固定资产活动的工作量，它是反映固定资产投资规模、速度、比例关系和使用方向的综合指标。

房地产开发投资 房地产开发投资统计范围包括：各种登记注册类型的房地产开发公司、商品房建设公司及其他房地产开发单位统一开发的包括统代建、拆迁还建的住宅、厂房、仓库、饭店、宾馆、度假村、写字楼、办公楼等房屋建筑物和配套的服务设施、土地开发工程，如道路、给水、排水、供电、供热、通讯、平整场地等基础设施工程。包括实际从事房地产开发或经营活动的附营房地产开发单位。

资金来源

(1) 本年实际到位资金合计：指固定资产投资单位在报告期收到的可用于固定资产建造和购置的各种资金，包括上年末结余资金、本年度内拨入或借入的资金及以各种方式筹集的资金。

(2) 上年末结余资金：指上年资金来源中没有形成固定资产投资额而结余的资金。包括尚未用到工程上去的材料价值、未开始安装的需要安装设备价值及结存的现金和银行存款等。

上年末结余资金是本年固定资产投资资金来源的一部分，可根据有关财务数字填报。为反映当年资金来源与当年投资完成额之间的关系，上年末结余资金不能出现负数，即不能把上年应付工程、材料款作为上年结余资金的负数来处理。

(3) 本年实际到位资金小计：指固定资产投资单位在报告期收到的，用于固定资产投资的各种货币资金。包括国家预算内资金、国内贷款、债券、利用外资、自筹资金和其他资金。

(4) 国家预算资金：分为财政拨款和财政安排的贷款两部分。包括中央财政的基本建设基金（分经营性基金和非经营性基金两部分）、专项支出（如煤代油专项等）、收回再贷、贴息资金，财政安排的挖潜改造和新产品试制支出、城建支出、商业部门简易建筑支出、不发达地区发展基金等资金中用于固定资产投资的资金；地方财政中由国家统筹安排的资金等。

(5) 国内贷款：指报告期固定资产投资单位向银行及非银行金融机构借入的用于固定资产投资的各种国内借款，包括银行利用自有资金及吸收的存款发放的贷款、上级主管部门拨入的国内贷款、国家专项贷款（包括煤代油贷款、劳改煤矿专项贷款等），地方财政专项资金安排的贷款、国内储备贷款、周转贷款等。

(6) 债券：指企业（公司）或金融机构通过发行各种债券，筹集用于固定资产投资的资金。包括由银行代理国家专业投资公司发行的重点企业债券和基本建设债券。

(7) 利用外资：指报告期收到的用于固定资产建造和购置投资的境外资金（包括设备、材料、技术在内）。计算利用外资时，需要折算成人民币，折算中所使用的外汇汇率按现汇计算，即按使用外汇时的汇率计算。

(8) 自筹资金：指固定资产投资单位报告期收到的，由各地区、各部门及企事业单位筹集用于固定资产投资的预算外资金，包括中央各部门、各级地方和企业、事业单位的自有资金。

(9) 其他资金来源：指在报告期收到的除以上各种资金之外其他用于固定资产投资的资金。包括社会集资、个人资金、无偿捐赠的资金及其他单位拨入的资金等。

新增生产能力（或工程效益） 新增生产能力（或工程效益），指通过固定资产投资活动而增加的设计能力。计算新增生产能力（或工程效益）是以能独立发挥生产能力（或工程效益）的工程为对象，如一座矿井、一座转炉、一套化工装置、一条铁路专用线等。当工程建成，经有关部门验收鉴定合格，正式移交投入生产，即应计算新增生产能力（或效益）。

施工房屋面积 指报告期内施工的全部房屋建筑面积。包括本期新开工的面积和上期开工跨入本期继续施工的房屋面积，以及上期已停建在本期复工的房屋面积。本期竣工和本期施工后又停缓建的房屋，其建筑面积仍计入本期施工房屋面积中。

竣工房屋面积 指在报告期内房屋建筑按照设计要求已全部完工，达到住人和使用条件，经验收鉴定合格（或达到竣工验收标准），可正式移交使用的各栋房屋建筑面积的总和。

竣工房屋价值 指在报告期内竣工房屋本身的建造价值。竣工房屋价值按房屋设计和预算规定的内容计算。竣工房屋本身的基础、结构、房屋、装修以及水、电、卫等附属工程的建造价值，也包括作为房屋建筑组成部分而列入房屋建筑工程预算内的设备（如电梯、通风设备等）的购置和安装费用。不包括厂房内的工艺设备、工艺管线的购置和安装，工艺设备基础的建造，室外的水、暖、电、卫、道路工程、挡土墙等环境工程的费用，办公及生活用家具的购置等费用，购置土地的费用，迁移补偿费和场地平整的费用等。

竣工房屋价值不仅包括该竣工房屋在报告期内完成的价值，也包括跨年施工的房屋在本期以前完成的价值。未竣工而转让给其他单位的房屋建筑工程，出让单位不计算竣工价值，待接受单位继续施工并符合竣工条件后，由接受单位计算其竣工价值，包括出让单位在出让前所完成的价值。

竣工房屋价值一般按结算价格计算。

7、财　政

CAI ZHENG

资料整理：王　辉

7、财政

2015年全市

财政总收入（市级口径）	72.82亿元，增长9.5%
一般公共预算收入	30.84亿元，增长9.8%
一般公共预算支出	224.60亿元，增长9.7%

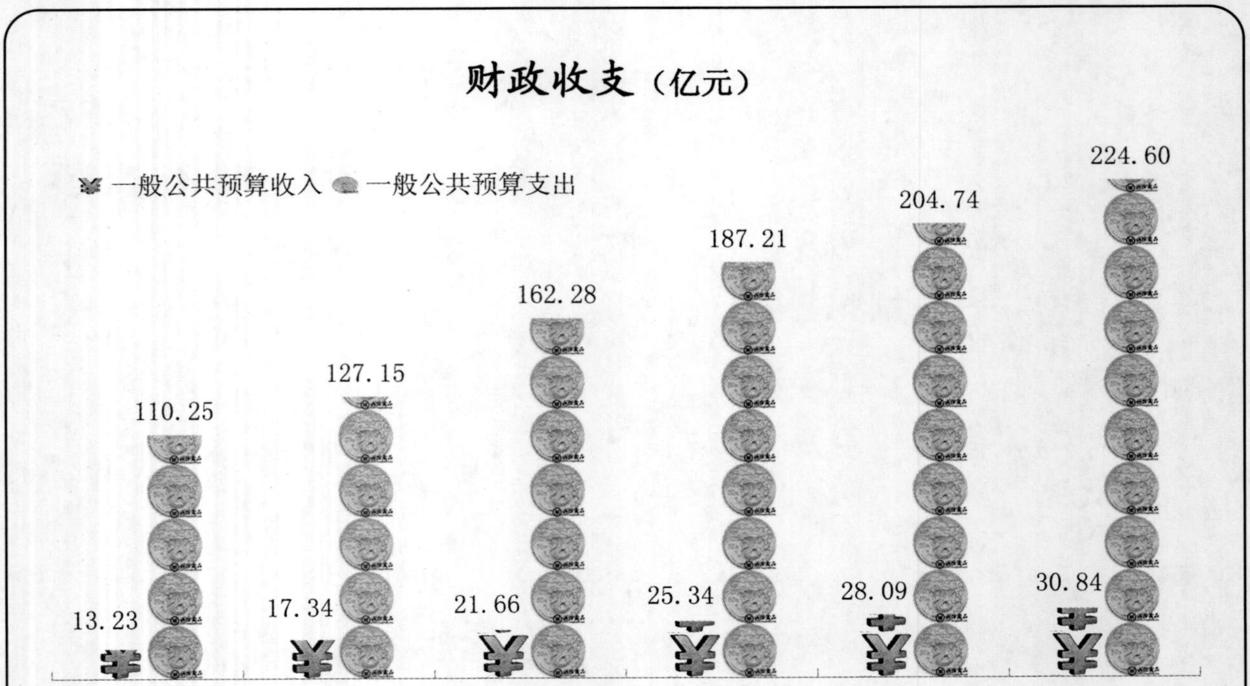

7-1 全市历年财政收支

单位：万元

年份	财政总收入（市级口径）	财政收入	财政支出	收支差额	比上年增长%	
					财政收入	财政支出
2000	52029	33626	97036	-63410	8.4	15.0
2001	61320	37222	119204	-81982		
2002	61200	37566	138144	-100578		
2003	85666	40489	147296	-106807		
2004	101000	43080	161848	-118768		
2005	96065	34563	191585	-157022	14.8	18.4
2006	128000	40572	248396	-207824	7.6	29.7
2007	200900	58112	349048	-290936	42.3	
2008	260000	74885	581762	-506877	28.9	66.7
2009	300000	97209	785421	-688212	29.8	35.0
2010	355653	132274	1102475	-970201	36.1	40.4
2011	434756	173447	1271508	-1098061	31.1	15.3
2012	518000	216591	1622823	-1406232	24.9	27.6
2013	586513	253441	1872090	-1618649	17.0	15.4
2014	665004	280886	2047359	-1766473	10.8	9.4
2015	728179	308395	2246024	-1937629	9.8	9.7

7-2 全市地方财政分项目收支

单位：万元

	2015年		2015年
地方一般预算收入	308395	地方一般预算支出	2246024
一、税收收入	186026	一、一般公共服务	275432
增值税	22638	二、外交	
营业税	72946	三、国防	334
企业所得税	11870	四、公共安全	97720
企业所得税退税		五、教育	536881
个人所得税	4474	六、科学技术	6670
资源税	759	七、文化体育与传媒	37947
固定资产投资方向调节税		八、社会保障和就业	221967
城市维护建设税	15839	九、医疗卫生	262839
房产税	5040	十、节能环保	123274
印花税	2584	十一、城乡社区事务	100227
城镇土地使用税	2851	十二、农林水事务	286477
土地增值税	9371	十三、交通运输	41566
车船税	3966	十四、资源勘探电力信息等事务	22151
耕地占用税	5001	十五、商业服务业等事务	6844
契税	20382	十六、金融监管等事务支出	100
烟叶税	8305	十七、地震灾后恢复重建支出	
其他税收收入		十八、援助其他地区支出	
二、非税收入	122369	十九、国土资源气象等事务	13016
专项收入	16954	二十、住房保障支出	199247
行政事业性收费收入	26630	二十一、粮油物资储备事务	4785
罚没收入	18508	二十二、国债还本付息支出	5072
国有资本经营收入		二十三、其他支出	3475
国有资源（资产）有偿使用收入	55466		
其他收入	4811		

7−3　全市及各县区财政收入

2015年　　　　单位：万元

	一般预算收入	税收收入合计	其中：								
			增值税	营业税	企业所得税	个人所得税	资源税	城市维护建设税	房产税	印花税	城镇土地使用税
全　市	308395	186026	22638	72946	11870	4474	759	15839	5040	2584	2851
市本级	97190	70167	6561	25981	6269	2072	128	6331	1328	693	1196
区县合计	211205	115859	16077	46965	5601	2402	631	9508	3712	1891	1655
汉滨区	58546	37534	5768	15810	2416	1186	76	1827	2049	744	991
汉阴县	21500	10850	709	4831	353	116	25	507	140	152	76
石泉县	14696	8580	1064	4389	309	104	13	626	179	153	87
宁陕县	8215	4223	455	2372	256	154	12	438	123	90	26
紫阳县	21306	7166	624	3497	571	180	11	366	212	196	81
岚皋县	10703	5733	937	2496	279	193	9	315	154	64	52
平利县	14245	7959	1019	3544	246	88	210	503	112	97	36
镇坪县	6151	2762	261	1511	59	45	15	168	48	49	5
旬阳县	42197	23917	4706	5455	765	245	253	4415	546	220	216
白河县	13646	7135	534	3060	347	91	7	343	149	126	85

7−3　全市及各县区财政收入（续）

2015年　　　　单位：万元

	其中：					非税收入合计	其中：				
	土地增值税	车船税	耕地占用税	契税	烟叶税		专项收入	行政事业性收费收入	罚没收入	国有资源（资产）有偿使用收入	其他收入
全　市	9371	3966	5001	20382	8305	122369	16954	26630	18508	55466	4811
市本级	2571	673	1578	14786		27023	6656	9690	7910	2475	292
区县合计	6800	3293	3423	5596	8305	95346	10298	16940	10598	52991	4519
汉滨区	2740	1797	594	661	875	21012	2780	4208	1060	10268	2696
汉阴县	1374	218	691	1448	210	10650	744	1106	1425	6633	742
石泉县	342	169	234	556	355	6116	877	1116	895	2766	462
宁陕县	33	79	44	141		3992	504	287	338	2828	35
紫阳县	346	116	40	530	396	14140	260	249	1530	11918	183
岚皋县	101	156	197	363	417	4970	354	1005	993	2618	
平利县	477	209	528	403	487	6286	455	782	789	3971	289
镇坪县	37	49	199	104	212	3389	333	86	293	2676	1
旬阳县	699	403	315	610	5069	18280	3545	6473	1997	6188	77
白河县	651	97	581	780	284	6511	446	1628	1278	3125	34

7-4 全市及各县区财政支出

2015年

单位：万元

	一般预算支出	一般公共服务	国防	公共安全	教育	科学技术	文化体育与传媒	社会保障和就业	医疗卫生	节能环保	城乡社区事务
全　市	2246024	275432	334	97720	536881	6670	37947	221967	262839	123274	100227
市本级	302472	29875	142	37042	40121	1552	13860	18060	36971	6711	42184
区县合计	1943552	245557	192	60678	496760	5118	24087	203907	225868	116563	58043
汉滨区	492528	40013	72	5309	127522	524	3772	71413	63825	30204	11186
汉阴县	189000	19243		6187	60766	251	6384	17635	20602	6701	1478
石泉县	161888	24684		6872	31386	241	2293	13059	16506	8247	5956
宁陕县	89699	14281	30	4431	22388	136	793	8590	9739	4204	3430
紫阳县	210080	31788	90	7466	47072	404	2626	16351	22882	12739	17207
岚皋县	145268	24389		5210	36297	836	1468	11286	14294	10641	2465
平利县	164530	27098		6614	47482	316	1563	13974	16948	9587	2029
镇坪县	74866	14580		560	17843	580	1320	6948	9580	5880	3180
旬阳县	250293	29087		9563	64482	1592	2324	30192	34707	15908	4820
白河县	165400	20394		8466	41522	238	1544	14459	16785	12452	6292

7-4 全市及各县区财政支出（续）

2015年

单位：万元

	农林水事务	交通运输	资源勘探电力信息等事务	商业服务业等事务	金融监管等事务支出	国土资源气象等事务	住房保障支出	粮油物资储备事务	国债还本付息支出	其他支出
全　市	286477	41566	22151	6844	100	13016	199247	4785	5072	3475
市本级	18481	20897	12206	2525	88	3857	12779	1029	2595	1497
区县合计	267996	20669	9945	4319	12	9159	186468	3756	2477	1978
汉滨区	68637	3698	4862	771	2	2546	56906	256	512	498
汉阴县	26795	453	150	110		260	21588	111	286	
石泉县	19960	1421	349	445		471	28984	832	146	36
宁陕县	9397	1280	111	84	5	591	10039	99	71	
紫阳县	21358	4286	1470	938	5	863	21727	547	261	
岚皋县	25427	902	443	552		548	10177	271	62	
平利县	22164	2588	753	392		774	11400	529	319	
镇坪县	6701	970	48	387		550	5530	135	74	
旬阳县	38258	4170	1609	394		1367	9287	630	459	1444
白河县	29299	901	150	246		1189	10830	346	287	

主要统计指标解释

财政收入 指国家财政参与社会产品分配所取得的收入，是实现国家职能的财力保证。主要包括：

（1）各项税收：包括国内增值税、国内消费税、进口货物增值税和消费税、出口货物退增值税和消费税、营业税、企业所得税、个人所得税、资源税、城市维护建设税、房产税、印花税、城镇土地使用税、土地增值税、车船税、船舶吨税、车辆购置税、关税、耕地占用税、契税、烟叶税等。

（2）非税收入：包括专项收入、行政事业性收费、罚没收入和其他收入。

财政支出 指国家财政将筹集起来的资金进行分配使用，以满足经济建设和各项事业的需要。主要包括：

（1）一般公共服务：指政府提供基本公共管理与服务的支出，包括人大事务、政协事务、政府办公厅（室）及相关机构事务、发展与改革事务、统计信息事务、财政事务、税收事务、审计事务、海关事务、人力资源事务、纪检监察事务、人口与计划生育事务、商贸事务、知识产权事务、工商行政管理事务、国土资源事务、海洋管理事务、测绘事务、地震事务、气象事务、民族事务、宗教事务、港澳台侨事务、档案事务、共产党事务、民主党派事务及工商联事务、群众团体事务、彩票事务等。

（2）外交：指政府外交事务支出，包括外交行政管理、驻外机构、对外援助、国际组织、对外合作与交流、边界勘界联检等方面的支出。

（3）国防：指政府用于国防方面的支出，包括用于现役部队、预备役部队、民兵、国防科研事业、专项工程、国防动员等方面的支出。

（4）公共安全：指政府维护社会公共安全方面的支出，包括武装警察、公安、国家安全、检察、法院、司法行政、监狱、劳教、国家保密、缉私警察等。

（5）教育：指政府教育事务支出，包括教育行政管理、学前教育、小学教育、初中教育、普通高中教育、普通高等教育、初等职业教育、中专教育、技校教育、职业高中教育、高等职业教育、广播电视教育、留学生教育、特殊教育、干部继续教育、教育机关服务等。

（6）科学技术：指用于科学技术方面的支出，包括科学技术管理事务、基础研究、应用研究、技术研究与开发、科技条件与服务、社会科学、科学技术普及、科技交流与合作等。

（7）文化教育与传媒：指政府在文化、文物、体育、广播影视、新闻出版等方面的支出。

（8）社会保障和就业：指政府在社会保障与就业方面的支出，包括社会保障和就业管理事务、民政管理事务、财政对社会保险基金的补助、补充全国社会保障基金、行政事业单位离退休、企业改革补助、就业补助、抚恤、退役安置、社会福利、残疾人事业、城市居民最低生活保障、其他城镇社会救济、农村社会救济、自然灾害生活救助、红十字事务等。

（9）医疗卫生：指政府医疗卫生方面的支出，包括医疗卫生管理事务支出、医疗服务支出、医疗保障支出、疾病预防控制支出、卫生监督支出、妇幼保健支出、农村卫生支出等。

（10）环境保护：指政府环境保护支出，包括环境保护管理事务支出、环境监测与监察支出、污染治理支出、自然生态保护支出、天然林保护工程支出、退耕还林支出、风沙荒漠治理支出、退牧还草支出、已垦草原退耕还草、能源节约利用、污染减排、可再生能源和资源综合利用等支出。

（11）城乡社区事务：指政府城乡社区事务支出，包括城乡社区管理事务支出、城乡社区规划与管理支出、城乡社区公共设施支出、城乡社区住宅支出、城乡社区环境卫生支出、建设市场管理与监督支出等。

（12）农林水事务：指政府农林水事务支出，包括农业支出、林业支出、水利支出、扶贫支出、农业综合开发支出等。

（13）交通运输：指政府交通运输和邮政业方面的支出，包括公路运输支出、水路运输支出、铁路运输支出、民用航空运输支出、邮政业支出等。

（14）工业商业金融等事务：指政府对工业、商业及金融等方面的支出，包括采掘业支出、制造业支出、建筑业支出、工业和信息产业监管支出、国有资产监管支出、商业流通事务支出、金融业监管支出、旅游业管理与服务支出等。

中央财政收入和地方财政收入 指按现行分税制财政体制划分的中央本级收入和地方本级收入。属于中央财政的收入包括关税，进口货物增值税和消费税，出口货物退增值税和消费税，消费税，铁道部门、各银行总行、各保险公司总公司等集中交纳的营业税和城市维护建设税，增值税75%部分，纳入共享范围的企业所得税60%部分，未纳入共享范围的中央企业所得税、中央企业上交的利润，个人所得税60%部分，车辆购置税，船舶吨税，证券交易印花税97%部分，海洋石油资源税，中央非税收入等。属于地方财政的收入包括营业税（不含铁道部门、各银行总行、各保险公司总公司集中交纳的营业税），地方企业上交利润，城市维护建设税（不含铁道部门、各银行总行、各保险公司总公司集中交纳的部分），房产税，城镇土地使用税，土地增值税，车船税，耕地占用税，契税，烟叶税，印花税，增值税25%部分，纳入共享范围的企业所得税40%部分，个人所得税40%部分，证券交易印花税3%部分，海洋石油资源税以外的其他资源税，地方非税收入等。

8、物　价

WU JIA

资料整理：周诗雅

8、物价

2015年安康城区

居民消费价格总指数	101.5%
商品零售价格总指数	100.2%

2015年安康与全国、陕西CPI同比指数

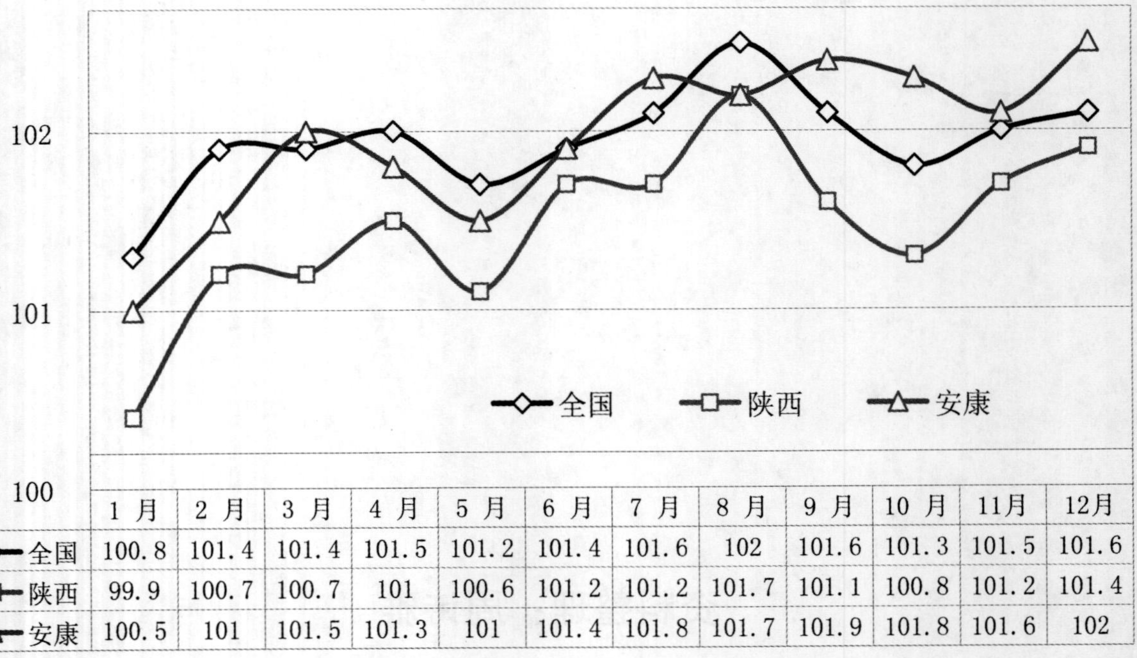

	1 月	2 月	3 月	4 月	5 月	6 月	7 月	8 月	9 月	10 月	11月	12月
全国	100.8	101.4	101.4	101.5	101.2	101.4	101.6	102	101.6	101.3	101.5	101.6
陕西	99.9	100.7	100.7	101	100.6	101.2	101.2	101.7	101.1	100.8	101.2	101.4
安康	100.5	101	101.5	101.3	101	101.4	101.8	101.7	101.9	101.8	101.6	102

8-1 安康城区居民消费价格指数

2015年

项目名称	上年同月=100	上年同期=100	2010年=100	上年12月=100
居民消费价格总指数	102.0	101.5	115.5	102.0
生活费用价格总指数	102.0	101.6	117.5	102.0
低收入居民生活费用指数	102.1	102.3	119.4	102.1
非食品价格指数	102.8	101.4	110.3	102.8
服务项目价格指数	104.0	102.0	118.0	104.0
工业品价格指数	102.0	101.1	105.5	102.0
扣除食品烟酒和能源价格指数	103.1	101.7	110.4	103.1
扣除鲜菜鲜果总指数	101.8	101.0	114.8	101.8
消费品价格指数	101.2	101.3	114.6	101.2
一、食品	100.4	101.5	126.7	100.4
其中：粮食	100.1	101.3	118.6	100.1
肉禽及其制品	97.8	98.5	135.7	97.8
蛋	86.7	94.8	131.4	86.7
鲜菜	109.1	112.6	134.0	109.1
鲜果	97.1	109.1	134.5	97.1
二、烟酒	104.8	104.1	108.0	104.8
三、衣着	100.5	99.5	106.8	100.5
四、家庭设备用品及维修服务	99.4	99.1	102.9	99.4
五、医疗保健和个人用品	101.5	102.2	110.5	101.5
六、交通和通信	105.2	99.7	101.9	105.2
七、娱乐教育文化用品及服务	100.7	100.8	113.0	100.7
八、居住	105.5	103.5	117.7	105.5

8-2　安康城区商品零售价格指数

2015年

项目名称	上年同月=100	上年同期=100	2010年=100	上年12月=100
商品零售价格总指数	100.2	100.2	107.7	100.2
一、食品	100.2	101.6	127.5	100.2
二、饮料、烟酒	102.9	102.5	106.1	102.9
三、服装、鞋帽	100.2	99.8	106.5	100.2
四、纺织品	101.8	101.1	108.4	101.8
五、家用电器及音像器材	99.1	98.6	90.6	99.1
六、文化办公用品	99.9	100.9	93.7	99.9
七、日用品	99.7	100.1	104.5	99.7
八、体育娱乐用品	100.5	100.1	99.5	100.5
九、交通、通信用品	101.8	98.9	76.1	101.8
十、家具	99.0	99.1	97.6	99.0
十一、化妆品	100.5	100.5	107.9	100.5
十二、金银珠宝	94.7	95.8	99.9	94.7
十三、中西药品及医疗保健用品	102.8	104.0	106.6	102.8
十四、书报杂志及电子出版物	101.7	101.3	107.1	101.7
十五、燃料	95.1	92.2	102.9	95.1
十六、建筑材料及五金电料	101.7	101.0	113.4	101.7

8-3　安康城区农业生产资料价格指数

2015年

项目名称	上年同月=100	上年同期=100	2010年=100	上年12月=100
农业生产资料价格指数	102.8	100.5	123.1	102.8
一、农用手工工具	100.0	100.0	102.4	100.0
二、饲料	103.2	102.4	119.9	103.2
三、产品畜	122.7	105.3	160.6	122.7
四、半机械化农具	104.1	103.2	103.2	104.1
五、机械化农具	100.0	100.0	99.3	100.0
六、化学肥料	102.0	100.0	136.0	102.0
七、农药及农药器械	101.8	101.9	109.7	101.8
八、农用机油	101.5	92.4	98.4	101.5
九、其他农业生产资料	100.3	101.5	165.5	100.3
十、农业生产服务	100.0	100.0	108.0	100.0

主要统计指标解释

居民消费价格指数（CPI） 是反映一定时期内城乡居民所购买的生活消费品价格和服务项目价格变动趋势和程度的相对数。它是宏观经济分析和决策、价格总水平监测和调控以及国民经济核算的重要指标。该指数可以观察和分析消费品的零售价格和服务项目价格变动对城乡居民生活费支出的影响程度。其按年度计算的变动率通常被用来作为反映通货膨胀(或紧缩)程度的指标。

商品零售价格指数 是反映一定时期内商品零售价格变动趋势和程度的相对数。其编制目的，是掌握市场商品价格的变动状况，为研究市场流通、进行国民经济核算提供依据。

农业生产资料价格指数 是反映一定时期内农业生产资料价格变动趋势和程度的相对数。其编制目的是了解农业生产中物质资料投入价格的变动状况，服务于国民经济核算。

9、人民生活

REN MIN SHENG HUO

资料整理：罗红柳

9、人民生活

2015年全市

城镇常住居民人均可支配收入（新口径）	23985元
农村常住居民人均可支配收入（新口径）	7913元
城镇居民人均可支配收入（老口径）	27191元
农民居民人均纯收入（老口径）	8196元

城乡居民收入（元）

9-1 全省及各市区一体化城乡居民收入（新口径）

2015年

	全体居民人均可支配收入		城镇常住居民人均可支配收入		农村常住居民人均可支配收入	
	绝对量（元）	增幅（%）	绝对量（元）	增幅（%）	绝对量（元）	增幅（%）
全　省	17395	9.84	26420	8.43	8689	9.54
西安市	27845	8.77	33188	8.05	14072	9.10
铜川市	18973	9.47	25559	8.53	8739	9.70
宝鸡市	18446	9.98	29475	8.52	9511	9.50
咸阳市	18430	9.94	29425	8.43	9690	9.54
渭南市	14958	9.72	25472	8.53	8705	9.70
延安市	19479	9.86	28590	8.30	9789	9.31
汉中市	14378	10.04	23625	8.75	8164	9.75
榆林市	18905	9.80	27765	8.14	9802	9.31
安康市	13976	10.10	23985	8.72	7913	9.75
商洛市	12558	10.32	23509	8.77	7706	9.91
杨凌示范区	24641	9.78	33109	8.05	13792	9.80

9-2 全省及各市区城乡居民收入（老口径）

2015年

	城镇居民人均可支配收入（元）	农村居民人均纯收入（元）
全　省	27009	7961
西安市	39007	15778
铜川市	29560	10058
宝鸡市	34249	10316
咸阳市	34187	10529
渭南市	29005	9362
延安市	33127	10775
汉中市	26757	8706
榆林市	32078	10636
安康市	27191	8196
商洛市	26896	7732
杨凌示范区	38907	15423

9-3 全市及各县区一体化城乡居民收入（新口径）

2015年

	全体居民人均可支配收入		城镇常住居民人均可支配收入		农村常住居民人均可支配收入	
	绝对量（元）	增幅（%）	绝对量（元）	增幅（%）	绝对量（元）	增幅（%）
全　市	13976	10.10	23985	8.72	7913	9.75
汉滨区	15287	9.8	24332	9.1	7849	9.7
汉阴县	13097	10.9	23995	9.0	8063	9.4
石泉县	13431	10.4	23905	8.4	8011	10.0
宁陕县	13408	9.5	23338	8.2	7625	9.7
紫阳县	12914	10.6	23575	8.6	8051	10.2
岚皋县	13150	10.6	24020	8.8	7707	10.4
平利县	13778	10.2	23810	8.8	8130	9.6
镇坪县	12710	10.1	23620	8.4	7728	9.9
旬阳县	13819	10.0	23907	8.9	7900	9.5
白河县	12923	10.3	23432	8.3	7768	9.8

9-4 全市及各县区城乡居民收入（老口径）

2015年

	城镇居民人均可支配收入（元）	农村居民人均纯收入（元）
全　市	27191	8196
汉滨区	30428	8307
汉阴县	27708	8530
石泉县	27909	8443
宁陕县	26094	8025
紫阳县	26878	8589
岚皋县	28055	8112
平利县	27306	8929
镇坪县	26941	8088
旬阳县	27414	8383
白河县	26660	8143

主要统计指标解释

住户 指居住在一个住宅内，共同分享生活开支或收入的一群人。居住在同一房间内、不共同分享生活开支的人群，每个人都视为一个住户。住家保姆、住家家庭帮工视为单独的住户。

住户成员 指居住在一个住宅内，所有与本住户分享生活开支或收入的人员。

还包括：①由本住户供养的在外学生（包括大中专学生和研究生）；②未分家的农村外出从业人员和随迁家属，无论其外出时间长短；③轮流居住的老人；④因探亲访友、旅游、住医院、培训或出差等原因临时外出的人员。

不包括：①寄宿者、住家保姆和住家家庭帮工；②已分家的子女、出嫁人员、挂靠人员；③本住户不再供养的在外学生（包括大中专学生和研究生）；④调查时点已应征入伍者；⑤调查时点的劳教劳改人员。

常住成员 指住户成员中，经常在家居住、或者调查期内居住时间超过一半的人员，以及本住户供养的学生。

常住成员是住户收支的调查对象。

可支配收入（新口径） 指调查户在调查期内获得的、可用于最终消费支出和储蓄的总和，即调查户可以用来自由支配的收入。可支配收入既包括现金，也包括实物收入。按照收入的来源，可支配收入包含四项，分别为：工资性收入、经营净收入、财产净收入和转移净收入。

其中：自有住房年度折算租金扣减购建房年度分摊成本后的增值收入计入财产净收入；转移性收入中的政策性惠农补贴分成生产补贴和生活补贴，其中生产补贴作为一种负的生产税计入家庭经营第一产业经营净收入，生活补贴计入转移性收入。

新口径城镇常住居民人均可支配收入=原口径城镇居民人均可支配收入+实物净收入及服务+自有住房折算净租金；

新口径农村常住居民人均可支配收入=原口径的农民人均纯收入-（财产性支出+转移性支出）+自有住房折算净租金。

城镇居民人均可支配收入（老口径） 指城镇家庭总收入扣除交纳的个人所得税和个人交纳的各项社会保障支出之后，按照城镇居民家庭人口平均的收入水平。其中家庭总收入是指该家庭中生活在一起的所有家庭人员从各种渠道得到的所有收入之和。

农村居民人均纯收入（老口径） 指农村住户当年从各个来源得到的家庭总收入扣除有关费用性支出后，最终归农村居民所有的收入总和，按照农村住户人口平均的纯收入水平。

10、环　境

HUAN JING

资料整理：陆宏波

10、环境

2015年全市

自然保护区	6个
自然保护区面积	96670公顷
环境污染治理总投资	23381.40万元
#工业污染治理投资	25.50万元

各县区化学需氧量COD及二氧化硫SO_2排放量（吨）

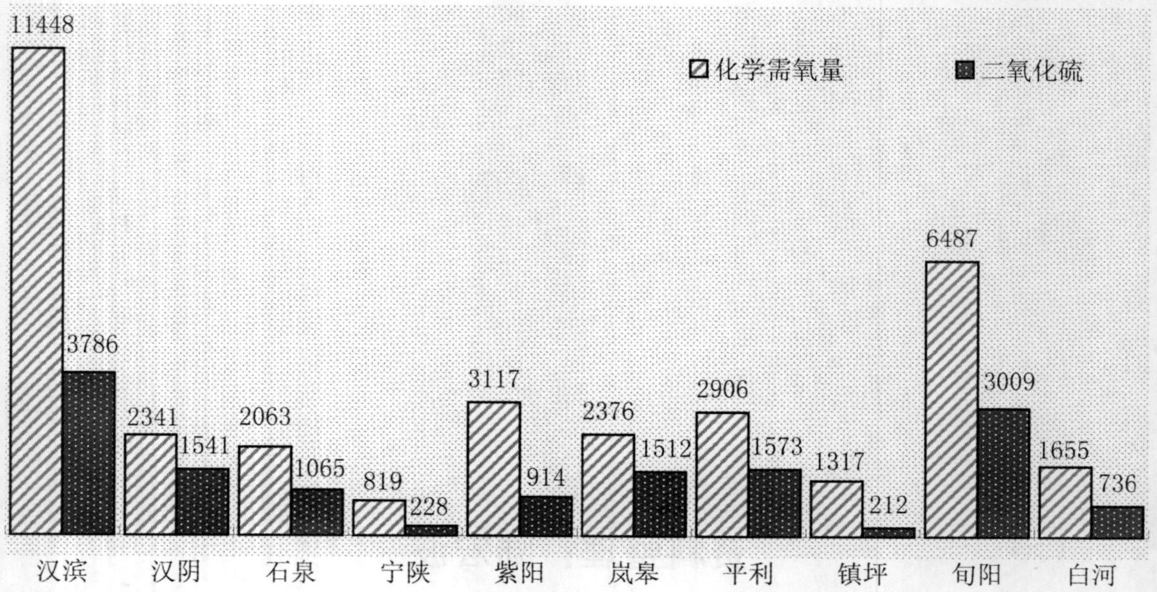

10-1 全市水环境基本情况

指　　标	单　位	2015年
降水量	毫米	903.5
水资源总量	亿立方米	81.08
# 地表水资源量	亿立方米	80.81
地下水资源量	亿立方米	16.50
地表水和地下水资源重复量	亿立方米	16.23
人均水资源总量	立方米/人	3071
用水总量	万立方米	72348
# 农业用水	万立方米	52428
工业用水	万立方米	6697
生活用水	万立方米	10860
城镇公共用水	万立方米	1712
生态环境补水	万立方米	651
废水排放总量	万吨	5301.42
# 工业废水排放量	万吨	478.92
城镇生活污水排放量	万吨	4800.95
集中式治理设施污水排放量	万吨	21.56
化学需氧量排放量	吨	34528.79
# 工业废水中化学需氧量排放量	吨	4390.28
农业化学需氧量排放量	吨	11882.38
城镇生活污水中化学需氧量排放量	吨	16717.97
集中式治理设施化学需氧量排放量	吨	1538.16
氨氮排放量	吨	4538.28
# 工业废水中氨氮排放量	吨	264.83
农业氨氮排放量	吨	1799.73
城镇生活污水中氨氮排放量	吨	2341.85
集中式治理设施氨氮排放量	吨	131.87

10-2 全市大气环境基本情况

指　　标	单　位	2015年
二氧化硫排放量	吨	14575.28
# 工业二氧化硫排放量	吨	11273.77
城镇生活二氧化硫排放量	吨	3301.51
烟（粉）尘排放量	吨	12175.40
# 工业烟（粉）尘排放量	吨	8829.11
城镇生活烟尘排放量	吨	3137.64
机动车烟尘排放量	吨	208.65

10-3 全市固体废物基本情况

指 标	单 位	2015年
一般工业固体废物产生量	万吨	112.89
#危险废物产生量	吨	219.46
一般工业固体废物倾倒丢弃量	万吨	
一般工业固体废物贮存量	万吨	17.71
一般工业固体废物处置量	万吨	1.28
#危险废物处置量	吨	6.73
一般工业固体废物处置率	%	1.13
一般工业固体废物综合利用量	万吨	97.01
一般工业固体废物综合利用率	%	85.93

10-4 全市生态环境基本情况

指 标	单 位	2015年
人均耕地面积	亩/人	1.93
水土流失治理面积	万公顷	8.516
森林面积	万公顷	152.92
森林覆盖率	%	65
人均森林面积	公顷	0.51
活立木蓄积量	万立方米	6500
当年营造林面积	万公顷	4.424
#当年造林面积	万公顷	3.944
当年新增封育面积	万公顷	0.48
自然保护区数	个	6
#国家级自然保护区	个	4
自然保护区面积	千公顷	96.67
湿地面积	千公顷	28.85

10-5 全市自然灾害基本情况

指　　标	单　位	2015年
发生地质灾害次数	次	11
地质灾害直接经济损失	万元	727
森林火灾次数	次	2
森林火灾受害森林面积	公顷	

10-6 全市环境污染治理投资

指　　标	单　位	2015年
环境污染治理投资总额	万元	23381
其中：①工业企业污染治理投资	万元	26
治理废水	万元	
治理废气	万元	26
治理固体废物	万元	
治理噪声	万元	
治理其他	万元	
②完成环保验收项目环保投资	万元	13356
排污费收入总额	万元	724

注："环境污染治理投资总额"来源于环保部门和住建部门，分项指标"工业企业污染治理投资"和"完成环保验收项目环保资金"来源于环保部门，住建部门无法提供分项指标。

10-7 城市环境基本情况

指　　标	单　位	2015年
城区面积	平方公里	160
#建成区面积	平方公里	40
城市建设用地面积	平方公里	39.93
供水总量	万立方米	1397
用水普及率	%	95
污水排放量	万立方米	1466.56
污水处理量	万立方米	1357.01
污水处理厂集中处理率	%	92.53
生活垃圾清运量	万吨	17.50
生活垃圾无害化处理量	万吨	17.50
生活垃圾无害化处理率	%	100.00
燃气普及率(含天然气和液化气)	%	85
人均公园绿地面积	平方米/人	14.20
建成区绿化覆盖率	%	43.60

10-8 全市环境保护与治理情况

指　　标	单　位	2015年
环境监测站	个	11
环境监测人员	人	75
环境污染治理投资总额	万元	23381.4

10-9 全市及各县区污染物排放量

2015年 单位：吨

	化学需氧量	氨 氮	二氧化硫	氮氧化物
全 市	34528.79	4538.28	14575.28	10003.52
汉滨区	11448.11	1593.88	3786.02	1664.85
汉阴县	2341.47	380.41	1540.98	276.59
石泉县	2062.89	293.55	1064.79	353.68
宁陕县	818.77	99.33	228.20	36.36
紫阳县	3116.90	445.68	913.57	144.38
岚皋县	2375.82	258.17	1511.70	167.47
平利县	2906.11	383.64	1573.12	1766.48
镇坪县	1316.56	132.06	211.92	51.78
旬阳县	6487.30	743.05	3008.60	2098.32
白河县	1654.86	208.51	736.38	115.69

10-10 全市及各县区工业固体废物排放及处理情况

2015年

	一般工业固体废物产生量（万吨）	一般工业固体废物贮存量（万吨）	一般工业固体废物处置量（万吨）	一般工业固体废物综合利用量（万吨）
全 市	112.90	17.72	1.28	97
汉滨区	7.31	0.09	0.11	7.1
汉阴县	29.03	1.53	0.03	27.48
石泉县	8.41	0.80		7.61
宁陕县	14.44			14.44
紫阳县	1.22	0.09		1.13
岚皋县	1.36		0.08	1.28
平利县	14.15	1.15		13
镇坪县	0.09			0.09
旬阳县	31.34	13.51	1.06	19.88
白河县	5.55	0.55		4.99

10-11 全市及各县区工业废水排放及处理情况

2015年

	工业废水治理设施数（套）	工业废水治理设施处理能力（万吨/日）	工业废水治理设施运行费用（万元）	工业废水处理量（万吨）	工业废水排放量（万吨）
全　市	104	4.91	861.70	547.79	478.92
汉滨区	30	1.71	176.80	87.53	76.40
汉阴县	15	0.48	133.30	112.51	68.26
石泉县	8	0.19	76.50	43.56	49.77
宁陕县	8	1.30	29.80	117.5	48.20
紫阳县	2	0.05	33.00	4.69	22.42
岚皋县	3	0.04	4.00	5.5	40.11
平利县	12	0.58	105.00	90.32	44.23
镇坪县					2.50
旬阳县	14	0.32	210.00	53.74	102.32
白河县	12	0.24	93.30	32.44	24.71

10-12 全市及各县区工业废气排放及处理情况

2015年

	工业废气排放量（亿立方米）	工业废气治理设施数（套）	工业废气治理设施处理能力（万立方米/时）	工业废气治理设施运行费用（万元）	工业二氧化硫排放量（吨）	工业氮氧化物排放量（吨）	工业烟（粉）尘排放量（吨）
全　市	308.31	282	457.95	3666	11273.77	6319.81	8829.11
汉滨区	75.83	60	51.59	460.20	2854.59	1572.25	1699.48
汉阴县	28.10	10	11.75	46.00	1410.57	241.65	1795.27
石泉县	22.08	16	22.78	104.20	669.12	314.18	1567.87
宁陕县	0.43				67.00	11.00	42.60
紫阳县	8.79				596.12	139.23	438.39
岚皋县	17.42	13	6.53	57.40	1067.75	115.27	1523.76
平利县	97.69	50	218.20	730.00	1300.12	1742.48	1128.58
镇坪县	1.54				121.33	41.73	10.01
旬阳县	43.76	99	67.79	2137.00	2578.79	2033.93	339.42
白河县	12.67	34	79.31	131.20	608.38	108.09	283.74

主要统计指标解释

水环境

降水量 指评价区内的年平均降水量。取自水利部门水资源公报。

水资源总量 指评价区内降水形成的地表和地下产水总量，不包括过境水量。取自水利部门水资源公报。

地表水资源量 指评价区内河流、湖泊、冰川等地表水体中可以逐年更新的动态水量，即当地天然河川径流量。取自水利部门水资源公报。

地下水资源量 指评价区内降水和地表水对饱水岩土层的补给量。取自水利部门水资源公报。

人均水资源量 人口数采用统计部门年平均人口。□

用水总量 指分配给各类用户的包括输水损失在内的毛用水量之和，不包括海水直接利用量。按用户特性分为农业、工业、生活和生态用水四大类。取自水利部门水资源公报。

农业用水 指农田灌溉用水、林果地灌溉用水、草地灌溉用水和鱼塘补水。取自水利部门水资源公报。

工业用水 指工矿企业在生产过程中用于制造、加工、冷却、空调、净化、洗涤等方面的用水，按新水取用量计，不包括企业内部的重复利用水量。取自水利部门水资源公报。

生活用水包括城镇生活用水和农村生活用水。城镇生活用水由居民用水和公共用水（含第三产业及建筑业等用水）组成；农村生活用水除居民生活用水外，还包括牲畜用水在内。取自水利部门水资源公报。

生态用水 仅包括人为措施供给的城镇环境用水和部分河湖、湿地补水，而不包括降水、径流自然满足的水量。取自水利部门水资源公报。

废水排放总量 为工业废水排放量与生活污水排放量之和。取自环保部门环境统计年报。

工业废水排放量 指报告期内经过企业厂区所有排放口排到企业外部的工业废水量。包括生产废水、外排的直接冷却水、超标排放的矿井地下水和与工业废水混排的厂区生活污水，不包括外排的间接冷却水（清污不分流的间接冷却水应计算在废水排放量内）。取自环保部门环境统计年报。

生活污水排放量 指城镇居民排放生活污水的量。取自环保部门环境统计年报。

化学需氧量（COD）排放量 为工业废水中COD排放量与生活污水中COD排放量之和。指用化学氧化剂氧化水中有机污染物时所需的氧量。COD值越高，表示水中有机污染物污染越重。取自环保部门环境统计年报。

氨氮排放量 为工业氨氮排放量与生活氨氮排放量之和。取自环保部门环境统计年报。

大气环境

二氧化硫排放量 指报告期内工业SO_2排放量与生活SO_2排放量之和。取自环保部门环境统计年报。

工业SO_2排放量 指报告期内企业在燃料燃烧和生产工艺过程中排入大气的SO_2总量。取自环保部门环境统计年报。

生活SO_2排放量 指除工业生产活动以外的所有社会、经济活动及公共设施的经营活动中燃煤所排放的二氧化硫纯重量。取自环保部门环境统计年报。

工业烟（粉）尘排放量□指企业厂区内燃料燃烧过程中产生的烟气中夹带的颗粒物排放量。取自环保部门环境统计年报。

生活烟尘排放量 指除工业生产活动以外的所有社会、经济活动及公共设施的经营活动中燃烧所排放的烟尘纯重量。取自环保部门环境统计年报。

工业固体废物产生量 指报告期内企业在生产过程中产生的固体状、半固体状和高浓度液体状废弃物的总量，包括危险废物、冶炼废渣、粉煤灰、炉渣、煤矸石、尾矿、放射性废物和其他废物等；不包括矿山开采的剥离废石和掘进废石（煤矸石和呈酸性或碱性的废石除外）。酸性或碱性废石指采掘的废石其流经水、雨淋水的PH值小于4或PH值大于10.5者。取自环保部门环境统计年报。计算公式为：

工业固体废物产生量=（工业固体废物综合利用量-综合利用往年贮存量）+工业固体废物贮存量+（工业固体废物处置量-处置往年贮存量）+工业固体废物排放量□

危险废物产生量 指列入国家危险废物名录或者根据国家规定的危险废物鉴别标准和鉴别方法认定的，具有爆炸性、易燃性、易氧化性、毒性、腐蚀性、易传染性疾病等危险特性之一的废物。取自环保部门环境统计年报。

工业固体废物排放量 指报告期内企业将所产生的固体废物排到固体废物污染防治设施、场所以外的量。不包括矿山开采的剥离废石和掘进废石（煤矸石和呈酸性或碱性的废石除外）。取自环保部门环境统计年报。计算公式为：

工业固体废物排放量=工业固体废物产生量-贮存量-（综合利用量-综合利用往年贮存量）-处置量-处置往年贮存量）

工业固体废物综合利用量 指报告期内企业通过回收、加工、循环、交换等方式，从固体废物中提取或者使其转化为可以利用的资源、能源和其他原材料的固体废物量（包括当年利用的往年工业固体废物贮存量）。如用做农业肥料、生产建筑材料、筑路等。综合利用量由原产生固体废物的单位统计。取自环保部门环境统计年报。

危险废物综合利用量 指按可能导致资源回收、再循环、直接再利用或其他用途的作业方式进行综合利用危险废物的实际量。取自环保部门环境统计年报。

综合利用往年贮存量 指企业在报告期内对往年贮存

的工业固体废物进行综合利用的量。工业固体废物贮存量指报告期内企业以综合利用或处置为目的，将固体废物暂时贮存或堆存在专设的贮存设施或专设的集中堆存场所内的量。专设的固体废物贮存场所或贮存设施必须有防扩散、防流失、防渗漏、防止污染大气、水体的措施。取自环保部门环境统计年报。

工业固体废物综合利用率 指工业固体废物综合利用量占工业固体废物产生量与综合利用往年贮存量之和的百分率。取自环保部门环境统计年报。计算公式为：工业固体废物综合利用率=工业固体废物综合利用量/（工业固体废物生产量+综合利用往年贮存量）×100%

工业固体废物处置量 指报告期内企业将固体废物焚烧或者最终置于符合环境保护规定要求的场所，并不再回取的工业固体废物量（包括当年处置往年的工业固体废物贮存量）。处置方式有填埋（其中危险废物应安全填埋）、焚烧、专业贮存场（库）封场处理、深层灌注、回填矿井及海洋处置（经海洋管理部门同意投海处置）等。取自环保部门环境统计年报。

处置往年贮存量 指企业在报告期内对往年贮存的工业固体废物进行处置的量。取自环保部门环境统计年报。

工业固体废物处置率=指工业固体废物处置量占工业固体废物产生量与处置往年贮存量之和的百分率。取自环保部门环境统计年报。计算公式为：

工业固体废物处置率=工业固体废物处置量/（工业固体废物产生量+处置往年贮存量）×100%

“三废”综合利用产品产值 指报告期内利用“三废”作为主要原料生产的产品价值（现行价）；已经销售或准备销售的应计算产品价值，留作生产自用的不应计算产品价值。取自环保部门环境统计年报。

生态环境

人均耕地面积 人口数采用统计部门年底人口。耕地面积取自国土资源部门国土资源综合统计年报。

水土流失治理面积 指在山丘地区水土流失面积上，按照综合治理的原则，采取各种治理措施，如：水平梯田、淤池坝、谷坊、造林种草、封山育林育草（指有造林、种草补植任务的）等，以及按小流域综合治理措施的水土流失面积总和。取自水利部门水资源公报。

森林面积 指由乔木树种构成，郁闭度0.20以上（含0.20）的林地或冠幅宽度10米以上的林带的面积，即有林地面积。它是反映森林资源总面积的重要指标。森林面积包括天然起源和人工起源的针叶林面积、阔叶林面积、针阔混交林面积和竹林面积，不包括灌木林地面积和疏林地面积。取自林业部门森林资源清查资料。

森林覆盖率 指一个国家或地区森林面积占土地面积的百分比。在计算森林覆盖率时，森林面积包括郁闭度0.20以上的乔木林地面积和竹林地面积、国家特别规定的灌木林地面积、农田林网以及四旁（村旁、路旁、水旁、宅旁）林木的覆盖面积。森林覆盖率表明一个国家或地区森林资源的丰富程度和生态平衡状况，是反映林业生产发展水平的主要指标。取自林业部门森林资源清查资料。

人均森林面积 人口数采用统计部门年底人口。

活立木蓄积量 指一定范围土地上全部树木蓄积的总量，包括森林蓄积、疏林蓄积、散生木蓄积和四旁树蓄积。取自林业部门森林资源清查资料。

森林蓄积量 指一定森林面积上存在着的林木树干部分的总材积，以立方米为计算单位。它是反映一个国家或地区森林资源总规模和水平的基本指标之一。它说明一个国家或地区林业生产发展情况，反映森林资源的丰富程度，也是衡量森林生态环境优劣的重要依据。取自林业部门森林资源清查资料。

当年营造林面积 指当年造林面积（包括人工造林和飞机播种造林）与当年新封山育林中无林地和疏林地新封面积之和。取自林业部门林业统计年报。

当年造林面积 指报告期内在荒山、荒地、沙丘、退耕地等一切可以造林的土地上，采用人工播种、飞机播种、植苗造林、分植造林等方法新植成片乔木林和灌木林，经过检查验收符合《造林技术规程》要求的单位面积株数，并按《中华人民共和国森林法实施条例》规定，成活率达85%以上（含85%，年降雨量在400毫米以下且无浇灌条件的地区造林成活率需达70%以上）的面积。四旁植树如一侧在四行以上，连片面积0.066公顷（一亩）以上，应统计在造林面积内。在造林面积中，不包括补植面积、治沙种草面积、经济林垦复面积、迹地更新面积和低产林改造面积。取自林业部门林业统计年报。

自然保护区数 指为了保护自然环境和自然资源，促进国民经济的持续发展，将一定面积的陆地和水体划分出来，并经各级人民政府批准而进行特殊保护和管理的区域个数。根据保护对象，自然保护区分为自然生态系统类、野生生物类、自然遗迹类。风景名胜区、文物保护区不计在内。取自环保部门环境统计年报。

国家级自然保护区 指在全国或全球具有极高的科学、文化和经济价值，并经国务院批准建立的自然保护区。取自环保部门环境统计年报。

湿地面积 指天然或人工、长久或暂时性的沼泽地、泥炭地或水域地带，包括静止或流动、淡水、半咸水、咸水体，低潮时水深不超过6米的水域以及海岸地带地区的珊瑚滩和海草床、滩涂、红树林、河口、河流、淡水沼泽、沼泽森林、湖泊、盐沼及盐湖的面积。取自林业部门湿地资源调查资料。

自然灾害

发生地质灾害起数 包括滑坡、崩塌、泥石流、地面塌陷等地质灾害的发生起数。取自国土资源部门国土资源综合统计年报。

地质灾害直接经济损失 指用货币表现的因各类地质灾害造成的直接破坏损失。取自国土资源部门国土资源综合统计年报。

森林火灾次数 指发生在城市市区外的一切森林、林木和林地的火灾次数。森林火灾按受害面积可分四类：（1）森林火警：受害森林面积不足1公顷或者其他林地起火的；（2）一般森林火灾：受害森林面积在1公顷以上不足

100公顷的；（3）重大森林火灾：受害森林面积在100公顷以上不足1000公顷的；（4）特大森林火灾：受害森林面积在1000公顷以上的。取自林业部门林业统计年报。

森林火灾受害森林面积 取自林业部门林业统计年报。

环境污染事故次数 指由于违反环境保护法规的经济、社会活动与行为，以及意外因素的影响或不可抗拒的自然灾害等原因，致使环境受到污染，国家重点保护的野生动植物、自然保护区受到破坏，人体健康受到危害，社会经济和人民财产受到损失，造成不良社会影响的突发性事件数。包括特大事故、重大事故、较大事故和一般事故。取自环保部门环境统计年报。

环境污染事故直接经济损失 指环境污染事故造成千元以上直接经济损失的总额。取自环保部门环境统计年报。

环境污染事故赔罚款总额 为环境污染事故赔款总额与罚款总额之和。环境污染事故赔款总额指由于污染事故，对人体、农作物、林木、牲畜、家畜、鱼类等造成危害，向受害方所作的经济赔偿的金额总数。环境污染事故罚款总额指由于污染事故受到经济制裁而被罚的金额总数。取自环保部门环境统计年报。

环境污染治理投资

环境污染治理投资 指在污染源治理和城市环境基础设施建设的资金投入中，用于形成固定资产的资金，其中污染源治理投资包括工业污染源治理投资和“三同时”项目环保投资两部分。环境污染治理投资为城市环境基础设施投资、工业污染源治理投资与“三同时”项目环保投资之和。

城市环境基础设施投资 指用于城市燃气、集中供热、排水、园林绿化、市容环境卫生等环境基础设施建设的投资完成总额。取自建设部门城市建设统计年报分行业固定资产投资表。

工业污染源治理投资 指工业企业治理三废等污染和三废综合利用的在建工程或设施的建设投资，凡已纳入建设项目环境保护“三同时”管理的不在统计范围之内。取自环保部门环境统计年报。

“三同时”项目环保投资 指当年建成投产的实际执行“三同时”的建设项目的环保设施实际投资额。取自环保部门环境统计年报。

环境污染治理投资占GDP比重 GDP以当年价格计算。

排污费收入总额 指当年按规定征收排污单位所缴纳的排污费总额。取自环保部门环境统计年报。

本年完成营林投资额 指报告期内进行的营林基本建设和营林更新改造活动的全部投资额。取自林业部门林业统计年报。

城市环境

城市面积 指城市行政区域内市区的全部土地面积，包括水域面积。城市面积包括地级市和县级市。取自建设部门城市建设统计年报。

城市建成区面积 指城市行政区内实际已成片开发建设、市政公用设施和公共设施基本具备的区域。一般是指建成区外轮廓线所能包括的地区，也就是这个城市实际建设用地所达到的范围。取自建设部门城市建设统计年报。

城市建设用地面积 指城市用地中除水域与其他用地之外的各项用地面积，即居住用地、公共设施用地、工业用地、仓储用地、对外交通用地、道路广场用地、市政公用设施用地、绿地和特殊用地九大类用地。取自建设部门城市建设统计年报。

城市供水总量 指报告期供水企业（单位）供出的全部水量。包括有效供水量和漏损水量。有效供水量指水厂将水供出厂外后，各类用户实际使用到的水量，包括售水量和免费供水量。漏损水量指在供水过程中由于管道及附属设施破损而造成的漏水量、失窃水量以及水表失灵少计算的水量。取自建设部门城市建设统计年报。

城市生活用水量 为城市公共服务用水与城市居民家庭用水之和。取自建设部门城市建设统计年报。

城市用水普及率 指报告期末城市用水人口数与城市人口总数的比率。取自建设部门城市建设统计年报。计算公式：

城市用水普及率=城市用水人口数/城市人口总数×100%

城市污水排放量 指城市生活污水、工业废水的排放总量，包括从排水管道和排水沟（渠）排出的污水量。取自建设部门城市建设统计年报。

城市污水处理量 指城市污水处理厂和处理装置实际处理的污水量。包括物理处理量、生物处理量和化学处理量。取自建设部门城市建设统计年报。

城市污水处理率 指城市污水处理量与城市污水排放总量的比率。取自建设部门城市建设统计年报。计算公式：

城市污水处理率=城市污水处理量/城市污水排放总量×100%

城市生活垃圾清运量 指报告期内收集和运送到垃圾处理厂（场）的生活垃圾数量。生活垃圾指城市日常生活或为城市日常生活提供服务的活动中产生的固体废物以及法律行政规定的视为城市生活垃圾的固体废物。包括：居民生活垃圾、商业垃圾、集市贸易市场垃圾、街道清扫垃圾、公共场所垃圾和机关、学校、厂矿等单位的生活垃圾。取自建设部门城市建设统计年报。

城市生活垃圾无害化处理量 指用卫生填埋、堆肥、焚烧等工艺方法处理生活垃圾的总量。即生活垃圾在无害化处理厂（场）处理的垃圾总量。取自建设部门城市建设统计年报。

城市生活垃圾无害化处理率 指报告期生活垃圾无害化处理量与生活垃圾产生量的比率。在统计上，由于生活垃圾产生量不易取得，可用清运量代替。取自建设部门城市建设统计年报。计算公式为：城市垃圾无害化处理率=城市垃圾无害化处理量/城市垃圾产生量×100%

城市用气普及率 指报告期末使用燃气的城市人口数与城市人口总数的比率。其中燃气包括人工煤气、天然气、液化石油气三种。取自建设部门城市建设统计年报。计算公式为：

城市燃气普及率=城市使用燃气人口数/城市人口总数×100%

城市集中供热面积 指供热企业（单位）向城市各类房屋建筑物、构筑物及其附属设施供热的全部建筑面积。取自建设部门城市建设统计年报。

人均公共绿地面积 指报告期末区域内城市人口平均每人拥有的公共绿地面积。人口数采用年底人口数。其中公共绿地指向公众开放的市级、区级、居住区级各类公园、街旁游园，包括其范围内的水域。其中居住区级公园应不小于1万平方米，街旁游园的宽度不小于8米，面积不小于400平方米。取自建设部门城市建设统计年报。计算公式为：

人均公共绿地面积=公共绿地面积/城市人口数×100%

建成区绿化覆盖率 指报告期末建成区内绿化覆盖面积与建成区面积的比率。取自建设部门城市建设统计年报。计算公式为：

建成区绿化覆盖率=建成区内绿化覆盖面积/建成区面积×100%其中，绿化覆盖面积指城市中的乔木、灌木、草坪等所有植被的垂直投影面积。包括公共绿地、居住区绿地、单位附属绿地、防护绿地、生产绿地、道路绿地、风景林地的绿化种植覆盖面积、屋顶绿化覆盖面积以及零散树木的覆盖面积。乔木树冠下重叠的灌木和草本植物不能重复计算。

建成烟尘控制区面积 指在城市建成区内建成并达到国家规定标准要求的烟尘控制区面积。烟尘控制区，指在以城市街道或以行政区为单位划定的区域内，对各种锅炉、窑炉、茶炉及饮食业和集体饮食的大灶排放的烟气黑度，各种锅炉、炉窑排放的烟尘浓度，进行定量控制，并达到相应标准的区域。取自环保部门环境统计年报。

建成环境噪声达标区面积 指在城市建成区内建成并达到国家规定标准要求的环境噪声达标区面积。环境噪声达标区，指在国家《城市区域环境噪声标准》适用区域划分的基础上，对工业噪声、交通噪声、施工噪声、社会生活噪声进行强化管理，综合整治，达到规定要求的城市区域。取自环保部门环境统计年报。

11、农　业

NONG YE

资料整理：蔺　华

11、农业

2015年全市

年末常用耕地面积	196.4千公顷
农林牧渔业总产值	169.55亿元
农作物播种面积	483千公顷
粮食产量	87.15万吨

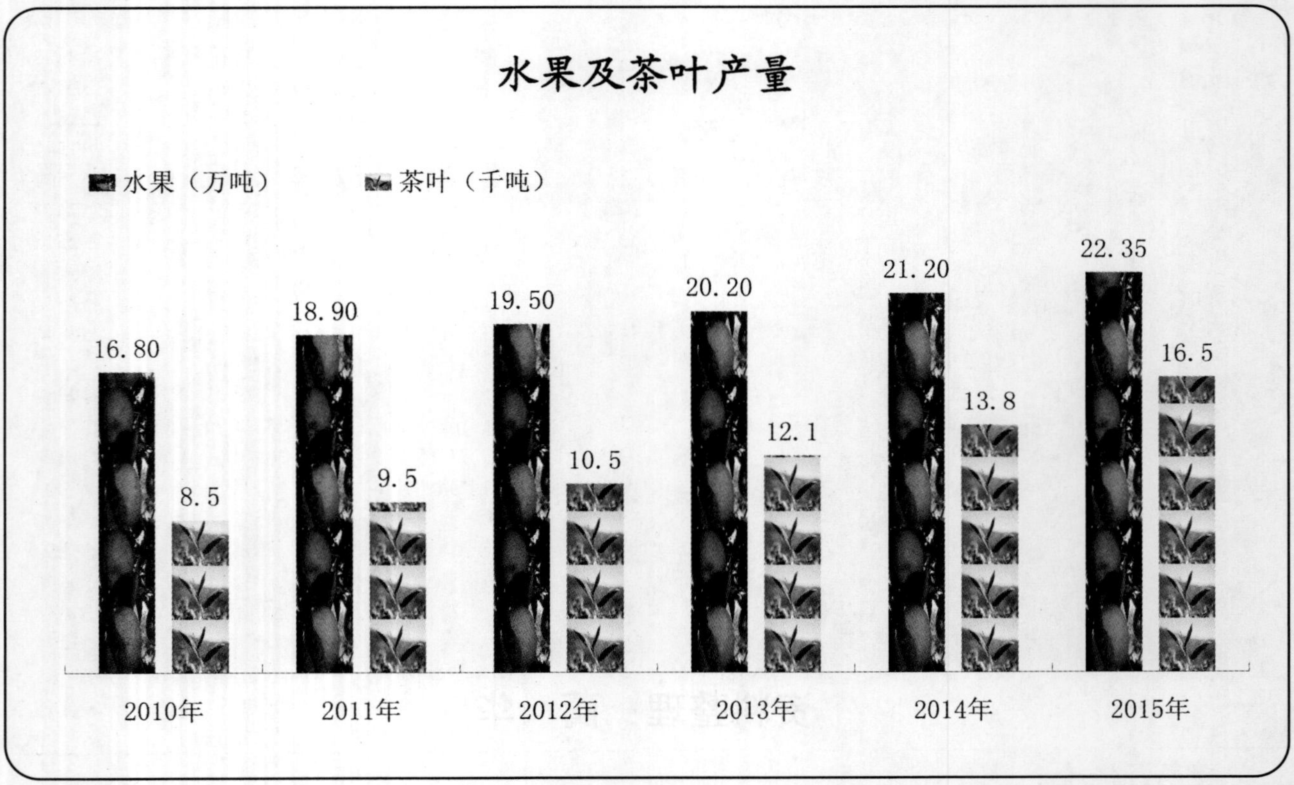

11-1 全市历年农林牧渔业总产值及增加值

单位：万元

年 份	总产值	农业	林业	牧业	渔业	增加值
1949	10546	8502	307	1417	24	
1952	15099	11347	1273	2477	2	
1957	15163	11282	1198	2681	2	
1962	14281	10348	1153	2781	4	
1965	18074	14623	1352	2093	6	
1970	18195	13390	1242	3557	6	
1975	23522	17116	1720	4678	8	
1978	32867	24159	2331	6365	12	
1979	39218	28455	3140	7617	6	
1980	38514	26751	4136	7607	20	
1981	37314	25318	5057	6923	16	
1982	45374	31072	5682	8595	25	
1983	46841	32217	5606	8978	40	
1984	50035	33801	6078	10096	60	
1985	58149	37802	6805	13246	116	
1986	56707	35654	7577	13331	145	
1987	71711	42892	9877	18725	217	
1988	97039	52573	13142	31001	313	
1989	110264	62558	11961	35308	437	
1990	132114	76607	15157	39759	591	
1991	142982	83414	16880	42035	652	
1992	165353	101093	19201	44272	787	
1993	213660	137993	22815	52008	844	148322
1994	268075	167974	21755	77383	963	180379
1995	337202	216868	20938	98255	1141	221871
1996	383778	259615	24951	97615	1597	247545
1997	403005	271755	25756	103787	1707	262501
1998	392216	275108	28443	87199	1466	257457
1999	361263	251049	28145	79366	2703	232712
2000	392943	283739	25264	82599	1341	249294
2001	417711	295416	29370	90860	2065	253930
2002	385360	268578	31548	83047	2187	266896
2003	439628	305344	32139	99205	2940	261637
2004	552888	355478	33191	142977	3680	319587
2005	623393	407822	27530	164980	4085	372240
2006	713738	447397	30669	197094	2830	424376
2007	825549	498065	39692	235890	4112	486923
2008	1081627	623303	48639	351696	5229	637944
2009	1126403	670442	55851	343203	5588	655859
2010	1156867	701049	58174	350516	9367	670696
2011	1246677	728921	63491	383132	32106	720053
2012	1403908	813006	80775	423245	48772	809472
2013	1566171	934781	84559	452115	56043	905668
2014	1637491	996916	90810	453673	55915	949185
2015	1695523	1022542	95647	477590	58562	980309

注：1. 本表按现价计算。
2. 自1993年开始计算农林牧渔业增加值。

11-2 全市历年主要农产品产量

年 份	粮 食 （万吨）	油 料 （万吨）	水 果 （万吨）	肉 类 （万吨）
1949	30.14	0.21	1.36	0.36
1950	36.64	0.32	1.35	0.40
1951	43.18	0.32	1.53	0.50
1952	39.20	0.33	1.64	0.59
1953	48.59	0.41	1.40	0.60
1954	51.54	0.33	1.62	0.71
1955	45.70	0.44	1.55	0.63
1956	46.70	0.40	1.59	0.63
1957	42.15	0.29	2.18	0.62
1958	54.34	0.50	2.28	0.74
1959	38.48	0.36	1.91	0.75
1960	41.82	0.33	2.17	0.63
1961	32.30	0.20	1.87	0.55
1962	37.10	0.34	1.26	0.66
1963	37.39	0.28	1.26	0.77
1964	34.96	0.26	1.22	0.77
1965	53.20	0.26	1.56	0.71
1966	49.27	0.47	2.31	0.87
1967	43.88	0.43	1.76	0.88
1968	42.07	0.31	1.88	0.82
1969	44.74	0.29	1.39	0.75
1970	46.73	0.35	1.52	0.91
1971	49.67	0.38	1.19	0.97
1972	47.33	0.44	3.49	1.05
1973	58.73	0.63	2.38	1.18
1974	58.47	0.48	2.96	1.24
1975	52.50	0.51	1.43	1.29
1976	61.54	0.47	2.76	1.20
1977	66.77	0.61	1.70	1.37
1978	72.27	0.67	3.94	1.65
1979	72.65	0.80	2.81	1.91
1980	67.30	0.85	3.25	2.59
1981	57.89	1.18	1.91	2.39

11-2 全市历年主要农产品产量（续）

年 份	粮 食 （万吨）	油 料 （万吨）	水 果 （万吨）	肉 类 （万吨）
1982	78.20	1.30	2.56	2.75
1983	78.37	1.03	1.84	3.01
1984	81.84	0.80	1.53	3.34
1985	77.26	1.28	2.21	4.50
1986	71.50	1.65	1.76	4.42
1987	77.21	1.96	2.21	4.70
1988	82.52	1.94	1.86	5.36
1989	87.17	1.94	1.94	5.83
1990	95.33	2.65	1.58	6.43
1991	97.49	3.73	1.91	6.84
1992	98.61	3.62	1.72	6.96
1993	106.10	2.80	2.11	7.70
1994	79.41	2.82	1.64	7.58
1995	88.34	4.01	2.40	8.24
1996	104.13	2.85	2.20	8.76
1997	104.10	4.15	1.58	9.22
1998	108.59	4.21	1.86	7.96
1999	77.95	2.62	2.57	7.99
2000	97.06	4.02	3.45	8.79
2001	99.84	4.04	3.62	9.27
2002	84.10	4.57	4.88	9.90
2003	77.26	5.06	5.23	10.90
2004	90.38	6.16	6.91	12.37
2005	99.88	7.31	8.30	14.42
2006	70.66	7.27	9.82	13.45
2007	75.23	7.96	11.72	14.79
2008	82.12	9.49	13.85	16.56
2009	88.45	10.86	15.55	19.22
2010	93.09	11.85	16.76	23.64
2011	80.13	12.58	18.92	25.00
2012	85.18	13.46	19.50	26.14
2013	86.23	14.44	20.18	27.24
2014	85.63	14.79	21.19	28.11
2015	87.15	15.26	22.35	27.77

11-3 全市及各县区农林牧渔业总产值

2015年

单位：万元

	合计			农业		林业	
	现价	可比价	增速（%）	现价	可比价	现价	可比价
全　市	1695523	1716590	4.8	1022542	1057117	95647	96859
汉滨区	387029	394655	4.7	229892	240876	22375	22265
汉阴县	208869	210603	4.9	124468	126934	17166	17233
石泉县	115214	116374	5.0	55401	58690	6814	6879
宁陕县	77333	78115	4.7	47157	47987	10193	10208
紫阳县	196564	202477	4.9	129480	136814	6580	7005
岚皋县	112891	111532	5.1	64003	63994	4553	4511
平利县	183856	184941	4.6	119998	122622	4109	4249
镇坪县	57384	57668	4.5	29796	30763	5616	5603
旬阳县	229561	233602	5.0	135122	140835	12011	12478
白河县	126822	126623	4.8	87225	87602	6230	6428

11-3 全市及各县区农林牧渔业总产值（续）

2015年

单位：万元

	牧业		渔业		农林牧渔服务业	
	现价	可比价	现价	可比价	现价	可比价
全　市	477590	461853	58562	59730	41182	41031
汉滨区	106610	102807	18465	19077	9687	9630
汉阴县	56338	55505	5727	5796	5170	5135
石泉县	43399	41570	6150	5805	3450	3430
宁陕县	10985	10779	7488	7639	1510	1502
紫阳县	47023	44827	7981	8261	5500	5570
岚皋县	36598	35056	4739	4988	2998	2983
平利县	53941	52319	1969	1942	3839	3809
镇坪县	20194	19494	1050	1085	728	723
旬阳县	72592	70341	4416	4562	5420	5386
白河县	29910	29155	577	575	2880	2863

11-4 全市及各县区农林牧渔业增加值

2015年 单位：万元

	合 计（现价）	农 业	林 业	牧 业	渔 业	服务业
全 市	980309	626102	50560	248228	35748	19671
汉滨区	231849	148535	10626	56544	11431	4713
汉阴县	124566	80400	8375	30857	2939	1995
石泉县	67127	35512	3817	21769	4397	1632
宁陕县	42941	25745	6538	6166	3595	897
紫阳县	112865	82097	3301	19696	5049	2722
岚皋县	65411	41983	2113	16755	3061	1499
平利县	102353	67031	1935	30501	966	1920
镇坪县	31409	16624	3442	10086	889	368
旬阳县	126583	73747	6625	40848	3135	2228
白河县	75205	54428	3788	15006	286	1697

注：本表按当年价格计算。

11-5 全市及各县区乡村人口

2015年 单位：户、人

	1.乡村户数	2.乡村人口数	#男性	3.乡村劳动力资源总数	#男性	4.乡村从业人员数	#男性	农业从业人员
全 市	692630	2480894	1345241	1520690	876615	1371959	787117	616705
汉滨区	199852	755502	406266	450686	266709	422081	244995	158936
汉阴县	76001	259489	135716	167542	91758	149891	82725	62433
石泉县	47358	153281	86065	95845	55623	86607	50698	40826
宁陕县	17930	59108	32978	36847	22255	33950	20864	21633
紫阳县	75531	285230	158714	185956	106098	160774	91809	65906
岚皋县	44698	150054	82691	96531	55230	83508	47879	35498
平利县	51475	194427	104560	108041	62041	97899	55807	52159
镇坪县	15088	49629	26628	30050	17740	26358	15331	15820
旬阳县	115030	390244	212273	230403	132745	203434	117823	118287
白河县	49667	183930	99350	118789	66416	107457	59186	45207

11-6 全市及各县区主要农作物产量

2015年

单位：吨

	粮食	夏粮	小麦	稻谷	玉米	豆类	薯类	油料
全 市	871499	309254	123255	209085	247865	52198	237734	152620
汉滨区	214262	72655	53811	74192	45306	6760	34016	46067
汉阴县	101208	26222	7422	46855	18469	3872	23725	29457
石泉县	69911	17567	1017	20267	21166	6932	20529	14335
宁陕县	19423	6515	226	5216	6142	1474	6365	857
紫阳县	111311	41866	1704	21633	34054	7537	46206	12590
岚皋县	67290	25980	1306	10494	22322	4701	28410	7438
平利县	76898	24666	1595	18865	22954	4440	28959	11862
镇坪县	27534	11794		1686	11163	1705	12979	1795
旬阳县	125482	57316	44744	9554	44019	8851	18314	21541
白河县	58180	24673	11430	323	22270	5926	18231	6678

11-6 全市及各县区主要农作物产量（续）

2015年

单位：吨

	油菜籽	花生	烟叶	药材	蔬菜	香菇	木耳
全 市	119573	20039	27037	245505	1486471	7681	2027
汉滨区	32861	8701	4210	26091	416091	434	184
汉阴县	27222	1933	2432	16529	189928	2939	1113
石泉县	11137	2799	842	10461	69032	245	18
宁陕县	470	272	64	5665	43865	2895	152
紫阳县	9377	824	1440	8844	224439	160	130
岚皋县	6310	831	1482	7731	154610	453	144
平利县	10684	699	1689	38096	107315	206	181
镇坪县	1653	55	1191	18588	37775	87	21
旬阳县	15849	1953	13120	74744	149907	114	38
白河县	4010	1972	567	39400	93405	44	46

11-7 全市及各县区主要农作物播种面积

2015年

单位：公顷

	农作物总播种面积	粮食	夏粮	小麦	稻谷	玉米	豆类	薯类
全　市	482643	269530	117871	47823	29540	81075	30385	80025
汉滨区	96374	53745	25449	19930	9439	11617	3586	9107
汉阴县	47852	25398	9739	2749	7132	5109	1941	8068
石泉县	31988	19353	6975	407	3113	5448	3460	6925
宁陕县	9892	5106	2200	96	739	1623	612	2036
紫阳县	81229	42459	17878	670	2825	14045	5935	18851
岚皋县	42729	24885	10448	471	1931	9026	2625	10803
平利县	46945	24858	9761	721	2549	8843	2720	9969
镇坪县	17531	9416	4169		315	3615	746	4738
旬阳县	76531	45582	22561	18090	1444	15645	5327	5076
白河县	31581	18729	8691	4689	53	6104	3432	4451

11-7 全市及各县区主要农作物播种面积（续）

2015年

单位：公顷

	油料	油菜籽	花生	烟叶	药材	蔬菜
全　市	73714	59718	7001	12265	47959	74621
汉滨区	19041	14301	2451	1401	2655	17751
汉阴县	11624	11003	514	690	1679	7803
石泉县	6568	5393	951	479	699	4702
宁陕县	441	337	67	34	2017	2177
紫阳县	7447	5521	434	531	19917	10863
岚皋县	4147	3545	540	792	2295	10557
平利县	7484	6765	391	895	6893	6616
镇坪县	1110	1032	24	444	4365	2168
旬阳县	11783	9177	661	6766	4394	7362
白河县	4069	2644	967	233	3044	4623

11-8 全市及各县区畜牧水产品生产情况

2015年

	畜禽出栏数量				肉类总产量			
	猪（头）	牛（头）	羊（只）	家禽（万只）	合计（吨）	猪肉（吨）	羊肉（吨）	牛肉（吨）
全　市	3121613	80852	984596	1242	277661	226881	16634	11871
汉滨区	658830	19619	147767	279	57713	47037	2408	2924
汉阴县	392180	14281	57376	143	33401	27542	1007	2081
石泉县	213852	14682	64932	112	21198	15639	1227	2236
宁陕县	46385	2523	21611	34	4700	3437	354	369
紫阳县	385998	1646	127193	106	33272	28861	2247	239
岚皋县	218921	555	102138	188	21365	16676	1729	87
平利县	346009	1550	142548	92	29608	25610	2191	219
镇坪县	192253	1093	21171	49	15620	14235	392	142
旬阳县	507351	20794	206603	169	45465	36187	3383	2899
白河县	161034	4109	93257	69	15853	11614	1688	652

11-8 全市及各县区畜牧水产品生产情况（续）

2015年

	禽蛋产量（吨）	蚕茧产量（吨）	养蚕张数（张）	畜禽存栏数量				水产品产量（吨）
				牛（头）	猪（头）	羊（只）	家禽（万只）	
全　市	38864	8429	194090	250689	2308184	977469	953	45194
汉滨区	8587	586	11800	53553	498855	140880	198	16147
汉阴县	7621	1600	35000	35939	281122	55028	130	5536
石泉县	2621	2980	70200	32400	176625	59124	69	4806
宁陕县	600	24	601	4263	38946	27637	22	708
紫阳县	4217	185	4559	6948	286204	104434	86	6920
岚皋县	4231	428	9500	2059	188395	90653	122	4720
平利县	2516	1689	39000	7845	197486	151700	72	1700
镇坪县	467			3492	132173	27620	35	851
旬阳县	4334	506	12560	93869	383325	230408	153	2844
白河县	3661	431	10870	10321	125053	89985	64	962

11-9 全市及各县区耕地面积

2015年

单位：亩

	年末耕地总资源	（一）常用耕地面积			（二）临时性耕地
			1.水田	2.旱地	
全　市	5597387	2945348	499459	2445889	2652039
汉滨区	1471413	629077	145564	483513	842336
汉阴县	500628	344209	114449	229760	156419
石泉县	280479	196661	58015	138646	83818
宁陕县	85485	51039	14351	36688	34446
紫阳县	770047	363887	46239	317648	406160
岚皋县	391237	252111	31278	220833	139126
平利县	384304	274298	50237	224061	110006
镇坪县	126624	74481	6123	68358	52143
旬阳县	1178574	548135	28450	519685	630439
白河县	408596	211450	4753	206697	197146

11-10 全市及各县区茶、桑、果生产情况

2015年

	园林水果面积（亩）	园林水果产量（吨）	茶园面积（亩）	茶叶产量（吨）	桑园面积（亩）
全　市	484596	223544	593237	16496	735774
汉滨区	142974	61434	105705	2983	170000
汉阴县	41154	38090	43000	822	78343
石泉县	8766	5894	17316	164	68782
宁陕县	4376	1176			7450
紫阳县	37822	6176	202727	5260	107333
岚皋县	18360	4347	39067	920	51763
平利县	17153	8001	121282	5548	81882
镇坪县	4163	1399	12700	170	108
旬阳县	75407	50864	5075	21	106889
白河县	134621	46182	46365	597	63224

主要统计指标解释

1. 乡村户数：是指户口在农村的常住户数。指长期（一年以上）居住在乡镇（不包括城关镇）行政管理区域内的住户，还包括居住在城关镇所辖行政村范围内的农村住户。户口不在本地而在本地居住一年及以上的住户也包括在本地农村住户内；有本地户口，但举家外出谋生一年以上的住户，无论是否保留承包耕地都不包括在本地农村住户范围内。不包括乡村地区内的国有经济的机关、团体、学校、企业、事业单位的集体户。

2. 乡村人口数：指乡村地区常住居民户数中的常住人口数，即经常在家或在家居住6个月以上，而且经济和生活与本户连成一体的人口。外出从业人员在外居住时间虽然在6个月以上，但收入主要带回家中，经济与本户连为一体，无有稳定的职业与居住场所仍视为家庭常住人口；在家居住，生活和本户连成一体的国家职工、退休人员也为家庭常住人口。但是现役军人、中专及以上（走读生除外）的在校学生、以及常年在外（不包括探亲、看病等）且已有稳定的职业与居住场所的外出从业人员，不应当作家庭常住人口。

3. 乡村劳动力资源总数：指乡村人口中劳动年龄以上（16周岁）能够参加生产经营活动的人员。

4. 乡村从业人员：指乡村人口中16岁以上实际参加生产经营活动并取得实物或货币收入的人员，既包括劳动年龄内经常参加劳动的人员，也包括超过劳动年龄但经常参加劳动的人员。但不包括户口在家的在外学生、现役军人和丧失劳动能力的人，也不包括待业人员和家务劳动者。劳动年龄：男性16—59岁；女性16—54岁。

5. 农作物播种面积：播种面积是指实际播种或移植有农作物的面积。凡是实际种植有农作物的面积，不论种植在耕地还是非耕地上，也不论面积大小，均应如实统计，种什么报什么，种多少就报什么，不得遗漏。

6. 茶叶产量：是指本年度内生产的全部茶叶产量。包括从成片茶园和零星种植的茶树以及荒芜未垦复的茶树上所采摘的全部产量。茶叶产量按经过初步加工的干毛茶的重量计算。

7. 园林水果产量：水果产量包括乔木类和藤本类水果、多年生草本水果及果用瓜。这里是指本年度内从果树上收获的全部水果产量，不论自食或出售都应统计，不包括果用瓜，也不包括采集的野生水果。

8. 年末桑园茶园果园面积：是指成片种植的桑园茶园果园面积，包括原有的、垦复的和本年新植定株的，以及调查时虽已荒芜，但只要稍加开垦、修整和培育后就能恢复生产的面积，不论树龄大小，也不论当年是否得到利益都要包括在内；以桑树造林，起水土保持作用的成片桑园，及以产桑椹为主而不用于养蚕的桑园也应包括在内。

9. 造林面积：是指报告期内在荒山、荒地、沙丘、退耕地等一切可以造林的土地上，采用人工播种、飞机播种、植苗造林、分植造林等方法新植成片乔木林和灌木林，经过检查验收符合《造林技术规程》规定，成活率达85%以上的面积。四旁植树如一侧在四行以上，连片面积0.066公顷以上，也应统计在造林面积内。

10. 农林牧渔业总产值：指农、林、牧、渔及农林牧渔服务业生产货物或提供服务活动的价值总和。具体计算方法是产品实物量乘以当年农产品生产者价格。

11. 农林牧渔业增加值：指农、林、牧、渔及农林牧渔服务业生产货物或提供服务活动而增加的价值，为农林牧渔业现价总产值扣除农林牧渔业现价中间投入后的余额。

12. 农产品的生产者价格：是指生产者第一次出售农产品的价格，即生产者价格，资料来源于农产品生产者价格调查，无法采集生产者价格的农产品，用生产成本代替。

13. 用农业总产值计算农业发展速度。其计算公式为：

$$\text{报告期可比价农业总产值} = \frac{\text{报告期现价农业总产值}}{\text{报告期农业生产者价格指数}}$$

$$\text{农业发展速度} = \frac{\text{报告期可比价农业总产值}}{\text{基期现价农业总产值}} \times 100\%$$

可比价指上年同期的价格，基期为上年同期。

用增加值计算农业发展速度的方法与总产值计算农业发展速度方法相同。

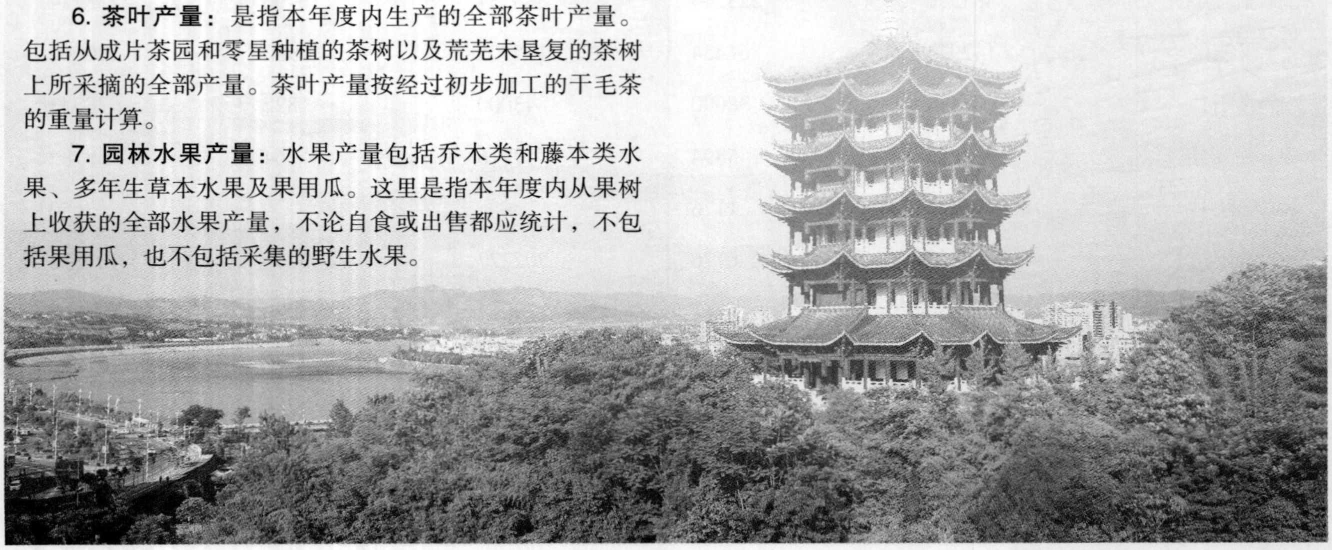

12、工　业

GONG YE

资料整理：李小荣　冯　黎

12、规模以上工业

2015年全市

单位数	505户
工业总产值（含农电、供电、烟）	945.07亿元
工业增加值	304.18亿元
产品销售率	97.1%

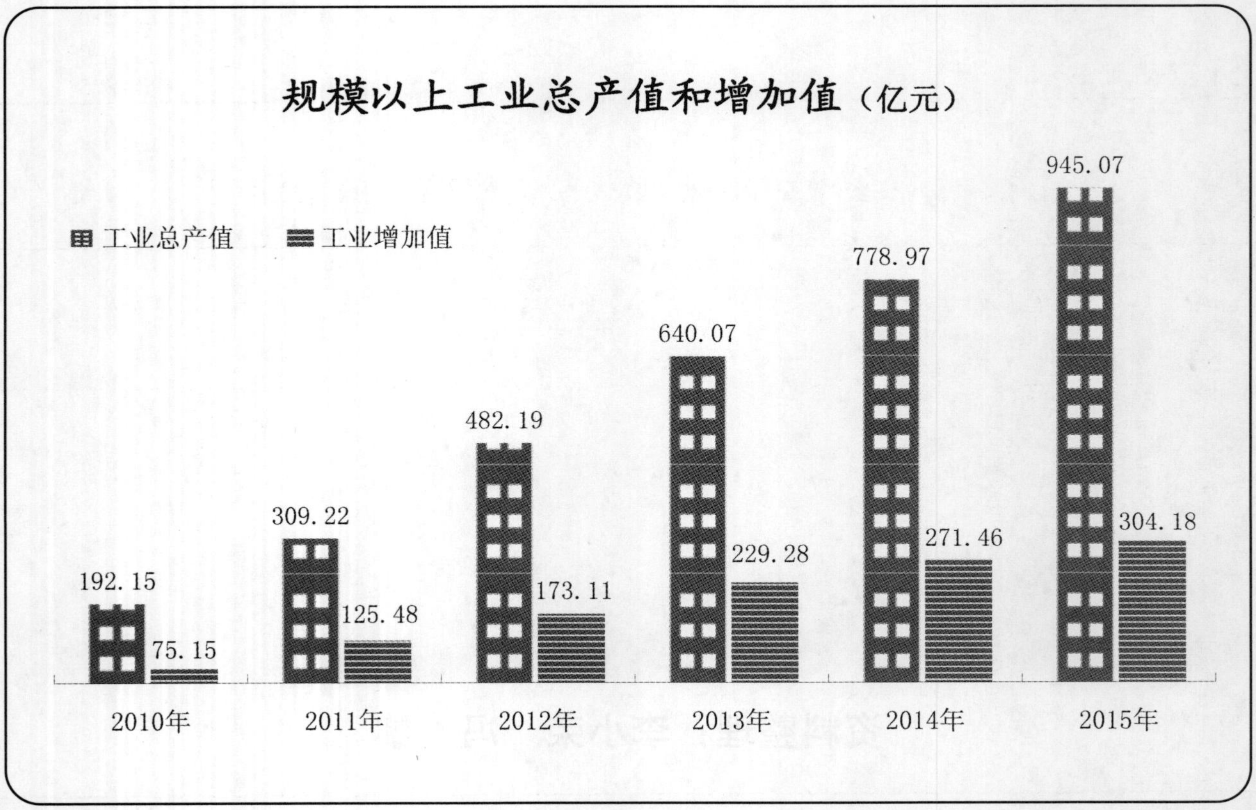

12-1 全市历年规模以上工业总产值及增加值

年 份	工业总产值（万元）	工业增加值（万元）
1995	124879	32933
1996	161311	70970
1997	190417	78512
1998	159259	67925
1999	163667	59402
2000	200575	91277
2001	206260	79076
2002	250288	97741
2003	304476	121441
2004	377136	150327
2005	435691	157853
2006	547282	230862
2007	780290	308800
2008	974765	408600
2009	1294936	507479
2010	1921549	751521
2011	3092223	1254752
2012	4821927	1731100
2013	6400707	2292800
2014	7789658	2716400
2015	9450748	3041858

12-2 全市历年规模以上工业增加值增速

年 份	增 速（%）
2005	10.3
2006	13.5
2007	23.5
2008	23.8
2009	19.6
2010	26.2
2011	29.0
2012	33.9
2013	24.8
2014	18.3
2015	17.6

注：本表数据为定报可比价增速。

12-3 全市历年主要工业产品产量

年 份	卷烟（箱）	丝（吨）	原煤（吨）	水电（万千瓦时）	植物油（吨）	白酒（折65度）（千升）	水泥（吨）
1995	73500	803	180000	219600	6431	4146	169300
1996	63800	848	120396	285044	6489	4016	184400
1997	57000	897	136352	187041	7803	5857	233400
1998	72800	848	9166	275728	1022	1800	258600
1999	100971	935	9382	175972	1005	1884	274300
2000	101000	892	12945	309700	767	2617	237700
2001	84100	962	20664	239500	534	2182	246200
2002	113000	893	20027	235000	2691	1882	530200
2003	109500	993	32340	396900	3933	1986	583500
2004	100000	887	132310	328335	3558	2725	680400
2005	115000	1252	143558	402387	4139	2831	697700
2006	126500	1196	282415	289799	11697	2405	873751
2007	135000	1793	506308	413500	11840	2495	1067454
2008	160000	2336	527670	432068	11861	2389	1262328
2009	800000	2750	566900	560678	22512	2949	4218696
2010	910000	2961	579988	543583	36880	3140	6172309
2011	945000	3439	750133	678265	48581	3399	6609135
2012	972600	3474	1063039	609997	67333	3355	7077517
2013	980000	3620	878264	579337	71396	3809	6989065
2014	995000	3570	487368	545656	77224	5439	7114080
2015	987500	3592	444416	671298	93258	6059	7644333

12-4 全市及各县区规模以上工业企业单位数

2015年

单位：个

	企业单位数	国有	集体	其他	轻工业	重工业	亏损企业个数
全　　市	505	6	1	498	234	271	13
一、中央属	4	2		2		4	1
省属	8			8	1	7	2
市属	12			12	8	4	3
县区属	481	4	1	476	225	256	7
二、汉滨区	108	2	1	105	57	51	8
#高新区	41			41	24	17	4
汉阴县	68			68	37	31	
石泉县	64	2		62	24	40	2
宁陕县	15	1		14	3	12	
紫阳县	36			36	20	16	
岚皋县	28			28	15	13	1
平利县	70			70	33	37	
镇坪县	16			16	5	11	
旬阳县	62	1		61	19	43	2
白河县	38			38	21	17	

12-5 全市及各县区规模以上工业企业工业总产值

2015年

单位：千元

	现价产值	国有	集体	其他	轻工业	重工业
全　　市	94507476	2799404	84739	90900831	40078040	53706934
一、中央属	3912061	2286230		1625831	1430235	2481826
省属	3121945			3121945	124502	2997443
市属	1891433			1891433	1353965	537468
县区属	84859535	513174	84739	84261622	37169338	47690197
二、汉滨区	19344079	2257371	84739	17001969	8955436	10388643
#高新区	7821321			7821321	3048368	4772953
汉阴县	12476249			12343055	6238339	6104716
石泉县	11031265	424016		10516365	3013776	7926605
宁陕县	2285739	93457		2069509	370280	1792686
紫阳县	8383812			8269961	5111116	3158845
岚皋县	5087215			4968183	3338359	1629824
平利县	10174855			10062966	3636235	6426731
镇坪县	713015			682136	215171	466965
旬阳县	16138267	24560		16113707	5282290	10855977
白河县	8872980			8872980	3917038	4955942

注：本表数据按现价计算。

12-6 全市及各县区规模以上工业企业工业销售产值

2015年

单位：千元

	工业销售产值	国有	集体	其他	轻工业	重工业
全　市	91804254	2791310	77161	88213281	38972265	52109487
一、中央属	3915204	2286230		1628974	1433378	2481826
省属	3108285			3108285	124502	2983783
市属	1895758			1895758	1362718	533040
县区属	82162505	505080	77161	81580264	36051667	46110838
二、汉滨区	18944744	2257371	77161	16610212	8760135	10184609
#高新区	7762513			7762513	3044051	4718462
汉阴县	12083389			11950195	5988660	5961535
石泉县	10605000	415922		10098194	2889461	7624655
宁陕县	2250789	93457		2034559	362766	1765250
紫阳县	8299822			8185971	5069604	3116367
岚皋县	5002921			4883889	3277694	1606195
平利县	9922263			9810374	3520289	6290085
镇坪县	686100			655221	202002	453219
旬阳县	15527175	24560		15502615	5131426	10395749
白河县	8482051			8482051	3770228	4711823

12-7 全市及各县区规模以上工业企业亏损个数

2015年

单位：个

	亏损企业数	国有	集体	其他	轻工业	重工业
全　市	13			13	6	7
一、中央属	1			1		1
省属	2			2		2
市属	3			3	2	1
县区属	7			7	4	3
二、汉滨区	8			8	5	3
#高新区	4			4	3	1
汉阴县						
石泉县	2			2	1	1
宁陕县						
紫阳县						
岚皋县	1			1		1
平利县						
镇坪县						
旬阳县	2			2		2
白河县						

12-8 全市及各县区规模以上工业企业资产合计

2015年

单位：千元

	资产合计	国有	集体	其他	轻工业	重工业
全　　市	47074246	2202333	46939	44824974	17817264	29256982
一、中央属	2435594	1374981		1060613		2435594
省属	4397004			4397004	61581	4335423
市属	1570750			1570750	845568	725182
县区属	38670898	827352	46939	37796607	16910115	21760783
二、汉滨区	10414102	1376732	46939	8990431	4273872	6140230
#高新区	4346709			4346709	1542988	2803721
汉阴县	5684477			5684477	3287532	2396945
石泉县	7460584	563250		6897334	2220599	5239985
宁陕县	992946	197000		795946	96230	896716
紫阳县	5168094			5168094	3108275	2059819
岚皋县	2123093			2123093	767972	1355121
平利县	3263251			3263251	1443797	1819454
镇坪县	485120			485120	206677	278443
旬阳县	8970051	65351		8904700	1154752	7815299
白河县	2512528			2512528	1257558	1254970

12-9 全市及各县区规模以上工业企业负债合计

2015年

单位：千元

	负债合计	国有	集体	其他	轻工业	重工业
全　　市	19739685	1648605	38064	18053016	5688145	14051540
一、中央属	2295790	1374981		920809		2295790
省属	3724972			3724972	61581	3663391
市属	604718			604718	423370	181348
县区属	13114205	273624	38064	12802517	5203194	7911011
二、汉滨区	4722140	1333291	38064	3350785	1837862	2884278
#高新区	1247594			1247594	518931	728663
汉阴县	1300572			1300572	801400	499172
石泉县	2936784	216980		2719804	723324	2213460
宁陕县	153348	83000		70348	3994	149354
紫阳县	1866880			1866880	1083634	783246
岚皋县	840176			840176	95631	744545
平利县	1279449			1279449	448059	831390
镇坪县	200988			200988	94220	106768
旬阳县	5823856	15334		5808522	317419	5506437
白河县	615492			615492	282602	332890

12-10 全市及各县区规模以上工业企业所有者权益合计

2015年

单位：千元

	所有者权益合计	国有	集体	其他	轻工业	重工业
全　　市	26981594	553727	8875	26418992	12056858	14924736
一、中央属	139803			139803		139803
省属	672032			672032		672032
市属	966031			966031	422197	543834
县区属	25203728	553727	8875	24641126	11634661	13569067
二、汉滨区	5691956	43440	8875	5639641	2436006	3255950
＃高新区	3099113			3099113	1024055	2075058
汉阴县	4329390			4329390	2431617	1897773
石泉县	4484912	346270		4138642	1497275	2987637
宁陕县	839598	114000		725598	92236	747362
紫阳县	3231645			3231645	2024641	1207004
岚皋县	1230124			1230124	672341	557783
平利县	1961903			1961903	977996	983907
镇坪县	284131			284131	112457	171674
旬阳县	3054736	50017		3004719	837333	2217403
白河县	1873199			1873199	974956	898243

12-11 全市及各县区规模以上工业企业流动负债合计

2015年

单位：千元

	流动负债合计	国有	集体	其他	轻工业	重工业
全　　市	10480793	947206	38064	9495523	3967445	6513348
一、中央属	922382	858372		64010		922382
省属	761871			761871	51581	710290
市属	426430			426430	279739	146691
县区属	8370110	88834	38064	8243212	3636125	4733985
二、汉滨区	3250465	869785	38064	2342616	1325681	1924784
＃高新区	611415			611415	302918	308497
汉阴县	905926			905926	563624	342302
石泉县	1013250	73362		939888	383708	629542
宁陕县	46753			46753	3994	42759
紫阳县	1178151			1178151	715900	462251
岚皋县	342841			342841	95628	247213
平利县	1077045			1077045	356616	720429
镇坪县	176216			176216	78586	97630
旬阳县	2004262	4059		2000203	238207	1766055
白河县	485884			485884	205501	280383

12-12　全市及各县区规模以上工业企业非流动负债合计

2015年　　单位：千元

	非流动负债合计	国有	集体	其他	轻工业	重工业
全　市	7458485	618372		6840113	1202224	6256261
一、中央属	1373381	516582		856799		1373381
省属	2907513			2907513		2907513
市属	154071			154071	140373	13698
县区属	3023520	101790		2921730	1061851	1961669
二、汉滨区	1123350	463506		659844	338155	785195
#高新区	453707			453707	128668	325039
汉阴县	69711			69711	22253	47458
石泉县	1852998	143591		1709407	339616	1513382
宁陕县	3000			3000		3000
紫阳县	644434			644434	367734	276700
岚皋县	454550			454550		454550
平利县	105575			105575	41197	64378
镇坪县	16511			16511	7393	9118
旬阳县	3069706	11275		3058431	11775	3057931
白河县	118650			118650	74101	44549

12-13　全市及各县区规模以上工业企业固定资产合计

2015年　　单位：千元

	固定资产合计	国有	集体	其他	轻工业	重工业
全　市	24829209	1820278	2537	23006394	7733399	17095810
一、中央属	2354973	1356332		998641		2354973
省属	3549834			3549834	10000	3539834
市属	385411			385411	216693	168718
县区属	18538991	463946	2537	18072508	7506706	11032285
二、汉滨区	4116246	1318922	2537	2794787	1100010	3016236
#高新区	1476758			1476758	562446	914312
汉阴县	1887526			1887526	1019015	868511
石泉县	6199486	462048		5737438	1815159	4384327
宁陕县	407324			407324	42299	365025
紫阳县	2594685			2594685	1599751	994934
岚皋县	1770113			1770113	621069	1149044
平利县	1177254			1177254	414767	762487
镇坪县	248298			248298	79981	168317
旬阳县	4970513	39308		4931205	308242	4662271
白河县	1457764			1457764	733106	724658

12-14 全市及各县区规模以上工业企业流动资产合计

2015年

单位：千元

	流动资产合计	国有	集体	其他	轻工业	重工业
全　　市	15295514	177823	44278	15073413	6954639	8340875
一、中央属	47120	13744		33376		47120
省属	605966			605966	51581	554385
市属	645888			645888	320352	325536
县区属	13996540	164079	44278	13788183	6582706	7413834
二、汉滨区	3732911	57810	44278	3630823	1965776	1767135
#高新区	1616666			1616666	700044	916622
汉阴县	1933184			1933184	1023418	909766
石泉县	1042189	96297		945892	405440	636749
宁陕县	198471	5360		193111	30007	168464
紫阳县	2485122			2485122	1494172	990950
岚皋县	296000			296000	134142	161858
平利县	1561740			1561740	737490	824250
镇坪县	218196			218196	113996	104200
旬阳县	2854616	18356		2836260	542329	2312287
白河县	973085			973085	507869	465216

12-15 全市及各县区规模以上工业企业利润总额

2015年

单位：千元

	利润总额	国有	集体	其他	轻工业	重工业
全　　市	10848819	290409	1896	10556514	5083027	5765792
一、中央属	271155	254400		16755		271155
省属	551956			551956	10446	541510
市属	215856			215856	119476	96380
县区属	9809852	36009	1896	9771947	4953105	4856747
二、汉滨区	1684816	240867	1896	1442053	738679	946137
#高新区	709688			709688	301123	408565
汉阴县	1982639			1982639	1106169	876470
石泉县	640897	27648		613249	173220	467677
宁陕县	314571	20027		294544	58374	256197
紫阳县	2167748			2167748	1373170	794578
岚皋县	488815			488815	327426	161389
平利县	753999			753999	377901	376098
镇坪县	34427			34427	20993	13434
旬阳县	1503622	1867		1501755	328375	1175247
白河县	1277285			1277285	578720	698565

12-16 全市及各县区规模以上工业企业利税总额

2015年 单位：千元

	利税总额	国有	集体	其他	轻工业	重工业
全　　市	16089307	341969	6239	15741099	7157633	8931674
一、中央属	342587	292084		50503		342587
省属	796786			796786	15962	780824
市属	323272			323272	200552	122720
县区属	14626662	49885	6239	14570538	6941119	7685543
二、汉滨区	2350480	265523	6239	2078718	1016765	1333715
#高新区	985401			985401	332714	652687
汉阴县	2541633			2541633	1400949	1140684
石泉县	829275	44801		784474	214389	614886
宁陕县	561080	28960		532120	71865	489215
紫阳县	2717484			2717484	1712907	1004577
岚皋县	961456			961456	663994	297462
平利县	1381874			1381874	552509	829365
镇坪县	73463			73463	36602	36861
旬阳县	2269825	2685		2267140	451491	1818334
白河县	2402737			2402737	1036162	1366575

12-17 全市及各县区规模以上工业亏损企业亏损额

2015年 单位：千元

	亏损总额	国有	集体	其他	轻工业	重工业
全　　市	73298			73298	16454	56844
一、中央属	4807			4807		4807
省属	44349			44349		44349
市属	14594			14594	13857	737
县区属	9548			9548	2597	6951
二、汉滨区	22595			22595	16261	6334
#高新区	1225			1225	488	737
汉阴县						
石泉县	5000			5000	193	4807
宁陕县						
紫阳县						
岚皋县	2574			2574		2574
平利县						
镇坪县						
旬阳县	43129			43129		43129
白河县						

12-18 全市及各县区规模以上工业企业主营业务收入

2015年

单位：千元

	主营业务收入	国有	集体	其他	轻工业	重工业
全　市	86304089	1178942	77161	85047986	36918574	49385515
一、中央属	898142	702719		195423		898142
省属	3093422			3093422	106583	2986839
市属	1873652			1873652	1339357	534295
县区属	80438873	476223	77161	79885489	35472634	44966239
二、汉滨区	17039804	659198	77161	16303445	8580587	8459217
＃高新区	7652345			7652345	3050824	4601521
汉阴县	11364546			11364546	5713147	5651399
石泉县	10017973	398997		9618976	2746081	7271892
宁陕县	2125374	93457		2031917	362670	1762704
紫阳县	8184414			8184414	5068808	3115606
岚皋县	4916358			4916358	3307026	1609332
平利县	9778101			9778101	3497291	6280810
镇坪县	644754			644754	201942	442812
旬阳县	13711334	27290		13684044	3646182	10065152
白河县	8521431			8521431	3794840	4726591

12-19 全市及各县区规模以上工业企业从业人员年平均人数

2015年

单位：人

	全部从业人员年平均人数	国有	集体	其他	轻工业	重工业
全　市	60073	992	70	59011	27123	32950
一、中央属	445	331		114		445
省属	1502			1502	55	1447
市属	1805			1805	1420	385
县区属	56321	661	70	55590	25648	30673
二、汉滨区	10553	223	70	10260	6690	3863
＃高新区	2969			2969	1815	1154
汉阴县	7730			7730	4066	3664
石泉县	9231	496		8735	3213	6018
宁陕县	2117	189		1928	270	1847
紫阳县	6552			6552	3943	2609
岚皋县	2356			2356	1456	900
平利县	11001			11001	4007	6994
镇坪县	799			799	193	606
旬阳县	5498	84		5414	1294	4204
白河县	4236			4236	1991	2245

12-20 全市规模以上工业企业主要工业产品产量

产品名称	计量单位	2015年
原煤	吨	444416.00
无烟煤	吨	205493.00
烟煤	吨	238923.00
一般烟煤	吨	238923.00
铁矿石原矿	吨	1194124.00
铁矿石成品矿	吨	2644104.09
铁精矿	吨	2566758.09
铜金属含量	吨	6338.00
锌金属含量	吨	75876.00
锑金属含量	吨	802.00
稀有稀土金属矿	吨	1556.63
钼精矿折合量（折纯钼45%）	吨	1556.63
石灰石	吨	2149094.35
萤石	吨	162003.00
小麦粉	吨	46384.00
大米	吨	205431.69
饲料	吨	457953.00
配合饲料	吨	391136.00
混合饲料	吨	66817.00
精制食用植物油	吨	93257.77
鲜、冷藏肉	吨	38831.00
熟肉制品	吨	2635.91
冷冻蔬菜	吨	5679.87
焙烤松脆食品	吨	2573.00
糖果	吨	4602.00
乳制品	吨	20617.00
液体乳	吨	20617.00
食醋	吨	5210.00
饮料酒	千升	14266.83
白酒（折65度，商品量）	千升	6059.30
果酒及配制酒	千升	7911.40
软饮料	吨	823597.54
包装饮用水	吨	780379.00
果汁和蔬菜汁类饮料	吨	42139.60
精制茶	吨	11148.73
卷烟	万支	987500.00
纱	吨	18859.00
化学纤维纱	吨	18859.00
布	万米	1042.18
棉布	万米	1042.18
蚕丝	吨	3591.92
蚕丝及交织机织物（含蚕丝≥50%）	万米	94.88
蚕丝被	万条	32.05
服装	万件	487.47
梭织服装	万件	487.47
西服套装	万件	62.90
衬衫	万件	48.05
鞋	万双	187.96
胶鞋	万双	187.96
人造板	立方米	100028.00
胶合板	立方米	14464.00
纤维板	立方米	85564.00
家具	件	42997.00
木质家具	件	42997.00

12-20 全市规模以上工业企业主要工业产品产量（续）

产品名称	计量单位	2015年
机制纸及纸板（外购原纸加工除外）	吨	57409.00
包装用纸及纸板	吨	57409.00
箱纸板	吨	57409.00
纸制品	吨	264.90
瓦楞纸箱	吨	264.90
多色印刷品	对开色令	45670.00
硫酸（折100%）	吨	55791.00
涂料	吨	63158.00
化学药品原药	吨	3775.61
中成药	吨	1370.40
塑料制品	吨	83860.00
塑料薄膜	吨	20598.00
农用薄膜	吨	20598.00
泡沫塑料	吨	11710.00
硅酸盐水泥熟料	吨	2619241.00
窑外分解窑水泥熟料	吨	2619241.00
水泥	吨	7644333.05
强度等级42.5水泥（含R型）	吨	1555793.00
强度等级52.5水泥（含R型）	吨	782124.00
商品混凝土	立方米	11356035.08
水泥混凝土排水管	千米	33.72
水泥混凝土压力管	千米	291.07
水泥混凝土电杆	根	105681.00
石膏板	万平方米	234.00
砖	万块	864978.24
瓦	万片	996.59
天然大理石建筑板材	平方米	5141669.42
天然花岗石建筑板材	平方米	2490513.00
钢化玻璃	平方米	1970132.00
夹层玻璃	平方米	595128.00
中空玻璃	平方米	484511.00
玻璃纤维布	米	62784600.00
耐火材料制品	吨	22460.00
石墨及炭素制品	吨	77906.00
铸钢件	吨	29301.00
十种有色金属	吨	64678
锌	吨	64093
汞（金属汞）	吨	585
黄金	千克	4576.87
铜材	吨	2745.68
钢结构	吨	57001.14
锻件	吨	54117.14
泵	台	126140
机械化农业及园艺机具	台	38775
环境污染防治专用设备	台（套）	95
水质污染防治设备	台（套）	95
改装汽车	辆	5479
电动自行车	辆	171431
太阳能热水器	平方米	72578
灯具及照明装置	套（台、个）	3428425
电子元件	万只	5703
射频元器件	万只	5703
自来水生产量	万立方米	1639
水力发电量	万千瓦时	664237.5

12-21 全市规模以上工业企业主要产品销售与库存

2015年

产品名称	计量单位	年初库存量	累计销售量	企业累计自用及其他	期末库存量
原煤	吨	62475.00	430452.00	49.00	76374.00
铁矿石原矿	吨	231509.00	1178033.00		247600.00
配合饲料	吨	1989.00	333373.00	57463.00	2289.00
混合饲料	吨	923.00	66653.00		1087.00
精制食用植物油	吨	14591.84	84777.83	30.00	23041.78
白酒(折65度,商品量)	千升	962.92	5736.63	573.00	712.59
软饮料	吨	37340.23	802567.60	104.20	54869.97
纱	吨	1123.00	18791.00		1191.00
蚕丝	吨	265.07	3606.83		250.16
蚕丝及交织机织物(含蚕丝≥50	万米	1.17	94.50		1.55
服装	万件	6.85	400.90		8.98
人造板	立方米	4100.00	98855.00		5273.00
机制纸及纸板(外购原纸加工除	吨	2677.00	56991.00		3095.00
硫酸(折100%)	吨	1319.42	55443.00		1667.42
涂料	吨	3981.24	56610.00		10529.24
化学药品原药	吨	349.04	3736.27	8.00	380.38
塑料制品	吨	15344.40	80238.00	136.50	18829.90
其中：农用薄膜	吨	250.00	20816.00		32.00
水泥	吨	193480.00	7680088.00	780.05	156945.00
生铁	吨	980.00			980.00
十种有色金属	吨	714.00	64568.00		824.00
锌	吨	613.00	63898.00		808.00
铜材	吨	36.21	2745.88		36.01

12-22 全市独立核算规模以上

2015年

	企业单位数（个）	亏损企业	工业总产值（当年价格）	工业销售产值（当年价格）
总　计	505	13	90771464	88065099
一、按登记注册类型分组				
内资企业	501	10	89655500	86961159
国有企业	6		1216129	1208035
中央企业	2		702955	702955
地方企业	4		513174	505080
集体企业	1		84739	77161
股份合作企业	2		96901	97656
有限责任公司	164	7	34161940	33029555
国有独资公司	1		39985	39985
其他有限责任公司	163	7	34121955	32989570
股份有限公司	12	1	2104313	2010562
私营企业	316	2	51991478	50538190
私营独资企业	19	1	3467689	3312157
私营合伙企业	3		200768	189904
私营有限责任公司	267	1	42858511	41686229
私营股份有限公司	27		5464510	5349900
港、澳、台商投资企业	2	2	48185	49116
合资经营企业（港或澳、台资）	1	1	22927	23858
港澳台商独资经营企业	1	1	25258	25258
外商投资企业	2	1	1067779	1054824
中外合资经营企业	1	1	223668	223668
外资企业	1		844111	831156
二、按经济组织类型分组				
独资企业	28	2	5637926	5453767
国有企业	6		1216129	1208035
集体企业	1		84739	77161
私营独资企业	19	1	3467689	3312157
港澳台商独资经营企业	1	1	25258	25258
外资企业	1		844111	831156
合作、合伙企业	5		297669	287560
股份合作企业	2		96901	97656
私营合伙企业	3		200768	189904
股份有限公司	39	1	7568823	7360462
股份有限公司（内资）	12	1	2104313	2010562
私营股份有限公司	27		5464510	5349900
有限责任公司	433	10	77267046	74963310
国有独资公司	1		39985	39985
私营有限责任公司	267	1	42858511	41686229
合资经营企业（港或澳、台资）	1	1	22927	23858
中外合资经营企业	1	1	223668	223668
其他有限责任公司	163	7	34121955	32989570
三、在总计中：亏损企业	13	13	828979	786701
在总计中：国有控股企业	24	3	6485424	6455111
在总计中：农村工业	3		567476	554309
在总计中：轻工业	234	6	38647805	37538887
重工业	271	7	52123659	50526212
在总计中：中型企业	22	1	7671946	7581618
小型企业	483	12	83099518	80483481
纯小型企业	466	11	81358175	78776405
微型企业	17	1	1741343	1707076

工业企业主要经济指标

单位：千元

出口交货值	年初存货	产成品	资产总计	流动资产合计
257793	3838550	1872222	47074246	15295514
257793	3752638	1861629	43176922	14947383
	9923		2202333	177823
	49		1374981	13744
	9874		827352	164079
	4256		46939	44278
	4850	3675	166462	111895
241338	1883245	942414	16494216	6650605
			2558	1435
241338	1883245	942414	16491658	6649170
	92814	55472	1683148	465798
16455	1757550	860068	22583824	7496984
	97830	42531	1971285	553545
	40714	33846	229227	105447
16455	1442413	659946	18141427	6098445
	176593	123745	2241885	739547
	12790	3273	593504	187550
	12790	3273	105639	40788
			487865	146762
	73122	7320	3303820	160581
			2683046	12573
	73122	7320	620774	148008
	185131	49851	5329196	1070416
	9923		2202333	177823
	4256		46939	44278
	97830	42531	1971285	553545
			487865	146762
	73122	7320	620774	148008
	45564	37521	395689	217342
	4850	3675	166462	111895
	40714	33846	229227	105447
	269407	179217	3925033	1205345
	92814	55472	1683148	465798
	176593	123745	2241885	739547
257793	3338448	1605633	37424328	12802411
			2558	1435
16455	1442413	659946	18141427	6098445
	12790	3273	105639	40788
			2683046	12573
241338	1883245	942414	16491658	6649170
	129184	63502	5922508	609235
	203587	66147	7752136	1011006
	49789	40189	134019	76813
241338	1869915	849797	17817264	6954639
16455	1968635	1022425	29256982	8340875
241338	658927	315187	3244234	1600894
16455	3179623	1557035	43830012	13694620
16455	3097506	1543695	41385898	13380179
	82117	13340	2444114	314441

12-22 全市独立核算规模以上

2015年

	资产		
	流动资产合计		
	应收账款	存货	产成品
总计	3986197	5070336	2485384
一、按登记注册类型分组			
内资企业	3965635	4973838	2475374
国有企业	25452	17377	11334
中央企业	6110	49	
地方企业	19342	17328	11334
集体企业	22893	3458	1478
股份合作企业	8772	6310	4873
有限责任公司	1527365	2550003	1084991
国有独资公司	125		
其他有限责任公司	1527240	2550003	1084991
股份有限公司	144247	123397	74724
私营企业	2236906	2273293	1297974
私营独资企业	137752	120982	83915
私营合伙企业	20445	39859	39342
私营有限责任公司	1893029	1914679	1068615
私营股份有限公司	185680	197773	106102
港、澳、台商投资企业	7978	10421	2690
合资经营企业（港或澳、台资）	5735	10421	2690
港澳台商独资经营企业	2243		
外商投资企业	12584	86077	7320
中外合资经营企业	12550		
外资企业	34	86077	7320
二、按经济组织类型分组			
独资企业	188374	227894	104047
国有企业	25452	17377	11334
集体企业	22893	3458	1478
私营独资企业	137752	120982	83915
港澳台商独资经营企业	2243		
外资企业	34	86077	7320
合作、合伙企业	29217	46169	44215
股份合作企业	8772	6310	4873
私营合伙企业	20445	39859	39342
股份有限公司	329927	321170	180826
股份有限公司（内资）	144247	123397	74724
私营股份有限公司	185680	197773	106102
有限责任公司	3438679	4475103	2156296
国有独资公司	125		
私营有限责任公司	1893029	1914679	1068615
合资经营企业（港或澳、台资）	5735	10421	2690
中外合资经营企业	12550		
其他有限责任公司	1527240	2550003	1084991
三、在总计中：亏损企业	117040	141778	85305
在总计中：国有控股企业	276534	209787	75757
在总计中：农村工业	17669	49746	44102
在总计中：轻工业	1842445	2323105	1234870
重工业	2143752	2747231	1250514
在总计中：中型企业	335185	601181	302356
小型企业	3651012	4469155	2183028
纯小型企业	3568055	4410361	2151517
微型企业	82957	58794	31511

工业企业主要经济指标（续1）

单位：千元

总　　计

固定资产合计	固定资产原价	累计折旧	本年折旧
24829209	33820397	10665739	1740140
21639432	29534551	9569670	1545369
1820278	4950511	3183173	115251
1356332	4388606	3033964	79040
463946	561905	149209	36211
2537	7477	4940	789
48115	67956	19841	8409
7588511	10020313	3418579	562979
1010	5054	4044	2022
7587501	10015259	3414535	560957
747277	991119	265900	43247
11432714	13497175	2677237	814694
871341	1016742	208602	64985
120040	180562	60522	12130
9259048	10838926	2077610	636936
1182285	1460945	330503	100643
177967	354019	176052	24265
14344	80089	65745	1828
163623	273930	110307	22437
3011810	3931827	920017	170506
2562496	3101696	539200	127376
449314	830131	380817	43130
3307093	7078791	3887839	246592
1820278	4950511	3183173	115251
2537	7477	4940	789
871341	1016742	208602	64985
163623	273930	110307	22437
449314	830131	380817	43130
168155	248518	80363	20539
48115	67956	19841	8409
120040	180562	60522	12130
1929562	2452064	596403	143890
747277	991119	265900	43247
1182285	1460945	330503	100643
19424399	24041024	6101134	1329119
1010	5054	4044	2022
9259048	10838926	2077610	636936
14344	80089	65745	1828
2562496	3101696	539200	127376
7587501	10015259	3414535	560957
4422967	5923562	1544420	221490
6252610	11225947	5037112	438380
46551	66209	25113	7861
7733399	9328924	2200484	577522
17095810	24491473	8465255	1162618
929405	1722040	864998	124760
23899804	32098357	9800741	1615380
22077908	27335931	6829127	1518625
1821896	4762426	2971614	96755

12-22 全市独立核算规模以上

2015年

	负债合计	流动负债合计	应付账款	非流动负债合计
总计	19739685	10480793	2358057	7458485
一、按登记注册类型分组				
内资企业	16453660	9850191	2275246	4803062
国有企业	1648605	947206	65687	618372
中央企业	1374981	858372	52998	516582
地方企业	273624	88834	12689	101790
集体企业	38064	38064	8886	
股份合作企业	78955	78955	1560	
有限责任公司	7215071	3925706	929815	2306858
国有独资公司	118			118
其他有限责任公司	7214953	3925706	929815	2306740
股份有限公司	809830	532783	128605	209658
私营企业	6663135	4327477	1140693	1668174
私营独资企业	509214	285922	50930	152783
私营合伙企业	33371	14756	166	14000
私营有限责任公司	5634648	3682559	971972	1386417
私营股份有限公司	485902	344240	117625	114974
港、澳、台商投资企业	469868	153037	2644	316831
合资经营企业（港或澳、台资）	118398	117861	2503	537
港澳台商独资经营企业	351470	35176	141	316294
外商投资企业	2816157	477565	80167	2338592
中外合资经营企业	2683046	344454	39520	2338592
外资企业	133111	133111	40647	
二、按经济组织类型分组				
独资企业	2680464	1439479	166291	1087449
国有企业	1648605	947206	65687	618372
集体企业	38064	38064	8886	
私营独资企业	509214	285922	50930	152783
港澳台商独资经营企业	351470	35176	141	316294
外资企业	133111	133111	40647	
合作、合伙企业	112326	93711	1726	14000
股份合作企业	78955	78955	1560	
私营合伙企业	33371	14756	166	14000
股份有限公司	1295732	877023	246230	324632
股份有限公司（内资）	809830	532783	128605	209658
私营股份有限公司	485902	344240	117625	114974
有限责任公司	15651163	8070580	1943810	6032404
国有独资公司	118			118
私营有限责任公司	5634648	3682559	971972	1386417
合资经营企业（港或澳、台资）	118398	117861	2503	537
中外合资经营企业	2683046	344454	39520	2338592
其他有限责任公司	7214953	3925706	929815	2306740
三、在总计中：亏损企业	5203679	1122014	132581	4052949
在总计中：国有控股企业	6035065	1955981	315805	3971493
在总计中：农村工业	72204	72204	36449	
在总计中：轻工业	5688145	3967445	764226	1202224
重工业	14051540	6513348	1593831	6256261
在总计中：中型企业	1635913	1209081	215876	320599
小型企业	18103772	9271712	2142181	7137886
纯小型企业	16491226	8277106	2071260	6654881
微型企业	1612546	994606	70921	483005

工业企业主要经济指标（续2）

单位：千元

所有者权益合计	实收资本					
		国家资本	集体资本	法人资本	个人资本	港澳台资本
26981594	7538630	560432	503025	2697213	3452266	175694
26370295	7012351	560432	503025	2330318	3452266	16310
553727	256094	124544	114000		17550	
553727	256094	124544	114000		17550	
8875	1070			1070		
87507	14339			7000	7339	
9187674	3047419	417252	332087	949295	1188475	10310
2439	1500	1500				
9185235	3045919	415752	332087	949295	1188475	10310
873318	408120	6375		321682	80063	
15659194	3285309	12261	56938	1051271	2158839	6000
1423184	146544			50500	96044	
191706	56000			6000	50000	
12288321	2593011	7261	23605	883647	1672498	6000
1755983	489754	5000	33333	111124	340297	
123636	181279			21895		159384
-12759	31279			21895		9384
136395	150000					150000
487663	345000			345000		
487663	345000			345000		
2609844	898708	124544	114000	396570	113594	150000
553727	256094	124544	114000		17550	
8875	1070			1070		
1423184	146544			50500	96044	
136395	150000					150000
487663	345000			345000		
279213	70339			13000	57339	
87507	14339			7000	7339	
191706	56000			6000	50000	
2629301	897874	11375	33333	432806	420360	
873318	408120	6375		321682	80063	
1755983	489754	5000	33333	111124	340297	
21463236	5671709	424513	355692	1854837	2860973	25694
2439	1500	1500				
12288321	2593011	7261	23605	883647	1672498	6000
-12759	31279			21895		9384
9185235	3045919	415752	332087	949295	1188475	10310
718829	556131	189772	10000	119922	77053	159384
1717068	636643	278399	130800	149904	77540	
61815	26000			3000	23000	
12056858	2533818	209564		976064	1332806	15384
14924736	5004812	350868	503025	1721149	2119460	160310
1608313	380279			236495	143784	
25373281	7158351	560432	503025	2460718	3308482	175694
24894665	7051551	485432	503025	2446918	3290482	175694
478616	106800	75000		13800	18000	

12-22 全市独立核算规模以上

2015年

	外商资本	营业收入	主营业务收入	营业成本
总计	150000	86321858	86304089	67879247
一、按登记注册类型分组				
内资企业	150000	85218013	85200244	67087515
国有企业		1181395	1178942	802534
中央企业		705172	702719	412880
地方企业		476223	476223	389654
集体企业		77161	77161	58616
股份合作企业		97653	97653	56274
有限责任公司	150000	32464585	32461564	25503027
国有独资公司		39985	39985	36786
其他有限责任公司	150000	32424600	32421579	25466241
股份有限公司		1804392	1800528	1219697
私营企业		49592827	49584396	39447367
私营独资企业		3208606	3208606	2405962
私营合伙企业		189890	189890	159532
私营有限责任公司		40908186	40901078	32607208
私营股份有限公司		5286145	5284822	4274665
港、澳、台商投资企业		49055	49055	30583
合资经营企业（港或澳、台资）		23797	23797	10481
港澳台商独资经营企业		25258	25258	20102
外商投资企业		1054790	1054790	761149
中外合资经营企业		223668	223668	175623
外资企业		831122	831122	585526
二、按经济组织类型分组				
独资企业		5323542	5321089	3872740
国有企业		1181395	1178942	802534
集体企业		77161	77161	58616
私营独资企业		3208606	3208606	2405962
港澳台商独资经营企业		25258	25258	20102
外资企业		831122	831122	585526
合作、合伙企业		287543	287543	215806
股份合作企业		97653	97653	56274
私营合伙企业		189890	189890	159532
股份有限公司		7090537	7085350	5494362
股份有限公司（内资）		1804392	1800528	1219697
私营股份有限公司		5286145	5284822	4274665
有限责任公司	150000	73620236	73610107	58296339
国有独资公司		39985	39985	36786
私营有限责任公司		40908186	40901078	32607208
合资经营企业（港或澳、台资）		23797	23797	10481
中外合资经营企业		223668	223668	175623
其他有限责任公司	150000	32424600	32421579	25466241
三、在总计中：亏损企业		821750	817528	594603
在总计中：国有控股企业		6392783	6389144	4901066
在总计中：农村工业		544455	544455	455295
在总计中：轻工业		36923770	36918574	28360313
重工业	150000	49398088	49385515	39518934
在总计中：中型企业		7530846	7525595	5939832
小型企业	150000	78791012	78778494	61939415
纯小型企业	150000	77087541	77075393	60745807
微型企业		1703471	1703101	1193608

工业企业主要经济指标（续3）

单位：千元

主营业务成本	营业税金及附加	主营业务税金及附加	其他业务收入	其他业务利润	销售费用
67844576	825059	821541	17769	2792	2717381
67052844	811927	808409	17769	2792	2701084
802515	23658	23650	2453	123	10577
412861	19060	19052	2453	123	
389654	4598	4598			10577
58616	491	491			12020
56274	784	784			11646
25484681	331412	331064	3021	668	1155164
36786	90	90			1065
25447895	331322	330974	3021	668	1154099
1219552	14244	14243	3864	866	167555
39431206	441338	438177	8431	1135	1344122
2405962	43482	43482			42389
159532	2171	2171			4280
32604308	328705	325544	7108	214	1137363
4261404	66980	66980	1323	921	160090
30583	448	448			15589
10481	382	382			15589
20102	66	66			
761149	12684	12684			708
175623	3537	3537			
585526	9147	9147			708
3872721	76844	76836	2453	123	65694
802515	23658	23650	2453	123	10577
58616	491	491			12020
2405962	43482	43482			42389
20102	66	66			
585526	9147	9147			708
215806	2955	2955			15926
56274	784	784			11646
159532	2171	2171			4280
5480956	81224	81223	5187	1787	327645
1219552	14244	14243	3864	866	167555
4261404	66980	66980	1323	921	160090
58275093	664036	660527	10129	882	2308116
36786	90	90			1065
32604308	328705	325544	7108	214	1137363
10481	382	382			15589
175623	3537	3537			
25447895	331322	330974	3021	668	1154099
594474	15505	15505	4222	517	61418
4900989	85052	85043	3639	989	172332
455295	5219	5219			20191
28328661	312554	312094	5196	365	1343330
39515915	512505	509447	12573	2427	1374051
5939745	65045	65045	5251		402916
61904831	760014	756496	12518	2792	2314465
60729143	732092	728605	12148	2669	2276229
1175688	27922	27891	370	123	38236

12-22 全市独立核算规模以上

2015年

	管理费用	税金	财务费用	利息收入
总　　计	3308635	230372	896106	18242
一、按登记注册类型分组				
内资企业	3285863	229181	799608	18251
国有企业	20210	638	33979	55
中央企业			18456	54
地方企业	20210	638	15523	1
集体企业	3682	2015	456	
股份合作企业	13080		1553	142
有限责任公司	1297000	79131	303785	12548
国有独资公司	1055		55	
其他有限责任公司	1295945	79131	303730	12548
股份有限公司	81376	4553	50691	1088
私营企业	1870515	142844	409144	4418
私营独资企业	164879	20234	13941	41
私营合伙企业	8085	46	171	
私营有限责任公司	1495046	110809	348539	1348
私营股份有限公司	202505	11755	46493	3029
港、澳、台商投资企业	11548		5812	
合资经营企业（港或澳、台资）	9222		1745	
港澳台商独资经营企业	2326		4067	
外商投资企业	11224	1191	90686	-9
中外合资经营企业			86298	4
外资企业	11224	1191	4388	-13
二、按经济组织类型分组				
独资企业	202321	24078	56831	83
国有企业	20210	638	33979	55
集体企业	3682	2015	456	
私营独资企业	164879	20234	13941	41
港澳台商独资经营企业	2326		4067	
外资企业	11224	1191	4388	-13
合作、合伙企业	21165	46	1724	142
股份合作企业	13080		1553	142
私营合伙企业	8085	46	171	
股份有限公司	283881	16308	97184	4117
股份有限公司（内资）	81376	4553	50691	1088
私营股份有限公司	202505	11755	46493	3029
有限责任公司	2801268	189940	740367	13900
国有独资公司	1055		55	
私营有限责任公司	1495046	110809	348539	1348
合资经营企业（港或澳、台资）	9222		1745	
中外合资经营企业			86298	4
其他有限责任公司	1295945	79131	303730	12548
三、在总计中：亏损企业	45419	1427	175960	73
在总计中：国有控股企业	167570	13032	203839	1184
在总计中：农村工业	12795	285	1842	
在总计中：轻工业	1481688	82763	358597	3626
重工业	1826947	147609	537509	14616
在总计中：中型企业	370798	24635	89106	681
小型企业	2937837	205737	807000	17561
纯小型企业	2888299	203112	783173	17399
微型企业	49538	2625	23827	162

工业企业主要经济指标（续4）

单位：千元

利息支出	营业利润	资产减值损失	公允价值变动收益	投资收益	营业外收入
815655	10812926	791	100	118175	76058
723279	10649810	403	100	118085	67561
33714	290431				1109
18193	254772				349
15521	35659				760
456	1896				
1695	14329			13	
270561	4008269	303		134359	50812
55	939				
270506	4007330	303		134359	50812
50272	271302	100		573	6848
366581	6063583		100	−16860	8792
13943	537955				306
171	15651				
309745	4974427		100	−16998	7531
42722	535550			138	955
1722	−15224	388		90	212
1722	−14011	388			212
	−1213			90	
90654	178340				8285
86300	−41790				19
4354	220130				8266
52467	1049199			90	9681
33714	290431				1109
456	1896				
13943	537955				306
	−1213			90	
4354	220130				8266
1866	29980			13	
1695	14329			13	
171	15651				
92994	806852	100		711	7803
50272	271302	100		573	6848
42722	535550			138	955
668328	8926895	691	100	117361	58574
55	939				
309745	4974427		100	−16998	7531
1722	−14011	388			212
86300	−41790				19
270506	4007330	303		134359	50812
171000	−70933	552		775	7655
203102	982984	239		120289	19483
1838	49117				
321050	5068769	383		1872	21061
494605	5744157	408	100	116303	54997
76095	783922			120772	37015
739560	10029004	791	100	−2597	39043
717095	9658672	791	100	−2597	38773
22465	370332				270

12-22 全市独立核算规模以上

2015年

	政府补助	营业外支出	利润总额	所得税费用
总　　计	48461	40160	10848819	1608362
一、按登记注册类型分组				
内资企业	41358	39650	10677716	1551846
国有企业	500	1135	290409	3319
中央企业		725	254400	
地方企业	500	410	36009	3319
集体企业			1896	
股份合作企业		425	13904	1757
有限责任公司	32572	20014	4039058	597400
国有独资公司			939	
其他有限责任公司	32572	20014	4038119	597400
股份有限公司	2170	2688	275462	19333
私营企业	6116	15388	6056987	930037
私营独资企业		493	537768	61992
私营合伙企业			15651	3548
私营有限责任公司	5306	14670	4967288	790882
私营股份有限公司	810	225	536280	73615
港、澳、台商投资企业		189	-15201	
合资经营企业（港或澳、台资）		48	-13847	
港澳台商独资经营企业		141	-1354	
外商投资企业	7103	321	186304	56516
中外合资经营企业		4	-41775	
外资企业	7103	317	228079	56516
二、按经济组织类型分组				
独资企业	7603	2086	1056798	121827
国有企业	500	1135	290409	3319
集体企业			1896	
私营独资企业		493	537768	61992
港澳台商独资经营企业		141	-1354	
外资企业	7103	317	228079	56516
合作、合伙企业		425	29555	5305
股份合作企业		425	13904	1757
私营合伙企业			15651	3548
股份有限公司	2980	2913	811742	92948
股份有限公司（内资）	2170	2688	275462	19333
私营股份有限公司	810	225	536280	73615
有限责任公司	37878	34736	8950724	1388282
国有独资公司			939	
私营有限责任公司	5306	14670	4967288	790882
合资经营企业（港或澳、台资）		48	-13847	
中外合资经营企业		4	-41775	
其他有限责任公司	32572	20014	4038119	597400
三、在总计中：亏损企业	270	10020	-73298	30
在总计中：国有控股企业	15100	4360	998111	107532
在总计中：农村工业			49117	11638
在总计中：轻工业	15154	6794	5083027	820502
重工业	33307	33366	5765792	787860
在总计中：中型企业	32517	6179	814757	102100
小型企业	15944	33981	10034062	1506262
纯小型企业	15728	33116	9664321	1499144
微型企业	216	865	369741	7118

工业企业主要经济指标（续5）

单位：千元

亏损企业亏损总额	利税总额	应交税金及附加	本年应付职工薪酬	本年应交增值税	从业人员平均人数
73298	16088297	7078212	2326308	4414419	60073
16322	15807892	6911203	2278123	4318249	59327
	341969	55517	174920	27902	992
	292084	37684	150942	18624	331
	49885	17833	23978	9278	661
	6239	6358	1502	3852	70
	21027	8880	2356	6339	60
13905	6323711	2961184	733126	1953241	19132
	3428	2489	2435	2399	92
13905	6320283	2958695	730691	1950842	19040
1926	373284	121708	66245	83578	1867
491	8741662	3757556	1299974	2243337	37206
193	671317	215775	126514	90067	2587
	28164	16107	13630	10342	567
298	7207212	3141615	1038194	1911219	30604
	834969	384059	121636	231709	3448
15201	-10480	4721	11144	4273	322
13847	-9950	3897	9603	3515	280
1354	-530	824	1541	758	42
41775	290885	162288	37041	91897	424
41775	-2857	38918	18944	35381	153
	293742	123370	18097	56516	271
1547	1312737	401844	322574	179095	3962
	341969	55517	174920	27902	992
	6239	6358	1502	3852	70
193	671317	215775	126514	90067	2587
1354	-530	824	1541	758	42
	293742	123370	18097	56516	271
	49191	24987	15986	16681	627
	21027	8880	2356	6339	60
	28164	16107	13630	10342	567
1926	1208253	505767	187881	315287	5315
1926	373284	121708	66245	83578	1867
	834969	384059	121636	231709	3448
69825	13518116	6145614	1799867	3903356	50169
	3428	2489	2435	2399	92
298	7207212	3141615	1038194	1911219	30604
13847	-9950	3897	9603	3515	280
41775	-2857	38918	18944	35381	153
13905	6320283	2958695	730691	1950842	19040
73298	26693	101448	64951	84486	1514
48531	1500005	622458	297569	416842	3852
	100723	63529	6779	46387	218
16454	7156623	2976861	942841	1761042	27123
56844	8931674	4101351	1383467	2653377	32950
1926	1240228	552206	372500	360426	8481
71372	14848069	6526006	1953808	4053993	51592
71179	14374081	6412016	1838127	3977668	51340
193	473988	113990	115681	76325	252

12-23 全市独立核算规模以上

2015年

	企业单位数（个）	亏损企业	工业总产值（当年价格）	工业销售产值（当年价格）
总　计	505	13	90771464	88065099
煤炭开采和洗选业	16		1600663	1562502
黑色金属矿采选业	8		2631429	2554372
有色金属矿采选业	14		3381176	3160620
非金属矿采选业	41	1	7060378	6779476
农副食品加工业	73	1	13809036	13494643
食品制造业	19		1841427	1784648
酒、饮料和精制茶制造业	67	1	9869774	9610634
纺织业	12		2296001	2181967
纺织服装、服饰业	6		689506	634290
皮革、毛皮、羽毛及其制品和制鞋业	1		62434	65411
木材加工和木、竹、藤、棕、草制品业	6		604372	589395
家具制造业	3		163316	154934
造纸和纸制品业	1		97391	96683
印刷和记录媒介复制业	4		349745	347971
文教、工美、体育和娱乐用品制造业	1		28743	26289
石油加工、炼焦和核燃料加工业	1		70050	53000
化学原料和化学制品制造业	21		5281944	5146934
医药制造业	22	3	4993120	4814394
橡胶和塑料制品业	5		1436250	1415581
非金属矿物制品业	100	1	17898706	17551987
黑色金属冶炼和压延加工业	3		836133	800792
有色金属冶炼和压延加工业	10		3857867	3777757
金属制品业	11		1971661	1859903
通用设备制造业	4		540056	536790
专用设备制造业	6	1	749787	719743
汽车制造业	7	1	3034726	2871725
铁路、船舶、航空航天和其他运输设备制造业	1		424253	418005
电气机械和器材制造业	11		1810369	1697918
计算机、通信和其他电子设备制造业	2		160667	159879
其他制造业	2		154806	151278
废弃资源综合利用业	1		90160	74723
电力、热力生产和供应业	22	4	1978061	1973398
燃气生产和供应业	2		919609	919609
水的生产和供应业	2		77848	77848

工业企业分行业主要经济指标

单位：千元

出口交货值	年初存货	产成品	资产总计	流动资产合计
257793	3838550	1872222	47074246	15295514
	108567	75264	708721	332342
	44713	23763	1177493	238068
	415947	368153	1652875	968170
16455	239036	150116	2471554	934886
	721100	337226	4958518	2222764
	64267	29692	672107	333770
	497816	244635	5045569	2208346
	100858	36460	1430597	309166
241338	30596	16189	279303	168290
	2031	986	14523	4594
	26578	18009	172229	81747
	701	152	68480	13541
	14070	6341	86317	30992
	20411	1135	191133	84357
	427	235	19494	4635
	27013	1250	43100	39189
	248368	142244	1953189	653689
	274424	97179	3128257	1046273
	20366	9255	520901	249565
	589104	149341	7404795	2776540
	10003	5599	563693	87561
	174983	56070	1786303	621406
	32240	18920	974333	321467
	11103	6245	128718	56296
	30117	22366	313929	109042
	40324	21255	859187	257613
	18927		391120	74203
	22579	12999	849145	190446
	10448		127086	46876
	3228		73590	20881
	9235	3694	44216	20037
	9693	1721	8390637	588924
	15729	15728	404003	131241
	3548		169131	68597

12-23 全市独立核算规模以上

2015年

	应收账款	存货	产成品
总计	3986197	5070336	2485384
煤炭开采和洗选业	86346	128345	78867
黑色金属矿采选业	78202	62330	53717
有色金属矿采选业	95395	654977	204373
非金属矿采选业	243448	240004	190908
农副食品加工业	481531	907190	492720
食品制造业	85578	87439	45430
酒、饮料和精制茶制造业	666392	681010	345040
纺织业	69657	99372	60500
纺织服装、服饰业	89436	42321	9348
皮革、毛皮、羽毛及其制品和制鞋业	1067	1123	
木材加工和木、竹、藤、棕、草制品业	20561	31622	25830
家具制造业	1807	3243	2303
造纸和纸制品业	3804	15044	4583
印刷和记录媒介复制业	23055	26959	7068
文教、工美、体育和娱乐用品制造业	463	2164	1968
石油加工、炼焦和核燃料加工业	1053	29090	10101
化学原料和化学制品制造业	208661	206209	118245
医药制造业	262290	321702	180735
橡胶和塑料制品业	49542	43139	18961
非金属矿物制品业	907853	933329	351246
黑色金属冶炼和压延加工业	24664	29089	18679
有色金属冶炼和压延加工业	147841	207216	77954
金属制品业	88241	70782	49614
通用设备制造业	18613	16110	9059
专用设备制造业	44422	54159	29459
汽车制造业	44045	52398	35866
铁路、船舶、航空航天和其他运输设备制造业	10825	10691	6840
电气机械和器材制造业	70528	58540	39109
计算机、通信和其他电子设备制造业	24460	11502	4030
其他制造业	6189	5271	2715
废弃资源综合利用业	6050	10590	4245
电力、热力生产和供应业	76876	1784	1731
燃气生产和供应业	43810	16430	56
水的生产和供应业	3492	9162	4084

工业企业分行业主要经济指标（续1）

单位：千元

固定资产合计	固定资产原价	累计折旧	本年折旧
24829209	33820397	10665739	1740140
324892	435993	115311	22426
862528	976866	126830	47928
554240	774559	233441	42007
1006620	1218429	239702	74503
1908728	2250125	484768	143382
291122	302492	51243	15756
2231786	2847229	774156	196398
864919	1029015	228545	50836
64261	66202	3701	1643
5191	5203	12	12
86607	94084	13289	5570
53203	51515	2312	2122
31863	43965	12102	3597
89632	112241	26540	6651
1900	1900		
997	5547	4550	1320
1051992	1030524	302864	97329
1403143	1571078	339845	78404
195321	186377	41549	8878
3719037	5130129	1623752	333457
462384	555858	93475	38158
565129	905982	379770	78103
460516	467456	75642	29954
58075	70422	22142	6977
125776	156483	37808	7396
441626	641920	210063	41632
382412	381447	42331	18341
3589	3450	61	61
52709	54738	2029	931
24179	26108	1929	750
7144415	11915672	5027909	344233
267570	346156	78586	34748
92847	161232	69482	6637

12-23 全市独立核算规模以上

2015年

	负债合计	流动负债合计	应付账款	非流动负债合计
总　　计	19739685	10480793	2358057	7458485
煤炭开采和洗选业	212168	160595	25263	34379
黑色金属矿采选业	328044	134661	33545	158111
有色金属矿采选业	845703	378070	165186	262526
非金属矿采选业	783097	596534	186459	161573
农副食品加工业	1501182	1039263	231588	264332
食品制造业	273360	212764	61384	45252
酒、饮料和精制茶制造业	1709254	1287787	209846	410591
纺织业	624446	423336	69431	108168
纺织服装、服饰业	87692	73846	16479	10656
皮革、毛皮、羽毛及其制品和制鞋业	1499	1499	947	
木材加工和木、竹、藤、棕、草制品业	56029	45796	15789	10233
家具制造业	4298	3988	3509	310
造纸和纸制品业	25781	17981	1443	7800
印刷和记录媒介复制业	46438	43615	5333	2823
文教、工美、体育和娱乐用品制造业	6250	6250	3531	
石油加工、炼焦和核燃料加工业	15156	8300	6856	
化学原料和化学制品制造业	701184	575889	124730	33654
医药制造业	973730	611386	97703	254283
橡胶和塑料制品业	108785	56666	11384	52119
非金属矿物制品业	2439135	1827266	484069	333331
黑色金属冶炼和压延加工业	174942	99147	24619	75795
有色金属冶炼和压延加工业	677142	412470	76391	187178
金属制品业	344314	158743	54924	111747
通用设备制造业	35283	10080	1788	16902
专用设备制造业	145609	67496	54884	27480
汽车制造业	364349	267944	56568	88447
铁路、船舶、航空航天和其他运输设备制造业	55014			
电气机械和器材制造业	206713	133991	28793	67825
计算机、通信和其他电子设备制造业	45700	1405		
其他制造业	35656	29961	11870	5695
废弃资源综合利用业	2653	2653	2653	
电力、热力生产和供应业	6780050	1710958	282252	4678699
燃气生产和供应业	53356	53356	8690	
水的生产和供应业	75673	27097	150	48576

工业企业分行业主要经济指标（续2）

单位：千元

所有者权益合计	实收资本						
		国家资本	集体资本	法人资本	个人资本	港澳台资本	外商资本
26981594	7538630	560432	503025	2697213	3452266	175694	150000
443759	154300		20000	30500	103800		
757990	123540			82000	41540		
807172	498694		174473	120170	204051		
1684307	487255			203491	283764		
3457335	817387	5020		294890	517477		
398746	115692			65311	50381		
3336315	655053	80000		265770	309283		
806151	101449			17838	83611		
191611	18500			10500	8000		
13024	5000				5000		
116200	28400				28400		
64182	39600				39600		
60536	10000				10000		
144695	28600				28600		
13244	3000				3000		
27944	5000				5000		
1252005	263354	17595		81465	164294		
2136783	445343	27450		262755	139754	15384	
412116	145600			60600	85000		
4926765	1457382	10	13693	752749	540930		150000
388751	43000			3000	40000		
1109161	317810	15000		171000	121500	10310	
630019	110775	2231	1245	1340	105959		
93435	28000			15000	13000		
168320	34000			34000			
471001	252348	44760	6800	50000	150788		
336106	6000				6000		
587918	121700			30000	91700		
11817	5000				5000		
37934	15000				15000		
41563	5000				5000		
1610585	999254	271272	286814	144334	146834	150000	
350647	100500			500	100000		
93457	97094	97094					

12-23 全市独立核算规模以上

2015年

	营业收入	主营业务收入	营业成本
总　计	86321858	86304089	67879247
煤炭开采和洗选业	1557688	1557688	1215043
黑色金属矿采选业	2457769	2457769	2205494
有色金属矿采选业	3086099	3085178	2328545
非金属矿采选业	6646306	6645747	5422316
农副食品加工业	13304757	13304757	10615507
食品制造业	1754125	1754125	1364647
酒、饮料和精制茶制造业	9600003	9595661	6732636
纺织业	2135121	2135121	1802676
纺织服装、服饰业	642569	642569	512594
皮革、毛皮、羽毛及其制品和制鞋业	65411	65411	56193
木材加工和木、竹、藤、棕、草制品业	586026	586026	474531
家具制造业	155934	155934	115435
造纸和纸制品业	96692	96692	76767
印刷和记录媒介复制业	395223	394712	329434
文教、工美、体育和娱乐用品制造业	26289	26289	17901
石油加工、炼焦和核燃料加工业	37850	37850	30611
化学原料和化学制品制造业	5007308	5006384	3718886
医药制造业	4553143	4553014	3579887
橡胶和塑料制品业	1370644	1370644	1138115
非金属矿物制品业	17137792	17134292	13629615
黑色金属冶炼和压延加工业	776703	776703	674151
有色金属冶炼和压延加工业	3678171	3678171	2794789
金属制品业	1745007	1741613	1537262
通用设备制造业	536816	536816	468620
专用设备制造业	706666	706666	531443
汽车制造业	2853483	2853483	2427888
铁路、船舶、航空航天和其他运输设备制造业	418005	418005	323715
电气机械和器材制造业	1656344	1656130	1408268
计算机、通信和其他电子设备制造业	156098	156098	115508
其他制造业	148914	148914	125060
废弃资源综合利用业	74723	74723	61139
电力、热力生产和供应业	1968890	1965615	1233470
燃气生产和供应业	919609	919609	771344
水的生产和供应业	65680	65680	39757

工业企业分行业主要经济指标（续3）

单位：千元

主营业务成本	营业税金及附加	主营业务税金及附加	其他业务收入	其他业务利润	销售费用
67844576	825059	821541	17769	2792	2717381
1215043	28907	28907			65857
2205494	10185	10162			19164
2328545	56493	56493	921	921	84960
5422274	66635	66635	559	517	394571
10615507	89928	89793			422221
1353716	27455	27137			71594
6730219	81478	81478	4342		417476
1802676	16924	16924			11399
512594	3667	3667			13051
56193	654	654			1130
474531	4910	4910			15805
115435	1469	1469			5618
76767	213	213			4418
329074	365	358	511	151	8734
	167	167			1246
30611	489	489			3730
3718828	62491	62490	924	866	275037
3579887	30951	30951	129		167190
1138115	12533	12533			20353
13629315	170181	170069	3500		487310
674151	5759	5759			8096
2794789	34740	34740			23492
1537262	14072	11158	3394		22782
468620	2199	2199			16565
531443	3529	3529			36580
2427888	43005	43005			36114
323715	1825	1825			11085
1408225	5989	5989	214	214	10409
115508	1852	1852			13872
125060	730	730			4613
61139	270	270			1469
1230851	38109	38101	3275	123	24104
771344	6221	6221			13151
39757	664	664			4185

12-23 全市独立核算规模以上

2015年

	管理费用	税金	财务费用	利息收入
总　　计	3308635	230372	896106	18242
煤炭开采和洗选业	96647	1530	16653	6
黑色金属矿采选业	23996	2016	8341	
有色金属矿采选业	178248	14791	10142	187
非金属矿采选业	266371	17585	36011	1184
农副食品加工业	434522	17700	90757	457
食品制造业	95331	3247	22342	1832
酒、饮料和精制茶制造业	443035	32758	60436	206
纺织业	50301	5090	40480	85
纺织服装、服饰业	20186	1127	4234	
皮革、毛皮、羽毛及其制品和制鞋业	1849	375	422	
木材加工和木、竹、藤、棕、草制品业	27004	2766	3997	26
家具制造业	8914	521	1055	11
造纸和纸制品业	4594	1046	4103	1
印刷和记录媒介复制业	15298	275	3242	44
文教、工美、体育和娱乐用品制造业	2912		100	110
石油加工、炼焦和核燃料加工业	1301			
化学原料和化学制品制造业	260815	17850	64753	6074
医药制造业	189641	10366	83366	628
橡胶和塑料制品业	22504	3367	7843	35
非金属矿物制品业	652093	56499	127217	1627
黑色金属冶炼和压延加工业	15842	2859	2093	62
有色金属冶炼和压延加工业	176817	21260	12108	54
金属制品业	34855	1350	9723	158
通用设备制造业	13171		2480	2
专用设备制造业	19876	77	2561	1
汽车制造业	67825	12890	12781	
铁路、船舶、航空航天和其他运输设备制造业	12024		6517	
电气机械和器材制造业	43687	593	7087	9
计算机、通信和其他电子设备制造业	9677		864	
其他制造业	3718	158	671	4
废弃资源综合利用业	1145		1098	
电力、热力生产和供应业	76511	2236	244468	5368
燃气生产和供应业	26149		1220	70
水的生产和供应业	11776	40	6941	1

工业企业分行业主要经济指标（续4）

单位：千元

利息支出	营业利润	资产减值损失	公允价值变动收益	投资收益	营业外收入
815655	10812926	791	100	118175	76058
16032	134685		100		150
8296	190588				
8865	429477			1762	
36889	460919			519	6580
82582	1651647			-178	4248
16421	172747				307
57111	1865077			134	1932
29120	214013			671	8292
1620	89910			1073	225
422	5163				
4023	59780				100
1066	23443				
4102	6597				600
2450	38150				355
10	3961				
	1719				
68656	625386	239		289	4068
81494	501841	383		117	4293
7642	169296				6
95243	2073039			1663	27804
2155	70762				962
10815	737006			100776	14406
7774	126451			138	110
1786	33780				
2198	112826			149	
11278	265902			32	148
6517	62839				
5343	180904				9
864	14325				
675	14122				
1098	9603				
234946	363089	169		11030	703
1220	101524				
6942	2355				760

12-23 全市独立核算规模以上

2015年

	政府补助	营业外支出	利润总额	所得税费用
总　计	48461	40160	10848819	1608362
煤炭开采和洗选业		1258	133577	25260
黑色金属矿采选业			190588	29216
有色金属矿采选业			429477	47622
非金属矿采选业		9753	457746	65542
农副食品加工业	4185	1422	1654473	201677
食品制造业	50	169	172884	20169
酒、饮料和精制茶制造业	770	1619	1865383	417600
纺织业	8122	122	222183	18877
纺织服装、服饰业		168	89966	10654
皮革、毛皮、羽毛及其制品和制鞋业			5163	1290
木材加工和木、竹、藤、棕、草制品业		100	59780	14945
家具制造业			23443	4612
造纸和纸制品业	600		7197	1799
印刷和记录媒介复制业	220	186	38319	1774
文教、工美、体育和娱乐用品制造业			3961	991
石油加工、炼焦和核燃料加工业			1719	1670
化学原料和化学制品制造业	1640	27	629427	93692
医药制造业	667	2692	503442	70931
橡胶和塑料制品业	6	1325	167977	17369
非金属矿物制品业	18441	14891	2085952	298473
黑色金属冶炼和压延加工业		2	71722	17517
有色金属冶炼和压延加工业	13000	3273	748139	80610
金属制品业	110	1320	125241	20046
通用设备制造业		27	33753	3262
专用设备制造业			112826	26142
汽车制造业			266050	50245
铁路、船舶、航空航天和其他运输设备制造业			62839	
电气机械和器材制造业		6	180907	19810
计算机、通信和其他电子设备制造业			14325	1127
其他制造业			14122	633
废弃资源综合利用业			9603	2400
电力、热力生产和供应业	150	1390	362406	16998
燃气生产和供应业			101524	25409
水的生产和供应业	500	410	2705	

工业企业分行业主要经济指标（续5）

单位：千元

亏损企业亏损总额	利税总额	应交税金及附加	本年应付职工薪酬	本年应交增值税	从业人员平均人数（人）
73298	16088297	7078212	2326308	4414419	60073
	253123	146336	63533	90639	2046
	283131	123775	51659	82358	1361
	721915	354851	87827	235945	1809
3648	887504	512885	218390	363123	6743
180	2250280	815184	302601	505879	7946
	252338	102870	44366	51999	1611
1926	2514299	1099274	253587	567438	7431
	279144	80928	100675	40037	3309
	126738	48553	28361	33105	1160
	10579	7081	4158	4762	160
	119690	77621	22767	55000	678
	36401	18091	4456	11489	124
	9987	5635	4572	2577	100
	41696	5426	10499	3012	313
	4466	1496	550	338	15
	2318	2269	1687	110	46
	987769	469884	109416	295851	2883
14050	824343	402198	84723	289950	2139
	233670	86429	22773	53160	650
1949	3164298	1433318	374950	908165	10301
	102704	51358	16397	25223	333
	955881	309612	139022	173002	2467
	174273	70428	38562	34960	1127
	62821	32330	6898	26869	222
298	143369	56762	13417	27014	374
737	584265	381350	30162	275210	701
	83562	20723	9199	18898	224
	225789	65285	29538	38893	1033
	25120	11922	2410	8943	60
	20638	7307	6265	5786	188
	10454	3251	2252	581	75
50510	537929	194757	222491	137414	2016
	152918	76803	4072	45173	121
	4885	2220	14073	1516	307

主要统计指标解释

规模以上工业企业 指年主营业务收入2000万元及以上的工业法人企业。

工业总产值 工业总产值是以货币形式表现的，工业企业在一时期内生产的工业最终产品或提供工业性劳务活动的的总价值量。工业总产值包括本期生产成品价值、对外加工费收入，在制品半成品期末期初差额价值三部分。工业总产值采用“工厂法”计算，即以工业企业作为一个整体，按企业工业生产活动的最终成果来计算，企业内部不允许重复计算，不能把企业内部各个车间（分厂）生产的成果相加。但在企业之间、行业之间、地区之间存在着重复计算。

工业增加值 指工业企业在报告期内以货币形式表现的工业生产活动的最终成果，是企业全部生产活动的总成果扣除了在生产过程中消耗或转移的物质产品和劳务价值后的余额，是企业生产过程中新增加的价值。

资产合计 指企业拥有或控制的能以货币计量的经济能源，包括各种财产债权和其他权利。资产按其流动性分为：流动资产、长期投资、固定资产、无形资产、递延资产和其他资产。

负债合计 指企业所能承担的以货币计量需以资产或劳务偿付的债务。负债一般按偿还期限长短分为流动负债和长期负债。

所有者权益合计 指投资者对企业净资产所拥有的权利。所有者权益=全部资产-全部负债，所有者权益主要来源于投资者的原始投资和企业生产经营活动中形成的积累。一般分为实收资本、资本公积金、盈余公积金和未分配利润四部分。

固定资产原价 指企业在建造、购置、安装、改建、扩建、技术改造某项固定资产时所支出的全部货币总额。它一般包括买价、包装费、运杂费和安装费等。

主营业务收入 指工业企业销售产品和提供劳务等经营取得的收入总额。

主营业务成本 指企业在销售产品和提供劳务等主要经营业务过程中的实际成本。

主营业务税金及附加 指企业经营主要业务的营业税、消费税、城市维护建设税、教育费附加等。

利润总额 指企业在一定时期的最终经营成果，是生产经营过程中各种收入扣除各种耗费后的盈余，反映企业在报告期内实现的盈亏总额。

应交增值税 指企业按税法规定，从事货物销售或提供加工、修理修配劳务等增加货物价值的活动本期应交纳的税金，不含期初未抵扣税额。

总资产贡献率 反映企业全部资产的获利能力，是企业经营业绩和管理水平的集中体现，是评价和考核企业盈利能力的核心指标。计算公式为：

总资产贡献率（%）=（利润总额+税金总额+利息支出）/平均资产总额 $\times \dfrac{12}{\text{累计月数}\times 100\%}$

资本保值增值率 反映企业净资产的变动状况，是企业发展能力的集中体现。计算公式为：

资本保值增值率（%）=报告期期末所有者权益/上年同期期末所有者权益×100%

资产负债率 既反映企业经营风险的大小，也反映企业利用债权人提供的资金从事经营活动的能力。计算公式为：

资产负债率（%）=负债总额/资产总额×100%

成本费用利润率 反映工业投入的生产成本及费用的经济效益，同时也反映企业降低成本所取得的经济效益。计算公式为：

成本费用利润率（%）=利润总额/成本费本总额×100%

工业增加值率 指在一定时期内工业增加值占同期工业总产值的比重，反映降低中间消耗的经济效益。计算公式为：

工业增加值率（%）=工业增加值（现价）/工业总产值（现价）×100%

流动资产周转率 指一定时期内流动资产完成的周转次数，反映投入工业企业流动资金的周转速度。计算公式为：

流动资产周转率=销售收入/流动资产平均余额 $\times \dfrac{12}{\text{累计月数}}$

产品销售率 反映工业产品已实现销售的程度，是分析工业产销衔接情况、研究工业产品满足社会需求的指标。计算公式为：

产品销售率=工业销售产值/工业总产值（现价）

全员劳动生产率 根据产品的价值指标计算的平均每一个从业人员在单位时间内的产品生产量。是考核企业经济活动的重要指标，是企业生产技术水平、经营管理水平、职工技术熟练程度和劳动积极性的综合表现。计算公式为：

全员劳动生产率（元/人）=报告期工业增加值/报告期全部职工平均人数 $\times \dfrac{12}{\text{累计月数}}$

13、能　源

NENG YUAN

资料整理：陆宏波

13、能源

2015年全市

全社会能源消费总量	357.91万吨标煤
万元GDP能耗	0.5782吨标煤/万元
全社会电力消费总量	340220万千瓦时
万元GDP电耗	549.60千瓦时/万元
规模以上工业企业能源消费总量	77.03万吨标煤
规模以上工业企业万元增加值能耗	0.358吨标煤/万元

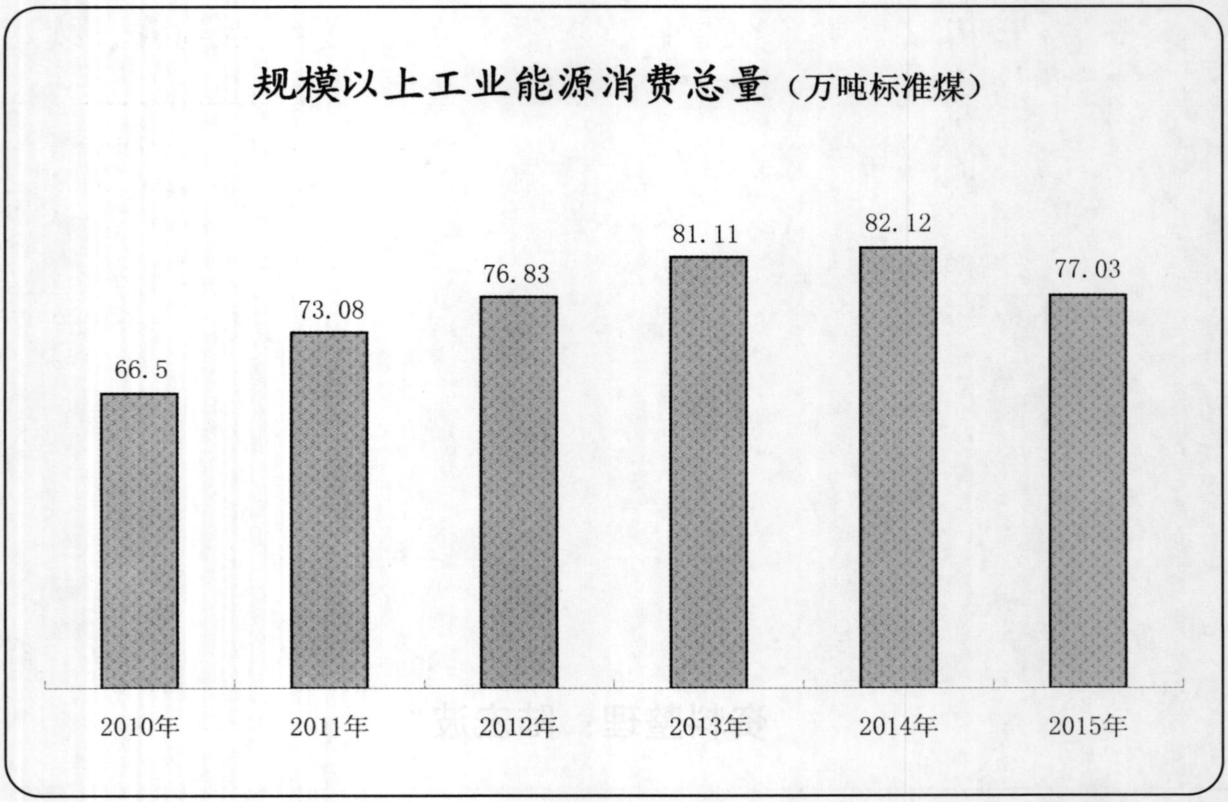

13-1 规模以上工业企业主要能源品种消费总量及构成

2015年

	一般烟煤（折标系数0.7143）			煤制品（折标系数0.5286）			汽油（折标系数1.4714）			柴油（折标系数1.4571）		
	实物量（吨）	标准量（吨标煤）	占能源消费的比重（%）	实物量（吨）	标准量（吨标煤）	占能源消费的比重（%）	实物量（吨）	标准量（吨标煤）	占能源消费的比重（%）	实物量（吨）	标准量（吨标煤）	占能源消费的比重（%）
全　市	630469	450344	61.73	5942	3141	0.43	1112	1637	0.22	18891	27526	3.77
汉滨区	99082	70774	52.75				67	99	0.07	3982	5802	4.32
汉阴县	30151	21537	48.29				69	102	0.23	1181	1721	3.86
石泉县	48484	34632	54.55	5942	3141	4.95				385	561	0.88
宁陕县										3336	4861	52.14
紫阳县	13975	9982	19.83							2825	4116	8.18
岚皋县	9382	6702	33.83				4	6	0.03	363	528	2.67
平利县	174573	124697	74.21				67	98	0.06	5349	7795	4.64
镇坪县	1115	797	49.93							43	62	3.91
旬阳县	232787	166280	78.05				898	1321	0.62	1421	2070	0.97
白河县	20919	14943	59.47				7	10	0.04	7	10	0.04

注：以上数据不含供电局、烟厂、农电电损等分劈数据。

13-1 规模以上工业企业主要能源品种消费总量及构成（续）

2015年

	电力（折标系数1.229）			煤矸石用于燃料（折标系数0.2857）			溶剂油（折标系数1.4672）			其他燃料		
	实物量（万千瓦时）	标准量（吨标煤）	占能源消费的比重（%）	实物量（吨）	标准量（吨标煤）	占能源消费的比重（%）	实物量（吨）	标准量（吨标煤）	占能源消费的比重（%）	实物量（吨）	标准量（吨标煤）	占能源消费的比重（%）
全　市	170874	210004	28.79	103391	29539	4.05	920	1350	0.19		5993	0.82
汉滨区	31959	39277	29.27	54753	15643	11.66	855	1255	0.94		1329	0.99
汉阴县	17036	20937	46.94								306	0.69
石泉县	20464	25150	39.62									
宁陕县	3630	4462	47.86									
紫阳县	20776	25533	50.72	9961	2846	5.65					7860	15.61
岚皋县	10227	12570	63.46								2	0.01
平利县	26439	32493	19.34				65	95	0.06		2854	1.70
镇坪县	599	737	46.16									
旬阳县	31474	38682	18.16	38678	11050	5.19					-6358	-2.98
白河县	8270	10164	40.45									

注：以上数据不含供电局、烟厂、农电电损等分劈数据。

13-2 全市规模以上工业企业产值能耗表

指　　标	2014年			2015年			单位能耗增长速度（%）
	综合能源消费量（吨标准煤）	工业总产值（万元）	产值单耗（吨标准煤/万元）	综合能源消费量（吨标准煤）	工业总产值（万元）	产值单耗（吨标准煤/万元）	
全部工业企业	777019	7467717	0.10	729534	8999234	0.08	-22.09
一、按轻重工业分							
轻工业	123087	2983382	0.04	128981	3818666	0.03	-18.13
重工业	653932	4484335	0.15	600553	5180568	0.12	-20.51
二、按工业行业门类分							
（一）采矿业	52342	1544502	0.03	49591	1463288	0.03	…
06. 煤炭开采和洗选业	6092	178376	0.03	5298	160066	0.03	-3.08
08. 黑色金属矿采选业	13041	259759	0.05	15089	263143	0.06	14.21
09. 有色金属矿采选业	15429	497515	0.03	10126	340031	0.03	-3.97
10. 非金属矿采选业	17780	608852	0.03	19077	700048	0.03	-6.68
（二）制造业	717015	5702659	0.13	673215	7250946	0.09	-26.16
13. 农副食品加工业	31819	1108426	0.03	32371	1392200	0.02	-19.00
14. 食品制造业	3695	114295	0.03	5763	180391	0.03	-1.18
15. 酒、饮料和精制茶制造业	14679	684525	0.02	20370	961283	0.02	-1.18
17. 纺织业	27488	202416	0.14	26066	229600	0.11	-16.40
18. 纺织服装、服饰业	170	45250	…	207	66571	…	-17.09
19. 皮革、毛皮、羽毛及其制品和制鞋业	23	3857	0.01	53	6243	0.01	42.08
20. 木材加工和木、竹、藤、棕、草制品业	842	38824	0.02	1148	57685	0.02	-8.28
21. 家具制造业	68	5242	0.01	251	13512	0.02	44.27
22. 造纸和纸制品业	9874	9757	1.01	11200	9739	1.15	13.64
23. 印刷和记录媒介复制业	111	16898	0.01	181	32073	0.01	-14.25
25. 石油加工、炼焦和核燃料加工业	18	5547	…	29	7149	…	25.20
26. 化学原料和化学制品制造业	73074	409545	0.18	60817	528194	0.12	-35.47
27. 医药制造业	26372	461821	0.06	21779	496563	0.04	-23.20
29. 橡胶和塑料制品业	6230	120799	0.05	5396	143330	0.04	-27.01
30. 非金属矿物制品业	453480	1435191	0.32	441522	1779336	0.25	-21.47
31. 黑色金属冶炼和压延加工业	4361	57971	0.08	4676	83613	0.06	-25.66
32. 有色金属冶炼和压延加工业	55968	338172	0.17	30308	385787	0.08	-52.53
33. 金属制品业	4002	108864	0.04	5720	197166	0.03	-21.09
34. 通用设备制造业	451	55127	0.01	511	54391	0.01	14.91
35. 专用设备制造业	458	43526	0.01	809	66129	0.01	16.24
36. 汽车制造业	779	239826	…	971	303428	…	-1.52
37. 铁路、船舶、航空航天和其他运输设备制造业	786	39093	0.02	580	42415	0.01	-31.97
38. 电气机械和器材制造业	1481	132207	0.01	1688	173584	0.01	-13.19
39. 计算机、通信和其他电子设备制造业	151	10316	0.01	212	16067	0.01	-10.13
41. 其他制造业	15	8241	…	30	15481	…	9.20
42. 废弃资源综合利用业	620	6926	0.09	557	9016	0.06	-30.99
（三）电力、热力、燃气及水生产和供应业	7662	220555	0.03	6728	285000	0.02	-32.05
44. 电力、热力生产和供应业	4677	159726	0.03	4658	190669	0.02	-16.57
45. 燃气生产和工业业	2315	56920	0.04	1385	89002	0.02	-61.74
46. 水的生产和供应业	670	3910	0.17	685	5329	0.13	-25.02

注：以上数据不含供电局、烟厂、农电电损等分劈数据。

13-3　全市及各县区规模以上工业企业增加值能耗表

2015年

	工业能源消费（万吨标煤）	占全市能源消费比重（%）	增加值单耗（吨标煤/万元）
全　市	77.03	100.0	0.358
汉滨区	16.24	21.1	0.346
汉阴县	4.66	6.0	0.215
石泉县	6.48	8.4	0.223
宁陕县	1.11	1.4	0.153
紫阳县	5.20	6.8	0.422
岚皋县	2.16	2.8	0.211
平利县	16.97	22.0	0.638
镇坪县	0.21	0.3	0.065
旬阳县	21.48	27.9	0.532
白河县	2.51	3.3	0.136

注：工业增加值按可比价计算。

主要统计指标解释

能源生产总量　指一定时期内全国一次能源生产量的总和，是观察全国能源生产水平、规模、构成和发展速度的总量指标。一次能源生产量包括原煤，原油，天然气，水电、核能及其他动力能（如风能、地热能等）发电量，不包括低热值燃料生产量、生物质能、太阳能等的利用和由一次能源加工转换而成的二次能源产量。

能源消费总量　指一定时期内全国物质生产部门、非物质生产部门和生活消费的各种能源的总和，是观察能源消费水平、构成和增长速度的总量指标。能源消费总量包括原煤和原油及其制品、天然气、电力，不包括低热值燃料、生物质能和太阳能等的利用。能源消费总量分为终端能源消费量、能源加工转换损失量和损失量三部分。

终端能源消费量　指一定时期内全国生产和生活消费的各种能源在扣除了用于加工转换二次能源消费量和损失量以后的数量。

能源加工转换损失量　指一定时期内全国投入加工转换的各种能源数量之和与产出各种能源产品之和的差额，是观察能源在加工转换过程中损失量变化的指标。

能源损失量　指一定时期内能源在输送、分配、储存过程中发生的损失和由客观原因造成的各种损失量，不包括各种气体能源放空、放散量。

工业生产能源消费　指工业企业为进行工业生产活动所消费的能源。

非工业生产能源消费　指在工业企业能源消费中，除“工业生产能源消费”以外的能源消费，即非工业生产用能和工业企业附属的不从事工业生产活动的非独立核算单位用能。

交通运输工具用能　指在厂区内、外进行交通运输活动的交通运输工具所消费的能源。

能源生产弹性系数　是研究能源生产增长速度与国民经济增长速度之间关系的指标。计算公式为：

能源生产弹性系数＝能源生产总量年平均增长速度／国民经济年平均增长速度

国民经济年平均增长速度，可根据不同的目的或需要，用国民生产总值、国内生产总值等指标来计算，本年鉴是采用国内生产总值指标计算的。

电力生产弹性系数　是研究电力生产增长速度与国民经济增长速度之间关系的指标。一般来说，电力的发展应当快于国民经济的发展，也就是说电力应超前发展。计算公式为：

电力生产弹性系数＝电力生产量年平均增长速度／国民经济年平均增长速度

能源消费弹性系数　是反映能源消费增长速度与国民经济增长速度之间比例关系的指标。计算公式为：

能源消费弹性系数＝能源消费量年平均增长速度／国民经济年平均增长速度

电力消费弹性系数　反映电力消费增长速度与国民经济增长速度之间比例关系的指标。计算公式为：

电力消费弹性系数＝电力消费量年平均增长速度／国民经济年平均增长速度

能源加工转换效率　指一定时期内能源经过加工、转换后，产出的各种能源产品的数量与同期内投入加工转换的各种能源数量的比率。它是观察能源加工转换装置和生产工艺先进与落后、管理水平高低等的重要指标。计算公式为：

能源加工转换效率＝能源加工、转换产出量／能源加工、转换投入量×100%

能源购进量　根据企业生产、经营性质划分，购进量分两种情况，一种是能源经销企业（批发、零售企业）用于销售的能源购进数量，指能源经销企业在报告期内购入的、用于销售的各种一次能源和二次能源；另一种是能源使用企业用于消费的能源购进数量，指能源使用单位在报告期内外购的、用于本企业消费的各种一次能源和二次能源。

购进量金额　指本单位在报告期实际购进的、已办理验收入库手续的各种一次能源和二次能源的金额。其金额以购货发票上的总金额（含增值税）计算，统计原则、范围与购进量相同。

能源库存量　本制度中所涉及的能源库存量是指企业能源库存量，它是企业在报告期的某时间点所拥有的各种能源数量。根据企业的生产经营活动性质，企业库存量分为生产企业产成品库存、经销企业（批发、零售企业）用于经营销售的库存、使用企业用于消费的库存。

其他焦化产品　指除焦炭、焦炉煤气以外的其他焦化产品，如煤焦油、初苯等。

其他石油制品　指除汽油、煤油、柴油、燃料油、液化石油气、炼厂干气以外的其他石油制品，如润滑油、润滑脂、石脑油、石蜡、石油沥青等。

液化天然气　指经过液化后的天然气。

14、建 筑 业

JIAN ZHU YE

资料整理：唐承卫

14、建筑业

2015年全市具有建筑业资质等级的建筑施工企业

企业个数	103个
#国有及国有控股企业	9个
施工总产值	101.58亿元
#国有及国有控股企业	8.36亿元
房屋建筑竣工面积（不含劳务分包企业）	290.01万平方米
房屋建筑面积竣工率（不含劳务分包企业）	30.3%

资质建筑企业总产值（亿元）

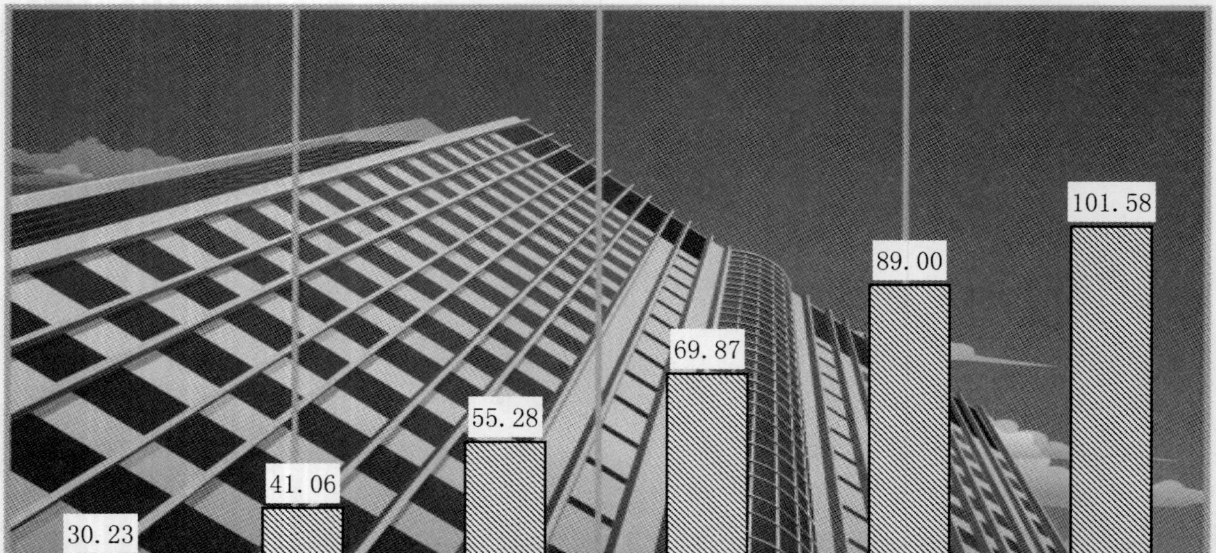

14-1 全市历年建筑业企业主要指标

2015年

年 份	建筑业总产值（千元）	竣工产值（千元）	房屋建筑施工面积（平方米）	房屋建筑竣工面积（平方米）
2000	321044	257865	1041554	473442
2001	505251	266537	1176106	599670
2002	647820	557720	1470335	748600
2003	677260	522760	1675709	741105
2004	754581	599362	1482343	827297
2005	735413	592683	1518869	781437
2006	930919	1357490	1437696	715476
2007	1019435	527589	1343669	591910
2008	1570037	1212248	2348113	1275129
2009	2211662	1090627	2820580	990151
2010	3023411	1448011	3152256	1157421
2011	4105774	1949491	4643181	1387300
2012	5527643	3601603	5997491	1352644
2013	6987155	4077154	7336885	2632367
2014	8900492	5215288	8303656	2752432
2015	10158376	5933639	9582533	2900129

14-2 全市建筑业总专包

2015年

	企业个数（个）			合同情况（千元）		
	建筑业企业个数	有工作量的建筑业企业个数	亏损企业个数	签订合同额	上年结转合同额	本年新签合同额
总计	103	103	20	16999872	8479193	8520679
其中：国有及国有控股企业	9	9	2	1014366	317886	696480
一、按登记注册类型分组						
内资企业	103	103	20	16999872	8479193	8520679
国有企业	3	3	1	200714	26860	173854
集体企业	6	6	1	905714	306682	599032
联营企业	1	1		689458	55000	634458
有限责任公司	30	30	4	4725269	2182467	2542802
股份有限公司	6	6	1	1904979	1265179	639800
私营企业	56	56	13	8515149	4608432	3906717
二、按国民经济行业分组						
房屋建筑业	80	80	17	15404538	8053152	7351386
土木工程建筑业	19	19	3	1428253	387900	1040353
建筑装饰和其他建筑业	4	4		167081	38141	128940
三、按隶属关系分组						
地（区、市、州、盟）	14	14	4	3389992	1988289	1401703
县（区、市、旗）	21	21	1	3519649	1066127	2453522
镇	3	3		240209	60845	179364
其他	65	65	15	9850022	5363932	4486090
四、按企业资质等级分组						
企业资质等级（施工总承包）	93	93	19	6973151	6973151	6973151
一级	11	11	2	3322137	3322137	3322137
二级	44	44	6	2554391	2554391	2554391
三级及以下	38	38	11	1096623	1096623	1096623
五、按地区分组						
汉滨区	66	66	20	12150422	6890479	5259943
汉阴县	4	4		426340	134141	292199
石泉县	6	6		1116156	659702	456454
宁陕县	1	1		245220	44968	200252
紫阳县	3	3		831010	87117	743893
岚皋县	2	2		98614	11069	87545
平利县	3	3		241941	82281	159660
镇坪县	2	2		124004	21012	102992
旬阳县	11	11		1135596	380968	754628
白河县	5	5		630569	167456	463113
六、按控股情况分组						
国有控股	9	9	2	164537	164537	164537
集体控股	15	15	2	2642672	2642672	2642672
私人控股	78	78	16	4236859	4236859	4236859
其他	1	1		36547	36547	36547

企业生产情况表

承包工程完成情况（千元）				建筑业总产值（千元）					
直接从建设单位承揽工程完成的产值	自行完成施工产值	分包出去工程的产值	从建设单位以外承揽工程完成的产值	建筑业总产值	其中：装饰装修产值	其中：在外省完成的产值	建筑工程产值	安装工程产值	其他产值
10140582	10044913	95669	113463	10158376	251241	607214	9341291	464133	352952
825456	825456		11000	836456			686184	142850	7422
10140582	10044913	95669	113463	10158376	251241	607214	9341291	464133	352952
196230	196230			196230			196230		
644206	644206		2000	646206	17545		624496		21710
640322	640322			640322	139150		502560	127722	10040
2952537	2952537		11954	2964491			2701113	170270	93108
1083769	1083769			1083769	667	254148	1020355	35035	28379
4597518	4501849	95669	99509	4601358	93879	353066	4270537	131106	199715
8826158	8733689	92469	96263	8829952	211968	366395	8346995	288216	194741
1158781	1155581	3200	17200	1172781		240819	870720	143850	158211
155643	155643			155643	39273		123576	32067	
2001592	2001592		954	2002546	667	243500	1894390		108156
2635422	2635422			2635422	156695		2425886	173674	35862
234531	234531		2000	236531			236531		
5269037	5173368	95669	110509	5283877	93879	363714	4784484	290459	208934
6973151	6973151	6973151	6973151	6973151	6973151	6973151	6973151	6973151	6973151
3322137	3322137	3322137	3322137	3322137	3322137	3322137	3322137	3322137	3322137
2554391	2554391	2554391	2554391	2554391	2554391	2554391	2554391	2554391	2554391
1096623	1096623	1096623	1096623	1096623	1096623	1096623	1096623	1096623	1096623
6447629	6395714	51915	67709	6463423	14346	425769	6028753	204291	230379
280497	280497			280497			266253	14244	
616153	616153			616153			616153		
196276	196276			196276			196276		
769659	769659			769659	139150	55789	563928	139902	65829
90964	90964			90964			90964		
151009	151009			151009	17545		129299		21710
97981	97981			97981	23881		97981		
962776	962776		2000	964776	32067	79382	872674	67102	25000
527638	483884	43754	43754	527638	24252	46274	479010	38594	10034
164537	164537	164537	164537	164537	164537	164537	164537	164537	164537
2642672	2642672	2642672	2642672	2642672	2642672	2642672	2642672	2642672	2642672
4236859	4236859	4236859	4236859	4236859	4236859	4236859	4236859	4236859	4236859
36547	36547	36547	36547	36547	36547	36547	36547	36547	36547

14-2 全市建筑业总专包

2015年

	竣工产值（千元）	房屋建筑施工面积（平方米）			年末自有施工机械设备		
		房屋建筑施工面积	其中：本年新开工面积	其中：实行投标承包面积	净值（千元）	总台数（台）	总功率（千瓦）
总　　计	5933639	9582533	3934842	7080615	571720	7566	171116
其中：国有及国有控股企业	633001	206787	126305	164537	57323	515	4097
一、按登记注册类型分组							
内资企业	5933639	9582533	3934842	7080615	571720	7566	171116
国有企业	99852	110028	71796	110028	3061	63	570
集体企业	458867	468375	287212	405435	47825	593	9070
联营企业	477539	353954	315413	134506	6000	210	20000
有限责任公司	1629638	2582760	1069057	2283321	165768	2256	41777
股份有限公司	861544	1403356	306896	1368081	48489	483	6018
私营企业	2390199	4615381	1835789	2730565	295357	3853	92911
二、按国民经济行业分组							
房屋建筑业	4962427	9465323	3863438	6973618	458845	6624	155438
土木工程建筑业	930866	65686	34882	55473	109857	596	6644
建筑装饰和其他建筑业	40346	51524	36522	51524	3018	346	9034
三、按隶属关系分组							
地（区、市、州、盟）	1396462	2124253	545748	1901127	87344	866	15197
县（区、市、旗）	1458478	1905291	1208661	1616928	96224	1488	42580
镇	182209	154841	122452	139564	28400	121	1775
其他	2896490	5398148	2057981	3422996	359752	5091	111564
四、按企业资质等级分组							
企业资质等级（施工总承包）	6973151	6973151	6973151	6973151	540632	6977	162654
一级	3322137	3322137	3322137	3322137	133812	1731	41332
二级	2554391	2554391	2554391	2554391	281934	3439	65294
三级及以下	1096623	1096623	1096623	1096623	124886	1807	56028
五、按地区分组							
汉滨区	3428863	6154738	1975180	4298823	411623	3768	82124
汉阴县	179007	293720	243845	293720	6739	466	9425
石泉县	310847	1109693	554149	1109693	46499	1453	28292
宁陕县	59408	301586	235969	301586			
紫阳县	576849	436437	363132	167025	8800	355	30000
岚皋县	69445	69044	63094	66069	7318	181	3079
平利县	137216	148832	53674	88432	1734	291	3060
镇坪县	91295	51193	40556	10556	16455	145	590
旬阳县	706396	576924	262711	455464	49961	427	11310
白河县	374313	440366	142532	289247	22591	480	3236
六、按控股情况分组							
国有控股	164537	164537	164537	164537	57323	515	4097
集体控股	2642672	2642672	2642672	2642672	122360	2137	51356
私人控股	4236859	4236859	4236859	4236859	387979	4763	112804
其他	36547	36547	36547	36547	4058	151	2859

企业生产情况表（续1）

从业人员情况（人）				主要建筑材料消耗					
从事建筑业活动的平均人数	建筑业企业期末人数	其中：工程技术人员	其中：一级建造师	钢材（吨）	木材（平方米）	水泥（吨）	平板玻璃（重要箱）	平板玻璃（平方米）	铝材（吨）
43690	45145	6613	378	1933621	252632	2289655	102375	498932	23261
3073	3360	499	6	18159	17688	79766	3827	15806	22
43690	45145	6613	378	1933621	252632	2289655	102375	498932	23261
804	902	158		2931	15000	22605	2266	11333	20
2287	2271	779	5	90538	12175	1276145	11099	60615	8454
2643	2655	30		1427	3121	11969	50	11642	50
13105	13527	1608	253	105338	41613	379823	36431	144103	4630
4285	4667	706	25	225689	14138	259463	1435	7980	1078
20386	20943	3212	90	1507571	166395	338381	35236	247401	8997
38386	39740	5701	373	553471	245216	2219746	98409	475273	20650
4707	4791	810	3	1379410	4610	65976	3430	13134	2507
597	614	102	2	740	2806	3933	536	10525	104
8191	8946	1141	64	270620	23470	363013	19881	45880	1475
11503	11665	1444	220	137874	52103	1508784	30693	137150	12127
815	836	251	3	5259	4088	30836	13360	40600	373
23181	23698	3777	91	1519868	172971	387022	38441	275302	9286
42592	44046	6363	198	1917199	245226	2254238	88263	467935	20606
14619	15476	1641	125	345674	31928	417879	21844	117609	4309
19343	20050	3238	29	1531671	166170	1554748	47102	272022	14152
8630	8520	1484	44	39854	47128	281611	19317	78304	2145
27865	29237	4315	182	1779114	183220	631723	50902	232025	9277
1125	1132	117	176	18280	7902	49904	16955	56721	370
3476	3538	427		18239	30641	87279	15455	57770	494
1128	1002	38		4825	4625	96026	4025	4025	326
3561	3575	65		2106	4398	20284	73	15839	105
449	451	44	3	5836	2289	13901	390	1580	63
669	753	247	2	8348	1107	52256	47	6314	89
542	535	306		75450	8600	1202300	750	8511	8021
3290	3355	745	9	16983	7720	60481	12263	98388	2046
1585	1567	309	6	4440	2130	75501	1515	17759	2470
3073	3360	499	6	18159	17688	79766	3827	15806	22
11833	12015	1505	230	330999	31103	1672152	27335	175974	9419
28527	29511	4565	139	1579867	202052	527486	70833	306772	13758
257	259	44	3	4596	1789	10251	380	380	62

14-2 全市建筑业总专包

2015年

	房屋建筑竣工面积（平方米）				
	合计	住宅房屋	商业及服务用房屋	商厦房屋（批发和零售用房）	宾馆用房屋（住宿用房）
总计	2900129	2185973	282071	80423	38884
其中：国有及国有控股企业	99946	97828			
一、按登记注册类型分组					
内资企业	2900129	2185973	282071	80423	38884
国有企业	70887	70887			
集体企业	248849	153046	78417		7000
联营企业	180810	112496	21573	12943	3884
有限责任公司	722919	537590	32167	9701	
股份有限公司	528322	383671	62575		13000
私营企业	1141999	928283	87339	57779	15000
二、按国民经济行业分组					
房屋建筑业	2894788	2180742	282071	80423	38884
土木工程建筑业	5341	5231			
建筑装饰和其他建筑业					
三、按隶属关系分组					
地（区、市、州、盟）	642725	461971	35847		13000
县（区、市、旗）	791911	521669	144555	12943	10884
镇	92027	78852			
其他	1373466	1123481	101669	67480	15000
四、按企业资质等级分组					
企业资质等级（施工总承包）	2844568	2143003	282071	80423	38884
一级	1007386	837537	65697		13000
二级	1355638	1000708	161245	27354	25884
三级及以下	481544	304758	55129	53069	
五、按地区分组					
汉滨区	1505580	1162912	120826	53069	13000
汉阴县	117090	104609			
石泉县	325050	275084	9164	5035	
宁陕县	65218	56094			
紫阳县	195622	121150	21573	12943	3884
岚皋县	28726				
平利县	87865	9006	71417		
镇坪县	42287	25481	7000		7000
旬阳县	344154	286929	47425	4710	15000
白河县	188537	144708	4666	4666	
六、按控股情况分组					
国有控股	99946	97828			
集体控股	1089176	770146	149667	22644	23884
私人控股	1700788	1317999	132404	57779	15000
其他	10219				

企业生产情况表（续2）

房屋建筑竣工面积（平方米）							
餐饮用房屋（餐饮用房）	商务会展用房屋	其他商业及服务用房屋	办公用房屋	科研、教育医疗用房屋	科学研究用房屋	教育用房屋	医疗用房屋
3237	4129	155398	172561	189826	200	181974	7652
			2118				
3237	4129	155398	172561	189826	200	181974	7652
		71417	3000	7286	200	5286	1800
3237		1509	14382	23370		23370	
	4129	18337	47684	60879		56027	4852
		49575	65054	16618		16618	
		14560	39510	81673		80673	1000
3237	4129	155398	172561	189826	200	181974	7652
		22847	73278	45713		44218	1495
3237		117491	54023	46921	200	44921	1800
			1574	2502			2502
	4129	15060	43686	94690		92835	1855
3237	4129	155398	172561	180465	200	172613	7652
		52697	64534	38528		38528	
3237	4129	100641	50862	82997	200	75145	7652
		2060	57165	58940		58940	
		54757	99570	90229		85232	4997
				9361		9361	
	4129		26920	12162		12162	
				6709		6709	
3237		1509	17730	23370		23370	
			18507				
		71417	4200	2286		2286	
			4806	5000	200	3000	1800
		27715		2700		2700	
			828	38009		37154	855
			2118				
3237	4129	95773	82744	66039	200	63184	2655
		59625	87699	123787		118790	4997

14-2 全市建筑业总专包

2015年

	房屋建筑竣工面积（平方米）				
	文化、体育和娱乐用房	厂房及建筑物	厂房	仓库	其他未列明的房屋建筑物
总　计	7580	34924	9705	3050	24144
其中：国有及国有控股企业					
一、按登记注册类型分组					
内资企业	7580	34924	9705	3050	24144
国有企业					
集体企业					7100
联营企业		7803	7803	1186	
有限责任公司	7316	27121	1902	908	9254
股份有限公司	264				140
私营企业				956	4238
二、按国民经济行业分组					
房屋建筑业	7580	34924	9705	3050	24034
土木工程建筑业					110
建筑装饰和其他建筑业					
三、按隶属关系分组					
地（区、市、州、盟）	7364	15000			3552
县（区、市、旗）		18022	7803	1186	5535
镇					9099
其他	216	1902	1902	1864	5958
四、按企业资质等级分组					
企业资质等级（施工总承包）	7580	34924	9705	3050	20914
一级					1090
二级	7580	33022	7803	2142	17082
三级及以下		1902	1902	908	2742
五、按地区分组					
汉滨区	7364	15000			9679
汉阴县					3120
石泉县					1720
宁陕县					2415
紫阳县		9705	9705	2094	
岚皋县		10219			
平利县				956	
镇坪县					
旬阳县					7100
白河县	216				110
六、按控股情况分组					
国有控股					
集体控股	216	7803	7803	1186	11375
私人控股	7364	16902	1902	1864	12769
其他		10219			

企业生产情况表（续3）

竣工房屋价值（千元）				
合　计	住宅房屋	商业及服务用房屋	商厦房屋（批发和零售用房）	宾馆用房屋（住宿用房）
4399532	3356962	469882	122019	77295
111936	103396			
4399532	3356962	469882	122019	77295
54443	54443			
403587	238780	120642		12000
358154	253119	37747	22650	6795
953835	689256	48238	14222	
807418	586215	138532		39000
1806095	1535149	124723	85147	19500
4394725	3352219	469882	122019	77295
4807	4743			
964305	674772	100352		39000
1217910	810929	221072	22650	18795
132209	109262			
2085108	1761999	148458	99369	19500
4347025	3316244	469882	122019	77295
1713233	1459460	141653		39000
2027699	1473621	249099	45815	38295
606093	383163	79130	76204	
2486040	1978155	220783	76204	39000
177678	165953			
304888	251937	15570	7057	
59408	51178			
386825	272159	37747	22650	6795
37677				
127914	8982	108642		
86227	47002	12000		12000
517524	430299	67975	8943	19500
215351	151297	7165	7165	
111936	103396			
1658436	1154442	281476	36872	57795
2615912	2099124	188406	85147	19500
13248				

14-2 全市建筑业总专包

2015年

指标名称	竣工房屋价值（千元）					
	餐饮用房屋（餐饮用房）	商务会展用房屋	其他商业及服务用房屋	办公用房屋	科研、教育、医疗用房屋	科学研究用房屋
总计	5663	8513	256392	204858	272922	786
其中：国有及国有控股企业				8540		
一、按登记注册类型分组						
内资企业	5663	8513	256392	204858	272922	786
国有企业						
集体企业			108642	5400	23715	786
联营企业	5663		2639	22004	38093	
有限责任公司		8513	25503	77802	82363	
股份有限公司			99532	56278	24253	
私营企业			20076	35592	104498	
二、按国民经济行业分组						
房屋建筑业	5663	8513	256392	204858	272922	786
土木工程建筑业						
建筑装饰和其他建筑业						
三、按隶属关系分组						
地（区、市、州、盟）			61352	77710	71253	
县（区、市、旗）	5663		173964	83389	78533	786
镇				2061	3253	
其他		8513	21076	41698	119883	
四、按企业资质等级分组						
企业资质等级（施工总承包）	5663	8513	256392	204858	264497	786
一级			102653	60338	48687	
二级	5663	8513	150813	84454	137470	786
三级及以下			2926	60066	78340	
五、按地区分组						
汉滨区			105579	118228	121249	
汉阴县					8425	
石泉县		8513		21536	14407	
宁陕县					7982	
紫阳县	5663		2639	27029	38093	
岚皋县				24429		
平利县			108642	4980	4065	
镇坪县				7575	19650	786
旬阳县			39532		4200	
白河县				1081	54851	
六、按控股情况分组						
国有控股				8540		
集体控股	5663	8513	172633	88823	107114	786
私人控股			83759	107495	165808	
其他						

企业生产情况表（续4）

竣工房屋价值（千元）					
教育用房屋	医疗用房屋	文化、体育和娱乐用房	厂房及建筑物	仓　库	其他未列明的房屋建筑物
254433	17703	15575	38471	3376	37486
254433	17703	15575	38471	3376	37486
12921	10008				15050
38093			6242	949	
75664	6699	15196	32229	1182	7569
24253		379			1761
103502	996			1245	4888
254433	17703	15575	38471	3376	37422
					64
68785	2468	14682	15557		9979
67739	10008		19490	949	3548
	3253				17633
117909	1974	893	3424	2427	6326
246008	17703	15575	38471	3376	34122
48687					3095
118981	17703	15575	35047	2194	30239
78340			3424	1182	788
114532	6717	14682	15557		17386
8425					3300
14407					1438
7982					248
38093			9666	2131	
			13248		
4065				1245	
8856	10008				
4200					15050
53873	978	893			64
95342	10986	893	6242	949	18497
159091	6717	14682	18981	2427	18989
			13248		

14-3 全市建筑业总专包

2015年

	年初存货	流动资产合计	应收工程款	其中:存货	固定资产合计
总　　计	1159325	5032473	1509731	1490207	1303609
其中：国有及国有控股企业	98963	596170	78935	204459	72598
一、按登记注册类型分组					
内资企业	1159325	5032473	1509731	1490207	1303609
国有企业	210	11527	4850	1710	8198
集体企业	14302	172635	87413	22468	52517
联营企业	46374	381176	294564	86612	68888
有限责任公司	243522	1558334	292746	397662	362407
股份有限公司	136340	450933	112740	137713	102079
私营企业	704475	2430564	714418	828678	703546
二、按国民经济行业分组					
房屋建筑业	1045724	4127648	1225852	1279670	1118681
土木工程建筑业	103124	826117	266058	180043	154632
建筑装饰和其他建筑业	10477	78708	17821	30494	30296
三、按隶属关系分组					
地（区、市、州、盟）	262681	962013	247288	322499	167996
县（区、市、旗）	97224	979560	411170	168475	285769
镇	10573	102054	59462	20366	36441
其他	788847	2988846	791811	978867	813403
四、按企业资质等级分组					
施工总承包	1139177	4743141	1399447	1450077	1256366
一级	437447	1430256	317412	402360	350401
二级	469543	2188814	708387	751866	618571
三级及以下	232187	1124071	373648	295851	287394
五、按地区分					
汉滨区	710284	3208913	750812	939668	793936
汉阴县	63262	154461	42088	47976	19242
石泉县	2788	110673	7859	10285	70122
宁陕县	14258	112350	21462	27060	15180
紫阳县	46626	415650	319202	86986	78286
岚皋县	5828	5912	5059		5199
平利县	4460	74800	33077	19250	38568
镇坪县	2330	22804	12639	2440	30745
旬阳县	205131	614464	160270	257755	109153
白河县	104358	312446	157263	98787	143178
六、按控股情况分					
国有控股	98963	596170	78935	204459	72598
集体控股	204269	1269055	542681	214759	324577
私人控股	852283	3164490	885357	1070989	901400
其他	3810	2758	2758		5034

企业财务状况表

单位：千元

固定资产减值准备	固定资产原价	累计折旧	其中：本年折旧	在建工程	资产合计
5338	1532724	448169	83043	107775	7063696
	115233	43128	6332	493	744113
5338	1532724	448169	83043	107775	7063696
	10543	2345	960		63048
	70008	22816	3389		243183
	88665	19777	4083		450064
4973	485275	139754	26188	493	2128828
	120416	64298	6785	2469	576962
365	750307	197633	41016	104813	3568133
5338	1303468	365745	68068	104600	5917231
	211828	76233	13957	3173	1037135
	17428	6191	1018	2	109330
	223642	99727	12046		1190063
4973	353454	86704	17864		1442695
	52754	17263	2806		148532
365	902874	244475	50327	107775	4282406
5338	1486044	421109	80641	107773	6697443
4973	462432	151479	17789		2194551
12	724254	172385	43232	35141	2979710
353	299358	97245	19620	72632	1523182
5338	1000480	322589	54316	39419	4596963
	23209	6715	1148		180366
	70088	11827	3759	2725	217680
	22508	8319	991		128536
	101024	23169	4718		493936
	8957	3758	488		18989
	31250	5980	1832	4698	133377
	23484	4175	1417	6661	53550
	148990	41322	8780	356	749407
	102734	20315	5594	53916	490892
	115233	43128	6332	493	744113
	390594	110524	15871		1663682
5338	1018733	291387	60432	107282	4645255
	8164	3130	408		10646

14-3 全市建筑业总专包

2015年

	流动负债合计	应付账款	非流动负债合计	负债合计	所有者权益合计
总　计	2532111	599830	206692	3365007	3698689
其中：国有及国有控股企业	569681	207244	11713	600942	143171
一、按登记注册类型分组					
内资企业	2532111	599830	206692	3365007	3698689
国有企业	13315	5211		32863	30185
集体企业	140646	31963		141133	102050
联营企业				397563	52501
有限责任公司	962320	291694	50428	1124124	1004704
股份有限公司	213416	27924	37073	329405	247557
私营企业	1194005	239537	119191	1331510	2236623
二、按国民经济行业分组					
房屋建筑业	1950173	432575	188153	2746683	3170548
土木工程建筑业	557755	166678	18539	594141	442994
建筑装饰和其他建筑业	24183	577		24183	85147
三、按隶属关系分组					
地（区、市、州、盟）	404063	134680	48786	642956	547107
县（区、市、旗）	364043	33045	30015	811804	630891
镇	85434	36204		85471	63061
其他	1678571	395901	127891	1824776	2457630
四、按企业资质等级分组					
施工总承包	2401649	578391	205866	3231771	3465672
一级	712730	96227	166551	1011076	1183475
二级	1075093	315561	11773	1576912	1402798
三级及以下	613826	166603	27542	643783	879399
五、按地区分					
汉滨区	1776483	414934	196464	2181078	2415885
汉阴县	70548	8713		70548	109818
石泉县	84908	56470		102798	114882
宁陕县	4065		417	4482	124054
紫阳县	14790	1014		412353	81583
岚皋县	1505			3638	15351
平利县	48554	13341		48554	84823
镇坪县	18276	10487	8925	27651	25899
旬阳县	438583	31449	60	438680	310727
白河县	74399	63422	826	75225	415667
六、按控股情况分					
国有控股	569681	207244	11713	600942	143171
集体控股	427013	87707	65623	1022481	641201
私人控股	1535417	304879	129356	1739451	2905804
其他				2133	8513

企业财务状况表（续1）

单位：千元

其中：实收资本	国家资本	集体资本	法人资本	个人资本
2081527	115484	149718	665403	1150922
118279	114768	3511		
2081527	115484	149718	665403	1150922
23025	23025			
96093		67702		28391
20000		20000		
550574	92459	62016	224607	171492
156858			81086	75772
1214977			359710	855267
1770060	30099	146207	628394	965360
265656	85385	3511	32009	144751
45811			5000	40811
369677	38543		175875	155259
286851	23025	103267	64923	95636
59740		21660		38080
1365259	53916	24791	424605	861947
1967797	112284	148758	660103	1046652
525441		16435	185734	323272
954941	111443	120182	201413	521903
487415	841	12141	272956	201477
1472358	92459	25498	544939	809462
100360		12160	9400	78800
89020	22900	21280		44840
8630		8630		
42479		20000	22479	
8513			8513	
52550		20490		32060
22062		20000	2062	
179425	125	21660	28000	129640
106130			50010	56120
118279	114768	3511		
301157		146207	92194	62756
1653578	716		564696	1088166
8513			8513	

14-3 全市建筑业总专包

2015年

	营业收入	主营业务收入	营业成本	主营业务成本	营业税金及附加	主营业务税金及附加
总　计	7354323	7346965	6281093	6128647	274551	274478
其中：国有及国有控股企业	803556	801182	708346	557299	27040	27040
一、按登记注册类型分组						
内资企业	7354323	7346965	6281093	6128647	274551	274478
国有企业	193447	193447	166960	166960	7959	7959
集体企业	408340	408340	359819	359819	14100	14100
联营企业	495330	495330	365357	365357	16202	16202
有限责任公司	2186859	2183615	1869581	1718534	78151	78151
股份有限公司	902730	902730	825139	825139	31802	31802
私营企业	3151617	3147503	2683277	2681878	125809	125736
二、按国民经济行业分组						
房屋建筑业	6047148	6043223	5178149	5176781	233198	233125
土木工程建筑业	1153706	1150273	974744	823666	36419	36419
建筑装饰和其他建筑业	153469	153469	128200	128200	4934	4934
三、按隶属关系分组						
地（区、市、州、盟）	1642617	1642516	1484955	1484955	55154	55154
县（区、市、旗）	1854335	1853566	1525243	1525243	67535	67535
镇	162856	162856	142995	142995	5387	5387
其他	3694515	3688027	3127900	2975454	146475	146402
四、按企业资质等级分组						
施工总承包	7002710	6995352	6001049	5848603	262016	261943
一级	2129787	2129787	1899244	1899244	70115	70115
二级	3287084	3283874	2734355	2734324	124782	124781
三级及以下	1585839	1581691	1367450	1215035	67119	67047
五、按地区分						
汉滨区	4330570	4325981	3781162	3628716	149474	149473
汉阴县	267528	267528	219483	219483	12259	12259
石泉县	609840	609840	541046	541046	29110	29110
宁陕县	183862	183862	155733	155733	6104	6104
紫阳县	589417	589417	445285	445285	19957	19957
岚皋县	60527	60527	51661	51661	2670	2670
平利县	103584	102815	87287	87287	4250	4250
镇坪县	80877	80877	71060	71060	3088	3088
旬阳县	618133	616133	506847	506847	24335	24263
白河县	509985	509985	421529	421529	23304	23304
六、按控股情况分						
国有控股	803556	801182	708346	557299	27040	27040
集体控股	2103466	2103466	1780361	1780361	75713	75713
私人控股	4412724	4407740	3763342	3761943	170243	170170
其他	34577	34577	29044	29044	1555	1555

企业财务状况表（续2）

单位：千元

其他业务利润	销售费用	管理费用	其中：税金
4539	63069	271272	16823
2040	5908	44520	1240
4539	63069	271272	16823
	222	7536	709
	3506	13772	529
	272	12484	302
2488	23517	97734	4334
	1637	16780	2029
2051	33915	121414	8920
2051	43189	194389	15214
2488	19042	71770	1427
	838	5113	182
	5022	42251	2790
448	3479	58342	3252
	2054	4604	996
4091	52514	166075	9785
4539	58828	245171	15804
	3114	45162	2813
2498	33188	123231	6009
2041	22526	76778	6982
2091	30655	171728	8120
	1628	2758	720
	4175	15751	4056
	215	11215	376
	407	15199	466
	12	1177	420
448	1212	7430	283
	1875	1824	207
2000	9508	22903	1739
	13382	21287	436
2040	5908	44520	1240
	19642	61638	2314
2499	37507	164390	12879
	12	724	390

14-3 全市建筑业总专包

2015年

	财务费用	利息收入	利息支出	资产减值损失	投资收益	营业利润
总　　计	54492	3675	37717	615	7967	417198
其中：国有及国有控股企业	-620	1218	554	574	242	18030
一、按登记注册类型分组						
内资企业	54492	3675	37717	615	7967	417198
国有企业	149	11	116			10621
集体企业	839	17	790			16304
联营企业	1020		1020			99995
有限责任公司	12418	2023	13835	574	300	105184
股份有限公司	8485	18	1839			18887
私营企业	31281	1606	19817	41	7667	163547
二、按国民经济行业分组						
房屋建筑业	51021	2437	33371	41	7725	354886
土木工程建筑业	2454	1236	3327	574	242	48945
建筑装饰和其他建筑业	1017	2	1019			13367
三、按隶属关系分组						
地（区、市、州、盟）	10762	73	6084		58	44531
县（区、市、旗）	10468	792	8785			189268
镇	1302		1228			6514
其他	31960	2810	21620	615	7909	176885
四、按企业资质等级分组						
施工总承包	53272	3654	36590	615	7967	389726
一级	19766	809	15888		58	92444
二级	23989	671	13219		6008	253547
三级及以下	9517	2174	7483	615	1901	43735
五、按地区分						
汉滨区	35475	2726	27304	615	7967	169428
汉阴县	110		5			31290
石泉县	1780	902	375			17978
宁陕县	1200		1200			9395
紫阳县	1020		1020			107549
岚皋县	433		210			4574
平利县	435		435			2970
镇坪县	808	17	809			2222
旬阳县	10801	27	3926			43739
白河县	2430	3	2433			28053
六、按控股情况分						
国有控股	-620	1218	554	574	242	18030
集体控股	10285	823	9348		58	155885
私人控股	44394	1634	27605	41	7667	240474
其他	433		210			2809

企业财务状况表（续3）

单位：千元

营业外收入	营业外支出	利润总额	应交所得税	应付职工薪（本年贷方累计发生额）
1330	10231	408297	61336	1530903
72	5659	12443	3575	121830
1330	10231	408297	61336	1530903
	5515	5106	1279	38447
	2	16302	1264	92766
		99995	1975	59790
1100	3228	103056	19535	498452
		18887	4318	170111
230	1486	162291	32300	667537
873	10057	345702	49134	1356045
457	174	49228	10748	154734
		13367	1454	20124
63	116	44478	11944	283655
835	5618	184485	13507	420179
	2932	3582	274	38253
432	1565	175752	35611	788816
1330	10231	380825	56912	1487524
387	244	92587	12643	554675
881	8627	245801	34208	645656
62	1360	42437	10061	287193
512	4607	165333	31992	988207
		31290	6531	36577
	5515	12463	3519	129819
		9395	282	39552
		107549	3820	86632
		4574	562	18424
448		3418	115	25568
	2	2220	297	18980
190	101	43828	8302	133679
180	6	28227	5916	53465
72	5659	12443	3575	121830
567	154	156298	10040	432959
691	4418	236747	47512	965702
		2809	209	10412

14-4 全市及各县区建筑业主要生产指标

2015年

	企业个数（个）	期末从业人员（个）	企业总产值（千元）	企业房屋建筑施工面积（平方米）	企业房屋建筑竣工面积（平方米）
全　市	103	45145	10158376	9582533	2900129
汉滨区	66	29237	6463423	6154738	1505580
汉阴县	4	1132	280497	293720	117090
石泉县	6	3538	616153	1109693	325050
宁陕县	1	1002	196276	301586	65218
紫阳县	3	3575	769659	436437	195622
岚皋县	2	451	90964	69044	28726
平利县	3	753	151009	148832	87865
镇坪县	2	535	97981	51193	42287
旬阳县	11	3355	964776	576924	344154
白河县	5	1567	527638	440366	188537

14-5 全市及各县区建筑业主要财务指标

2015年

	资产合计（千元）	负债合计（千元）	固定资产合计（千元）	营业收入（千元）	利润总额（千元）	年平均人数（人）
全　市	7063696	3365007	1303609	7354323	408297	43690
汉滨区	4596963	2181078	793936	4330570	165333	27865
汉阴县	180366	70548	19242	267528	31290	1125
石泉县	217680	102798	70122	609840	12463	3476
宁陕县	128536	4482	15180	183862	9395	1128
紫阳县	493936	412353	78286	589417	107549	3561
岚皋县	18989	3638	5199	60527	4574	449
平利县	133377	48554	38568	103584	3418	669
镇坪县	53550	27651	30745	80877	2220	542
旬阳县	749407	438680	109153	618133	43828	3290
白河县	490892	75225	143178	509985	28227	1585

主要统计指标解释

企业资质等级 是根据企业的人员素质、管理水平、资金数量、承包能力和建设业绩进行综合评价划分出的等级。

签订合同额 指建筑业企业在报告期直接同建设单位签订合同的总价款和以前年度同建设单位签定合同的未完工程跨入本年度继续施工工程合同的总价款余额。

上年结转合同额 指以前年度同建设单位签订合同的未完工程跨入本年度继续施工工程合同的总价款余额。

本年新签合同额 指建筑业企业在报告期内同建设单位直接新签订的各种国内工程合同的总价款，不包括与其他建筑业企业新签的分包合同额。

建筑业总产值 建筑业总产值是以货币表现的建筑安装企业在一定时期内生产的建筑业产品的总和。建筑业总产值包括四部分内容：

（1）建筑工程产值：指列入建筑工程预算内的各种工程价值。

（2）安装工程产值：指设备安装工程价值。

（3）其他产值：建筑业总产值中除建筑工程、安装工程以外的产值。包括房屋构筑物修理产值、非标准设备制造产值、总包企业向分包企业收取的管理费、注册登记为装饰装修类企业完成的产值以及不能明确划分的施工活动所完成的产值。

房屋建筑施工面积 指报告期内施过工的全部房屋建筑面积，它包括本期新开工的面积、上期跨入本期继续施工的房屋面积、上期停缓建在本期恢复施工的房屋面积、本期竣工的房屋面积以及本期施工后又停缓建的房屋面积。

房屋建筑竣工面积 指在报告期内房屋建筑按照设计要求已全部完工，达到了使用条件，经检查验收鉴定合格的房屋建筑面积。计算房屋竣工面积，必须严格执行房屋竣工验收标准。对民用建筑来讲，一般应按设计要求在土建工程和房屋本身附属的水、卫、气、暖等工程已经完工，通风、电梯等设备已安装完毕，做到水通、灯亮、经验收鉴定合格，并正式交付给使用单位后，才能计算竣工面积。对于工业及科研等生产性房屋建筑：一般应按设计要求在土建工程（包括水、暖、电、卫、通风）及属于房屋组成部分的生活间、操作间等已经完成，经验收合格后才计算竣工面积。只差安装工艺设备、管线工程的亦可以计算竣工面积。

资产总计 指企业过去的交易或者事项形成的、由企业拥有或者控制的、预期会给企业带来经济利益的资源。资产一般按流动性（资产的变现或耗用时间长短）分为流动资产和非流动资产。其中流动资产可分为货币资金、交易性金融资产、应收票据、应收账款、预付款项、其他应收款、存货等；非流动资产可分为长期股权投资、固定资产、无形资产及其他非流动资产等。根据会计“资产负债表”中“资产总计”项目的期末余额数填报。

执行2006年《企业会计准则》的企业：资产总计=流动资产合计+非流动资产合计；未执行2006 年《企业会计准则》企业的资产包括流动资产、长期投资、固定资产、无形资产和其他资产等。

固定资产折旧 指企业在固定资产的使用寿命内，按照确定的方法对应计折旧额进行系统分摊。

累计折旧 指企业在报告期末提取的历年固定资产折旧累计数。根据会计“累计折旧”科目的期末贷方余额填报。

本年折旧 指企业在报告期内提取的固定资产折旧合计数。可以根据会计“财务状况变动表”中“固定资产折旧”项的数值填报。若企业执行2001年《企业会计制度》，可以根据会计核算中《资产减值准备、投资及固定资产情况表》内“当年计提的固定资产折旧总额”项本年增加数填报。

营业收入 指企业经营主要业务和其他业务所确认的收入总额。营业收入合计包括“主营业务收入”和“其他业务收入”。根据会计“利润表”中“营业收入”项目的本期金额数填报。

主营业务收入 指企业确认的销售商品、提供劳务等主营业务的收入。根据会计“主营业务收入”科目的期末贷方余额（结转前）填报。执行2006年《企业会计准则》的企业，如未设置该科目，以“营业收入”代替填报。

营业税金及附加 指企业因从事生产经营活动按税法规定缴纳的应从经营收入中抵扣的税金和附加，包括营业税、消费税、城市维护建设税、教育费附加等。根据会计“利润表”中“营业税金及附加”项目的本期金额数填报。

主营业务税金及附加 指企业经营主要业务应负担的营业税、消费税、城市维护建设税、教育费附加等。根据会计“主营业务税金及附加”科目的期末借方余额（结转前）填报。执行2006年《企业会计准则》的企业，如未设置该科目，以“营业税金及附加”代替填报。

营业利润 指企业从事生产经营活动所取得的利润。执行2006年《企业会计准则》的企业，营业利润为营业收入减去营业成本、营业税金及附加、销售费用、管理费用、财务费用、资产减值损失，再加上公允价值变动收益和投资收益。未执行2006年《企业会计准则》的企业，营业利润为主营业务收入减去主营业务成本、主营业务税金及附加，加上其他业务利润后，再减去销售费用、管理费用、财务费用后的金额。根据会计“利润表”中“营业利润”项目的本期金额数填报。

利润总额 指企业在一定会计期间的经营成果，是生产经营过程中各种收入扣除各种耗费后的盈余，反映企业在报告期内实现的盈亏总额。根据会计“利润表”中“利润总额”项目的本期金额数填报。执行2006年《企业会计准则》的企业，利润总额为营业利润加上营业外收入，减去营业外支出后的金额；未执行2006年《企业会计准则》的企业，利润总额为营业利润加上投资收益、补贴收入、营业外收入，再减去营业外支出后的金额。

15、运输邮电业

YUN SHU YOU DIAN YE

资料整理：杜秋玲

15、运输邮电业

2015年全市

全社会客货运输周转量（公路、水路）	
#旅客运输量	5316万人
货物运输量	7379万吨
#旅客周转量	251443万人公里
货物周转量	672800万吨公里
全市民用车辆拥有量	393776辆
全市邮电业务总量	230156万元

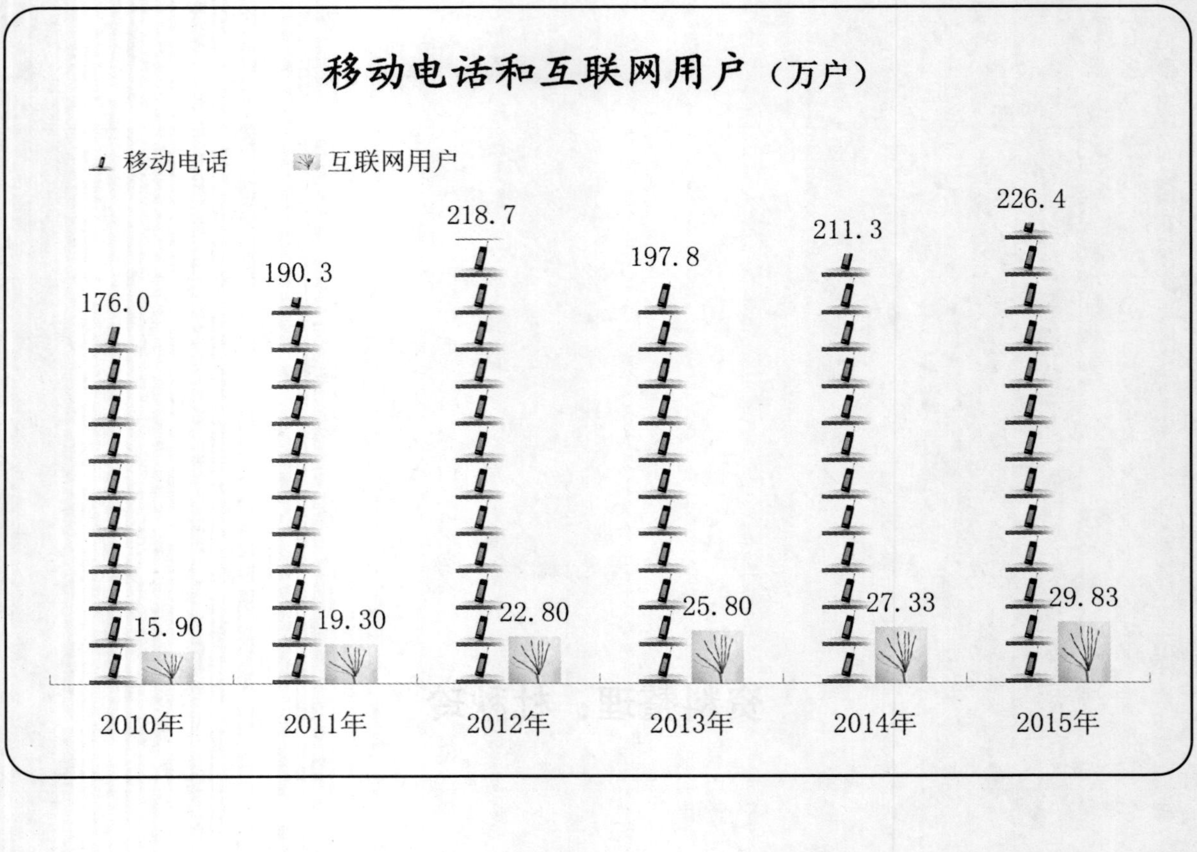

15-1 全市全社会客货运输（周转）量

指标名称	计量单位	2015年	公路运输	水上运输	
					内　河
客运量	万人	5316	5009	307	307
旅客周转量	万人公里	251443	246030	5413	5413
货运量	万吨	7379	7198	181	181
货物周转量	万吨公里	672800	668702	4098	4098

15-2 全市及各县区邮政业务量

2015年

	函件（万件）	包件（万件）	报刊累计数（万份）
全　市	43.71	8.11	2151.06
汉滨区	27.18	3.22	749.43
汉阴县	1.45	0.34	168.57
石泉县	3.32	0.46	172.59
宁陕县	0.82	0.73	91.45
紫阳县	0.38	0.68	158.45
岚皋县	0.76	0.44	136.58
平利县	4.04	1.13	171.46
镇坪县	0.86	0.37	67.76
旬阳县	3.62	0.47	254.43
白河县	1.30	0.25	180.33

15-3 全市及各县区邮电业务总量构成

2015年

单位：万元

	邮电业务总量合计	邮政业务总量	电信业务总量				
				电信业务总量	移动业务总量	联通业务总量	铁通业务总量
全　市	230155.85	21736.50	208419.35	66441.58	91930.66	49030.00	1017.11
汉滨区	100967.79	7405.31	93562.49	31119.69	35482.48	25961.66	998.66
汉阴县	17078.76	1763.88	15314.88	4547.31	7765.09	2992.31	10.17
石泉县	13289.10	1207.79	12081.31	4037.25	5836.05	2208.00	0.00
宁陕县	5796.05	761.95	5034.11	1711.47	2491.40	831.24	0.00
紫阳县	20530.44	2007.03	18523.41	3913.37	10148.89	4458.08	3.06
岚皋县	12157.49	1667.87	10489.62	3261.03	4747.68	2480.91	0.00
平利县	14662.97	2245.10	12417.87	4216.07	6217.55	1984.25	0.00
镇坪县	4968.81	485.16	4483.65	1920.49	2024.27	538.89	0.00
旬阳县	27614.13	2142.89	25471.24	7716.03	11776.04	5973.96	5.22
白河县	13090.30	2049.52	11040.78	3998.88	5441.19	1600.70	0.00

注：邮政业务总量合计中不包括邮政快速公司业务总量。

15-4 全市及各县区邮电通信工具拥有量

2015年

	固定电话用户（户）	移动电话（户）	互联网用户（户）
全　市	347181	2263960	298307
汉滨区	169848	918309	134721
汉阴县	24680	187468	21339
石泉县	23327	139968	22961
宁陕县	8255	60578	7642
紫阳县	22319	207090	21278
岚皋县	17779	111017	15991
平利县	22907	156375	17762
镇坪县	6910	51442	8102
旬阳县	34457	300156	32281
白河县	16698	131557	16230

15-5 全市及各县区邮电局所

2015年

单位：处、户

	邮电局所总计	邮政自办局所	邮政代办所	电信自办局所	电信代办所
全　市	648	91	88	43	426
汉滨区	157	18	22	3	114
汉阴县	47	7	8	1	31
石泉县	49	9	5	1	34
宁陕县	31	6	9	1	15
紫阳县	65	10	7	1	47
岚皋县	45	7	9	1	28
平利县	55	10	5	1	39
镇坪县	28	3	8	1	16
旬阳县	92	12	11	1	68
白河县	48	9	4	1	34

15-6　全市邮电通信行业基本情况

指　标　名　称	计量单位	2015年
一、邮政业网点及邮递线路		
营业网点	处	648
邮路总长度	公里	3096.5
其中：汽车邮路	公里	3021.5
铁路邮路	公里	0
农村投递线路总长度	公里	11411.15
二、通信业务量		0
邮电业务总量（2010年不变价）	万元	230155.85
邮政业务总量	万元	21736.50
电信业务总量	万元	208419.35
函件	万件	43.71
包裹	万件	8.11
快递	万件	296.00
快递业务收入	亿元	5683.22
汇票	万笔	8.72
订销报刊累计数	万份	2151.06
订销杂志累计数	万份	120.15
纪特邮票	亿枚	267.03
本地网内区间电话通话量	万次	750.13
本地网内区内电话通话量	万次	15467.23
本地网内拨号上网通话量	万次	93.27
固定本地电话通话时长	亿分钟	1.86
固定长途电话通话时长	亿分钟	1105.59
移动电话通话时长合计（含本地）	万分钟	744318.09
其中：去话通话时长	万分钟	261188.18
非漫游	万分钟	589162.30
国内漫游	万分钟	108199.31
国际及港澳台漫游	万分钟	23.81
移动短信业务量	亿条	8.35
移动电话年末用户	万户	226.40
其中：3G移动电话用户	万户	42.34
固定本地电话年末用户	万户	34.71
城市电话用户	万户	21.42
农村电话用户	万户	11.87
公用电话用户	万户	1.42
互联网宽带接入用户	万户	29.83
三、电信主要通信能力		
光缆线路长度	公里	31074.74
固定长途电话交换机容量	路端	2511
局用电话交换机容量	万门	63.48
移动电话交换机容量	万户	400.97
移动电话基站	万个	1596.64

15-7 全市邮电通信企业主要经济指标

2015年

单位：万元

	合计	邮政局	电信小计				
				电信公司	移动公司	联通公司	铁通公司
邮电业务收入	180284.89	22792.84	157492.05	36227.02	97090.00	23157.00	1018.03
其中：主营业务收入	171302.91	22181.78	149121.13	36227.02	91931.00	19946.00	1017.11
邮电业务支出	155702.05	21262.60	134439.45	43193.04	71609.00	18077.00	1560.41
营业外损益净额	−6897.39	20.73	−6918.12	−6966.02	24.55	23.35	0.00
税金	846.18	149.57	696.61	74.96	312.97	306.49	2.19
教育附加费	172.77	2.99	169.78	52.44	86.88	28.92	1.54
收支差额（中央国营）	24129.59	1550.98	22578.61	−4595.61	25505.55	2214.78	−546.11
年末固定资产原值	444388.91	21443.56	422945.35	169269.14	152783.94	92736.14	8156.13

注：邮政局数据中不包括快递公司。

15-8 全市及各县区年末公路里程

2015年

	公路里程总计（公里）	国家高速公路（公里）	公路里程总计（不含高速公路）（公里）	普通国省干线公路（公里）	县乡村道（公里）
全　市	22695.188	576.769	22118.419	1032.835	21085.584
汉滨区				159.33	4479.369
汉阴县				54.7	1704.698
石泉县				90.941	1910.786
宁陕县				130.633	2813.158
紫阳县				107	1174.737
岚皋县				132.1	1764.023
平利县				66.5	3415.25
镇坪县				63.1	1466.825
旬阳县				168.26	1663.732
白河县				60.271	693.006

15-9 全市民用车辆拥有量

2015年

单位：辆

	总计				总计中：			报废
		营运	非营运	校车	进口	个人	新注册	
合　计	393776	25446	366141	150	3837	375783	54462	21469
一、汽车	111580	17482	93948	150	3823	96675	19688	1066
1. 载客汽车	87148	4584	82414	150	3804	75875	16876	364
其中：大型	899	739	127	33	5	3	204	121
中型	1105	784	204	117	14	27	164	78
小型	84607	3058	81549	0	3780	75337	16505	160
微型	537	3	534	0	5	508	3	5
其中：轿车	53132	2009	51123	0	873	48002	9502	90
2. 载货汽车	17704	7484	10220	0	16	15213	2291	217
其中：重型	1321	1099	222	0	0	881	83	55
中型	414	363	51	0	0	312	28	41
轻型	15892	5982	9910	0	16	13959	2180	120
微型	77	40	37	0	0	61	0	1
其中：普通载货	12934	3812	9122	0	14	11653	1777	146
3. 其它汽车	6728	5414	1314	0	3	5587	521	485
其中：三轮汽车	1561	1230	331	0	0	1533	218	92
低速货车	4255	4019	236	0	0	3881	216	381
二、电车								
1. 无轨								
2. 有轨								
三、摩托车	280053	7868	272185	0	14	279044	34744	20398
1. 普通	275114	7865	267249	0	14	274121	34661	19523
2. 轻便	4939	3	4936	0	0	4923	83	875
四、拖拉机	2039						20	2
五、挂车	104	96	8	0	0	64	10	2
六、其它类型车	0	0	0	0	0	0	0	1

备注：1. 表中拖拉机数据，从市农机局取得，其余数据均来自公安局车管所部门。
2. 车辆总计中含有拖拉机，但是在“营运”和“非营运”车辆数中不含这部分数据，因此，“营运”和“非营运”的车辆合计数不等于全部民用车辆合计数！

主要统计指标解释

公路里程 指在一定时期内实际达到《公路工程[WTBZ]技术标准JTJO1-88》规定的等级公路，并经公路主管部门正式验收交付使用的公路里程数。包括大中城市的郊区公路以及通过小城镇街道部分的公路里程和桥梁、渡口的长度，不包括大中城市的街道、厂矿、林区生产用道和农业生产用道的里程。两条或多条公路共同经由同一路段，只计算一次，不得重复计算里程长度。它是反映公路建设发展规模的重要指标，也是计算运输网密度等指标的基础资料。

货（客）运量 指在一定时期内，各种运输工具实际运送的货物（旅客）数量。它是反映运输业为国民经济和人民生活服务的数量指标，也是制定和检查运输生产计划、研究运输发展规模和速度的重要指标。货运按吨计算，客运按人计算。货物不论运输距离长短、货物类别，均按实际重量统计。旅客不论行程远近或票价多少，均按一人一次客运量统计；半价票、小孩票也按一人统计。

货物（旅客）周转量 指在一定时期内，由各种运输工具运送的货物（旅客）数量与其相应运输距离的乘积之总和。它是反映运输业生产总成果的重要指标，也是编制和检查运输生产计划，计算运输效率、劳动生产率以及核算运输单位成本的主要基础资料。计算货物周转量通常按发出站与到达站之间的最短距离，也就是计费距离计算。计算公式为：

货物（旅客）周转量 = ∑货物（旅客）运输量×运输距离

邮电业务总量 指以价值量形式表现的邮电通信企业为社会提供各类邮电通信服务的总数量。邮电业务量按专业分类包括函件、包件、汇票、报刊发行、邮政快件、特快专递、邮政储蓄、集邮、公众电报、用户电报、传真、长途电话、出租电路、市话无线寻呼、移动电话、分组交换数据通信、出租代维等。计算方法为各类产品乘以相应的平均单价（不变价）之和，再加上出租电路和设备、代用户维护电话交换机和线路等的服务收入。它综合反映了一定时期邮电业务发展的总成果，是研究邮电业务量构成和发展趋势的重要指标。计算公式为：

邮电业务总量=Σ（各类邮电业务量×不变单价）+出租代维及其他业务收入

移动电话用户 指在移动电话营业部门登记，通过移动电话交换机进入移动电话网、占有移动电话号码的电话用户。用户数量以实际办理登记手续进入邮电部门移动电话网的户数进行计算，一部或一台移动电话统计为一户。

电话用户 指接入国家公众固定电话网，并按固定电话业务进行经营管理的电话用户。1997年以前，电话用户分为市内电话用户和农村电话用户。市内电话用户是指接入县城及县以上城市电话网上的电话用户；农村电话用户是指接入县邮电局农话台及县以下农村电话交换点，以县城为中心（除市话用户外）联通县、乡（镇）、行政村、村民小组的用户。从1997年起，电话用户数分组调整为以用户所在区域划分为“城市电话用户”和“乡村电话用户”，与过去的按市内电话和农村电话划分方法不同。而电话用户数、电话机部数统计方法不变。

农村投递线路 指农村局、所自编或委办人员按固定班期、规定路线至农村乡（镇）、行政村等收件单位投递邮件、报刊的路线。

邮电通信设备 指能够直接用于传递信息或能为社会提供其它邮电服务的设备。根据不同的专业用途，邮电通信设备可分为邮政通信设备、电报及传真通信设备、长途电话通信设备、长途电信线路设备、无线通信设备、微波通信设备、卫星通信地面站设备、市内电话通信设备、农村电话通信设备和电信电源设备等。

局用交换机容量 是指安装在本地电信运营商内用于接续本地固定电话的电话交换机容量，有倍增设备按倍增后的数量计数。包括现用和备用的人工或自动交换机的全部容量。

16、国内贸易

GUO NEI MAO YI

资料整理：李　辉

16、国内贸易

2015年全市

社会消费品零售总额	219.2亿元，比上年增长13.5%
#批发零售贸易业	181.5亿元，比上年增长12.4%
住宿餐饮业	37.7亿元，比上年增长18.7%

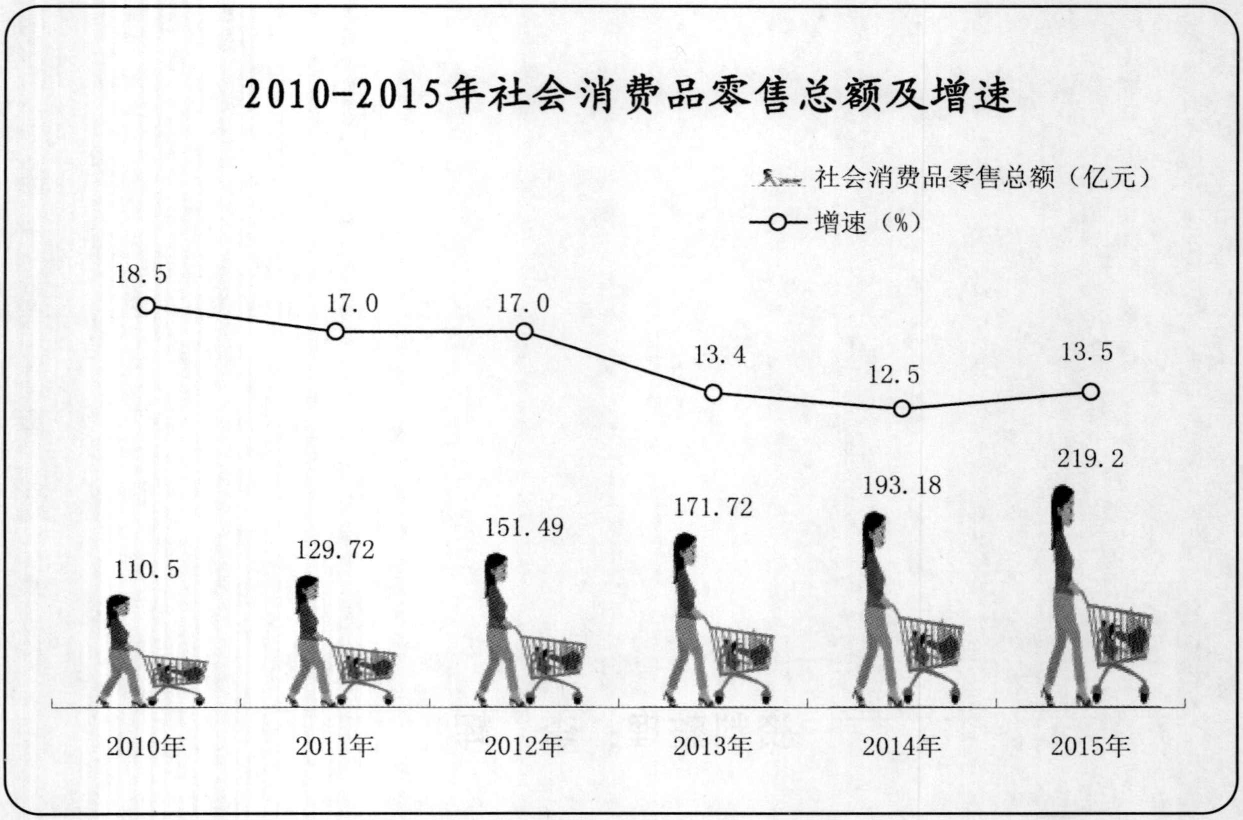

16-1 全市历年社会消费品零售总额

单位：万元

年份	社会消费品零售总额	按地区分			按行业分	
		市的零售额	县的零售额	县以下的零售额	批发和零售业	住宿和餐饮业
1992	89260	23356	26858	39046	66016	3455
1993	103260	27388	31375	44497	74300	6026
1994	123071	35150	38635	49286	84012	8302
1995	155027	45520	47259	62248	99934	12295
1996	185361	55632	56228	73501	113177	14659
1997	222387	69249	65384	87754	135388	21659
1998	245513	76448	69926	99139	148646	24667
1999	257625	79400	74924	103301	153733	30194
2000	276779	85500	82276	109003	164665	36941
2001	298752	91890	88240	118622	177664	46054
2002	323632	96973	97704	128955	202985	51942
2003	360566	107207	108825	144534	298206	57461
2004	411941	126349	122441	163151	344206	62150
2005	467597	143889	137823	185884	394159	66510
2006	538453	168388	157694	212372	463415	68730
2007	641320	202983	188646	249691	555385	82730
2008	807205	260210	239732	307263	696749	105771
2009	935615	301468	276985	357162	807235	125885

年份	社会消费品零售总额		按销售单位所在地分		按消费形态分	
		限额以上	城镇	乡村	商品零售	餐饮收入
2009	935615	187736	767924	165196	828429	107186
2010	1107844	272247	905867	201977	972790	135054
2011	1297216	416155	1072804	224412	1124623	172592
2012	1514906	630796	1254421	260486	1313084	201822
2013	1717183	753934	1420710	296474	1501047	216137
2014	1931831	953230	1613410	318421	1614540	317291
2015	2192032	1221234	1831729	360303	1815273	376759

16-2 各县区历年社会消费品零售总额

单位：万元

年 份	汉滨区	汉阴县	石泉县	宁陕县	紫阳县	岚皋县	平利县	镇坪县	旬阳县	白河县
1992	35904	7507	6535	3849	7381	4563	6331	1731	10945	4514
1993	43637	7977	7445	5365	7879	5003	7103	2322	11471	5058
1994	55865	8934	7435	6164	9311	5866	7942	2853	12431	6270
1995	75394	9415	8074	7801	12337	6976	9302	3131	15349	7248
1996	93559	11694	8658	9541	13908	7533	10608	3500	19285	7075
1997	117958	13349	9104	12470	15173	8322	11330	4043	23360	7278
1998	134643	14353	9413	11395	15997	9095	11989	4488	26135	8005
1999	140295	15223	9760	11091	18423	9767	12455	4877	27324	8410
2000	152662	15999	10028	11221	19858	10608	12728	5283	29374	9018
2001	167733	16832	10470	11314	21194	11413	13255	5609	31333	9600
2002	185480	17599	11046	11204	22472	12247	13886	5998	33372	10327
2003	182781	25439	16140	9673	29000	13448	15730	6362	43601	18392
2004	180501	29419	21344	10154	37596	20673	23565	7173	58554	22962
2005	205965	32910	24824	11473	42684	22638	26477	7786	67017	25823
2006	237813	37502	29266	13374	49042	25022	30415	8254	78191	29574
2007	286578	43778	35639	16194	58052	28113	35689	9233	93209	34835
2008	361615	55124	46062	20808	73275	33146	44562	10582	118211	43821
2009	415107	65975	49337	22504	85791	43753	52694	14380	134410	51665
2010	527087	73843	53490	25639	96828	46962	59688	17048	149606	57654
2011	618102	86042	62751	29747	113902	55067	70063	19999	174526	67017
2012	721536	100579	72349	34815	133907	64049	81643	23296	203948	78783
2013	812667	116006	82491	38955	153215	72773	93507	26269	231488	89812
2014	1931831	895950	133329	95063	41460	176112	83284	107381	28852	267014
2015	2192032	1008981	153530	109174	46893	198923	94441	121163	32696	307869

16-3 全市及各县区社会消费品零售总额分组

2015年 单位：万元

	社会消费品零售总额		按销售单位所在地分		按消费形态分	
		限额以上	城镇	乡村	餐饮收入	商品零售
全　市	2192032	1221234	1831729	360303	376759	1815273
汉滨区	1008981	554096	996353	12628	157508	851473
汉阴县	153530	127286	128047	25483	25290	128240
石泉县	109174	60933	94832	14342	23933	85241
宁陕县	46893	21897	25762	21131	8681	38212
紫阳县	198923	73862	122428	76495	35792	163131
岚皋县	94441	37997	62793	31649	16831	77611
平利县	121163	67407	77133	44030	26017	95146
镇坪县	32696	19706	25672	7024	5674	27022
旬阳县	307869	201352	223376	84494	56111	251758
白河县	118363	56697	75334	43029	20923	97440

16-4 全市限额以上批发业法人企业基本情况

2015年

	法人企业数（个）	从业人员期末人数（人）	其中：女性	法人所属产业活动单位数（个）	批发和零售业	其他
批发业	67	3826	1273	173	111	62
1. 按批发行业小类分						
农、林、牧产品批发	4	120	53	4		4
食品、饮料及烟草制品批发	27	2170	682	50	25	25
纺织、服装及家庭用品批发	1	95	35	1		1
医药及医疗器材批发	8	350	165	10	3	7
矿产品、建材及化工产品批发	25	1028	322	106	83	23
机械设备、五金产品及电子产品批发	2	63	16	2		2
2. 按登记注册类型分						
内资企业	67	3826	1273	173	111	62
国有企业	6	1185	211	31	28	3
集体企业	2	80	24	2		2
有限责任公司	27	1181	552	27		27
股份有限公司	5	696	240	86	83	3
私营企业	27	684	246	27		27
3. 按控股情况分						
国有控股	10	1778	392	105	99	6
集体控股	4	376	216	4		4
私人控股	48	1458	567	48		48
其他	5	214	98	16	12	4
4. 按经营形式分						
独立门店	46	1617	685	60	16	44
连锁总店	2	1073	187	13	12	1
其他	19	1136	401	100	83	17
5. 按单位规模分						
大型	2	1601	345	83	83	
中型	18	979	338	30	13	17
小型	46	1210	575	59	15	44
微型	1	36	15	1		1
6. 按地区分组						
汉滨区	34	3065	1034	126	95	31
汉阴县	1	78	50	1		1
石泉县	2	36	10	2		2
宁陕县	2	31	12	2		2
紫阳县	6	130	28	6		6
岚皋县	3	35	10	3		3
平利县	4	96	20	6	3	3
镇坪县	4	39	16	4		4
旬阳县	6	151	31	6		6
白河县	5	165	62	17	13	4

16-5 全市限额以上零售业法人企业基本情况

2015年

	法人企业数（个）	从业人员期末人数（人）	其中：女性	法人所属产业活动单位数（个）	批发和零售业	其他
零售业	306	10653	7185	353	60	293
1. 按零售行业小类分						
综合零售	112	6063	4666	133	28	105
食品、饮料及烟草制品专门零售	38	756	332	39	2	37
纺织、服装及日用品专门零售	10	476	376	10		10
文化、体育用品及器材专门零售	8	147	57	8		8
医药及医疗器材专门零售	16	575	485	32	19	13
汽车、摩托车、燃料及零配件专门零售	56	1476	705	64	10	54
家用电器及电子产品专门零售	36	674	362	36		36
五金、家具及室内装饰材料专门零售	26	436	192	27	1	26
货摊、无店铺及其他零售业	4	50	10	4		4
2. 按登记注册类型分						
内资企业	306	10653	7185	353	60	293
国有企业	1	20	3	1		1
集体企业	8	149	78	9	2	7
股份合作企业	1	11	8	5	5	
有限责任公司	116	5206	3548	142	31	111
股份有限公司	6	195	118	7	1	6
私营企业	173	5065	3429	188	21	167
其他企业	1	7	1	1		1
3. 按控股情况分						
国有控股	9	173	54	10	2	8
集体控股	10	203	95	12	3	9
私人控股	273	9373	6324	317	55	262
其他	14	904	712	14		14
4. 按经营形式分						
独立门店	291	9529	6269	322	42	280
连锁总店	4	615	545	10	7	3
连锁门店	6	435	358	16	11	5
其他	5	74	13	5		5
5. 按单位规模分						
中型	58	6418	4978	91	41	50
小型	175	3695	1993	187	15	172
微型	73	540	214	75	4	71
6. 按地区分组						
汉滨区	63	4366	2935	85	25	60
汉阴县	45	1570	1145	45		45
石泉县	22	763	566	25	4	21
宁陕县	3	70	61	3		3
紫阳县	16	486	330	16		16
岚皋县	18	541	350	18		18
平利县	23	718	480	31	12	19
镇坪县	8	125	60	9	1	8
旬阳县	72	1268	799	76	6	70
白河县	36	746	459	45	12	33

16-6 全市限额以上批发业法人企业商品购进、销售和库存

2015年

单位：万元

	法人企业数（个）	从业人员期末人数（人）	商品购进额	商品销售额	批发额	出口	零售额	期末商品库存额	年末零售营业面积（平方米）
批发业	67	3826	798940	1032011	837837	6681	194173	46427	94907
1. 按批发行业小类分									
农、林、牧产品批发	4	120	18116	19092	19092			556	11480
食品、饮料及烟草制品批发	27	2170	424103	617803	521580		96223	32287	47353
纺织、服装及家庭用品批发	1	95	5397	6220	4705		1515	650	6000
医药及医疗器材批发	8	350	50537	52939	51914		1025	4663	7068
矿产品、建材及化工产品批发	25	1028	296242	330514	237121	6681	93393	7889	22306
机械设备、五金及电子产品批发	2	63	4545	5443	3426		2017	382	700
2. 按登记注册类型分									
内资企业	67	3826	798940	1032011	837837	6681	194173	46427	94907
国有企业	6	1185	250503	348395	348079		316	17341	16489
集体企业	2	80	6031	6025	6025			110	3380
有限责任公司	27	1181	262214	359646	253374	6681	106273	16236	41043
股份有限公司	5	696	193158	204205	126993		77212	6873	846
私营企业	27	684	87034	113740	103367		10373	5868	33149
3. 按控股情况分									
国有控股	10	1778	433720	543798	468949	6681	74848	19579	17101
集体控股	4	376	17491	19517	19420		97	151	3530
私人控股	48	1458	280524	399595	298231		101363	18941	71180
其他	5	214	67205	69102	51237		17865	7756	3096
4. 按经营形式分									
独立门店	46	1617	238573	343261	263216	6681	80045	17997	81569
连锁总店	2	1073	235365	332168	331148		1020	15051	3000
其他	19	1136	325002	356582	243474		113108	13380	10338
5. 按单位规模分									
大型	2	1601	403277	511337	437786		73551	15355	100
中型	18	979	242375	330805	228646		102158	14188	35921
小型	46	1210	152792	189363	170899	6681	18464	16874	58786
微型	1	36	495	506	506			10	100
6. 按地区分组									
汉滨区	34	3065	665773	877501	701532		175969	40760	40154
汉阴县	1	78	3046	2719	1817		902	388	14950
石泉县	2	36	5454	15758	15758			326	4000
宁陕县	2	31	5266	5604	4623		982	952	450
紫阳县	6	130	20702	22295	22295	6681		977	15669
岚皋县	3	35	7674	7897	6806		1091	156	1050
平利县	4	96	17636	18398	11883		6515	612	2835
镇坪县	4	39	18346	18378	18378			74	757
旬阳县	6	151	34828	41090	33251		7839	990	912
白河县	5	165	20216	22370	21495		875	1193	14130

16-7 全市限额以上零售业法人企业商品购进、销售和库存

2015年 单位：万元

	法人企业数（个）	从业人员期末人数（人）	商品购进额	进口	商品销售额	批发额	出口	零售额	期末商品库存额	年末零售营业面积（平方米）
零售业	306	10653	765163	6051	847015	24444	11	822571	88086	458577
1. 按零售行业小类分										
综合零售	112	6063	362654		408351	15238	11	393113	35325	206832
食品、饮料及烟草制品专门零售	38	756	56097		71465	1996		69469	6047	45235
纺织、服装及日用品专门零售	10	476	48307		45420			45420	6633	13560
文化、体育用品及器材专门零售	8	147	14376		14945			14945	1596	2076
医药及医疗器材专门零售	16	575	17712	13	18426	41		18385	4901	15342
汽车、摩托车、燃料及配件专门零售	56	1476	165895	6039	172144	5		172139	18304	93213
家用电器及电子产品专门零售	36	674	63547		75414	7164		68250	12315	37409
五金、家具及室内装饰材料专门零售	26	436	32240		35761			35761	2541	40476
货摊、无店铺及其他零售业	4	50	4335		5089			5089	424	4434
2. 按登记注册类型分										
内资企业	306	10653	765163	6051	847015	24444	11	822571	88086	458577
3. 按控股情况分										
国有控股	9	173	21980		23816			23816	2656	5268
集体控股	10	203	20868		22214	13		22201	2044	13901
私人控股	273	9373	626844	6051	704191	23209	11	680982	71842	408855
其他	14	904	95471		96795	1222		95572	11543	30553
4. 按经营形式分										
独立门店	291	9529	721956	6039	800718	23627	11	777092	80626	426010
连锁总店	4	615	31294		32089			32089	4059	20000
连锁门店	6	435	7167	13	8295			8295	2756	11327
其他	5	74	4747		5913	817		5096	645	1240
5. 按单位规模分										
中型	58	6418	405860	13	458386	20195	11	438191	45742	207353
小型	175	3695	287571	6039	311237	3939		307298	35040	221333
微型	73	540	71733		77392	310		77082	7304	29891
6. 按地区分组										
汉滨区	63	4366	326010	6051	374429	21669		352760	43238	186018
汉阴县	45	1570	88820		99319	532		98787	9985	82201
石泉县	22	763	41058		45658	22	11	45636	2364	36086
宁陕县	3	70	9569		9381			9381	472	1050
紫阳县	16	486	45694		52118			52118	3613	9738
岚皋县	18	541	20004		22358			22358	2379	15150
平利县	23	718	42021		42979	351		42628	4765	24155
镇坪县	8	125	9528		8887			8887	974	7181
旬阳县	72	1268	135000		139917			139917	13922	64754
白河县	36	746	47460		51969	1871		50099	6375	32244

16-8 全市限额以上批发业

2015年

	法人企业数（个）	执行《2006年企业会计准则》企业数（个）	一、年初存货	二、期末资						
				流动资产合计	应收帐款	存货	固定资产合计	固定资产原价	累计折旧	本年折旧
批发业	67	54	100579	244310	44991	84903	46407	76394	29987	4042
1. 按批发行业小类分										
农、林、牧产品批发	4	2	917	2131	466	935	1219	1614	395	36
食品、饮料及烟草制品批发	27	23	87104	136421	4962	70580	23664	40020	16356	2108
纺织、服装及家庭用品批发	1		662	1584		650	25	92	67	12
医药及医疗器材批发	8	8	3722	42606	25062	4663	1825	2903	1078	257
矿产品、建材及化工产品批发	25	21	7931	60598	14127	7942	19230	31276	12046	1598
机械设备、五金产品及电子产品批发	2		244	970	374	132	444	490	45	31
2. 按登记注册类型分										
内资企业	67	54	100579	244310	44991	84903	46407	76394	29987	4042
3. 按控股情况分										
国有控股	10	8	77718	114154	2981	62664	25240	48812	23572	2760
集体控股	4	3	197	4173	881	182	1137	2055	918	88
私人控股	48	38	18269	96295	28703	17834	15912	20266	4353	901
其他	5	5	4395	29689	12426	4222	4118	5262	1144	292
4. 按经营形式分										
独立门店	46	33	15996	60262	15249	15474	14671	20446	5775	876
连锁总店	2	2	52354	101390	2561	56984	13118	25680	12562	1479
其他	19	19	32229	82659	27181	12445	18618	30268	11650	1686
5. 按单位规模分										
大型	2	2	54886	102049	1901	58413	22273	44161	21888	2536
中型	18	15	11535	64460	29268	10419	7454	10213	2760	471
小型	46	36	34158	76313	13204	16030	16365	21594	5229	1034
微型	1	1		1487	618	41	315	426	110	1
6. 按地区分组										
汉滨区	34	32	94856	217338	38219	79027	34013	59820	25807	3341
汉阴县	1		226	753	42	601	1145	1193	48	5
石泉县	2		531	1563	280	153	1560	1802	242	39
宁陕县	2	1	861	1529	220	984	258	494	236	25
紫阳县	6	6	1044	7712	511	977	2155	2743	589	123
岚皋县	3	3	129	329	180	93	435	507	72	36
平利县	4	2	418	873	255	522	2373	3460	1087	228
镇坪县	4	3	77	673		74	184	355	171	19
旬阳县	6	5	790	9221	4498	780	2592	3283	691	192
白河县	5	2	1649	4319	785	1692	1694	2738	1044	34

法人企业财务状况

单位：万元

产	负	债									
在建工程	资产总计	流动负债合计		非流动负债合计	负债合计	所有者权益					
			应付账款				实收资本				
								国家资本	集体资本	法人资本	个人资本
12204	368614	179691	47237	15716	195407	173207	55433	6107	1601	33289	14437
4	3473	428	292	195	623	2850	2508		931		1577
1923	192142	56184	18945	4224	60408	131734	30473	4497	500	22580	2897
	2397	1581	–2029		1581	816	800			800	
	47656	39596	22602	1078	40674	6982	5786	1050		2665	2071
10277	121413	81120	7198	9979	91099	30314	15456	560	170	6834	7892
	1533	783	230	240	1023	510	410			410	
12204	368614	179691	47237	15716	195407	173207	55433	6107	1601	33289	14437
9223	176967	66560	20822	7721	74281	102687	5972	5407			565
16	5657	4235	1291	180	4416	1241	1151		1101	50	
2530	149181	76346	13666	7815	84161	65021	44781	700		30239	13842
435	36808	32550	11459		32550	4258	3530		500	3000	30
1249	87170	47169	10512	4995	52164	35006	19010	1365	1431	7274	8941
678	117468	19510	12367	8	19518	97950	3764	3409			355
10277	163976	113012	24358	10713	123725	40251	32659	1333	170	26015	5141
8859	160801	57140	13661	6878	64018	96782	3409	3409			
347	103253	64681	22810	1896	66577	36676	28939	824	1070	23515	3531
2986	102534	56019	10300	6937	62956	39578	22915	1874	362	9774	10906
11	2026	1851	466	5	1856	170	170		170		
10955	324793	161026	41308	11884	172910	151883	46504	4742	670	32565	8527
348	2645	393	60	800	1193	1452	500				500
534	3564	1512	132	216	1727	1836	215				215
20	1876	1163	969		1163	713	144	79			65
	9867	4941	2716	531	5472	4395	1136	530			606
	805	615	44		615	190	190			70	120
	3268	1164	584	506	1670	1598	1290	350		230	710
	1070					1070	752	282			470
	14058	6486	482	1763	8249	5809	2072		362	112	1599
347	6668	2392	943	16	2408	4260	2631	124	570	312	1625

16-8 全市限额以上批发业

2015年

	三、损益									
	营业收入	主营业务收入	营业成本	主营业务成本	营业税金及附加	主营业务税金及附加	其他业务利润	销售费用	管理费用	税金
批发业	947498	944471	796902	794456	32059	32031	431	33663	22404	1106
1. 按批发行业小类分										
农、林、牧产品批发	19092	19092	17217	17217	197	197		553	554	81
食品、饮料及烟草制品批发	554435	554349	435669	435664	29514	29514	431	17812	16685	409
纺织、服装及家庭用品批发	6220	6220	5619	5619	9	9		516	9	
医药及医疗器材批发	56206	56047	51702	51702	195	195		1813	1190	19
矿产品、建材及化工产品批发	306102	303321	282730	280289	2064	2036		12677	3397	546
机械设备、五金产品及电子产品批发	5443	5443	3965	3965	81	81		291	569	51
2. 按登记注册类型分										
内资企业	947498	944471	796902	794456	32059	32031	431	33663	22404	1106
3. 按控股情况分										
国有控股	474295	471428	374157	371711	21550	21522	-40	19936	10261	558
集体控股	19519	19519	16478	16478	167	167		1437	1012	80
私人控股	386920	386858	346244	346244	8138	8138	471	10023	10411	446
其他	66765	66667	60023	60023	2203	2203		2267	720	21
4. 按经营形式分										
独立门店	331666	331666	295584	295584	8174	8174	480	8857	8743	550
连锁总店	285964	285878	197373	197368	21022	21022	-40	9759	10407	322
其他	329868	326927	303944	301504	2864	2835	-9	15048	3254	233
5. 按单位规模分										
大型	441972	439105	346207	343762	21239	21210	-40	18377	9278	484
中型	319372	319213	290178	290178	8090	8090	-9	7566	7332	130
小型	185645	185645	160057	160057	2730	2730	480	7694	5764	492
微型	508	508	460	460	1	1		27	30	
6. 按地区分组										
汉滨区	793708	790681	662414	659968	29591	29563	391	28905	17800	533
汉阴县	2719	2719	1817	1817	4	4		248	278	
石泉县	12103	12103	8950	8950	361	361	40	248	77	1
宁陕县	5603	5603	4234	4234	15	15		239	164	8
紫阳县	22629	22629	19423	19423	736	736		1306	487	52
岚皋县	7897	7897	7187	7187	79	79		246	213	9
平利县	18398	18398	15938	15938	270	270		709	468	112
镇坪县	18378	18378	16709	16709	619	619		240	445	238
旬阳县	43693	43693	41471	41471	339	339		242	864	64
白河县	22370	22370	18760	18760	46	46		1280	1609	89

法人企业财务状况（续）

单位：万元

及分配											四、人工成本及增值税		五、从事批发和零售业活动的从业人员平均人数（人）
财务费用	利息收入	利息支出	资产减值损失	投资收益	营业利润	营业外收入	政府补助	营业外支出	利润总额	应交所得税	应付职工薪酬（本年贷方累计发生额）	应交增值税	
4485	389	2363	52	25	57998	1833	427	8634	57641	13282	26375	44265	3844
103	1	53			469				469	87	328	213	120
2316	341	1216	-26	12	52518	729	413	4613	52765	12379	17164	14959	2200
109					-42	1		1	-27	15	234	32	95
598	38	524	78	7	637	1		54	632	49	1440	384	348
1337	9	569		6	3902	1102	13	3966	3756	754	6998	28591	1018
23					513				45		210	86	63
4485	389	2363	52	25	57998	1833	427	8634	57641	13282	26375	44265	3844
153	261	311	-26	7	48270	796	399	7791	47819	12021	19921	40355	1810
168	2	114		5	262	2			254	85	1129	426	376
3731	126	1683	6	13	8419	1030	28	810	8520	1168	4532	3021	1444
434	0	255	72		1046	5		33	1048	9	792	463	214
2399	19	1630		14	7964	327	119	39	7356	1250	4942	3137	1605
-115	245		-26		47544	355	306	4253	47473	11942	13964	13395	1105
2202	126	733	78	11	2489	1151	2	4342	2811	90	7469	27734	1134
13	249	147	-26		46885	642	306	7464	46780	11942	19117	40042	1632
2269	49	1305	78	9	3868	62	58	91	3926	412	3372	1558	976
2203	91	911		16	7254	1128	63	1079	6944	929	3791	2666	1200
0					-9				-9		95		36
3443	374	1658	52	23	51526	1714	308	8607	51520	12463	23932	41961	3093
141	0	141			231	26	26	12	256		188		75
216		216			2290				2290	528	73	396	34
10	2				942	24	24		498	6	111	21	31
-40	3	2			717	13	13	15	728	18	440	139	130
42		42			131				131		107	125	35
183					830				830	39	379	251	90
122		26			244				244		152	183	39
258	3	161		2	522				522	100	612	730	151
110	7	116			566	56	56		622	129	382	460	166

16-9 全市限额以上零售业

2015年

	法人企业数（个）	执行《2006年企业会计准则》企业数（个）	一、年初存货	二、期末资						
				流动资产合计	应收帐款	存货	固定资产合计	固定资产原价	累计折旧	本年折旧
零售业	306	224	69772	219376	32435	74074	87861	108779	20921	5866
1. 按零售行业小类分										
综合零售	112	89	29469	73885	4653	33996	34991	44029	9040	2531
食品、饮料及烟草制品专门零售	38	27	5658	18261	2590	5458	11506	13156	1649	401
纺织、服装及日用品专门零售	10	5	1958	5004	940	2153	1192	1577	385	162
文化、体育用品及器材专门零售	8	8	808	9412	1740	693	3481	5070	1588	105
医药及医疗器材专门零售	16	11	4574	6164	1577	3197	1425	1779	354	189
汽车、摩托车、燃料及零配件专门零售	56	33	14977	74668	11831	17832	28917	34535	5618	1814
家用电器及电子产品专门零售	36	26	10519	22551	6784	9011	3762	5546	1784	433
五金、家具及室内装饰材料专门零售	26	21	1663	9069	2230	1644	2322	2694	373	189
货摊、无店铺及其他零售业	4	4	146	363	90	90	266	395	129	43
2. 按登记注册类型分										
内资企业	306	224	69772	219376	32435	74074	87861	108779	20921	5866
3. 按控股情况分										
国有控股	9	8	1828	12458	1420	1845	4999	6795	1796	130
集体控股	10	9	1717	3518	338	1897	1486	1782	296	78
私人控股	273	196	60614	183514	25095	63522	77131	94692	17564	5132
其他	14	11	5614	19886	5583	6810	4246	5510	1265	526
4. 按经营形式分										
独立门店	291	213	64121	208266	30475	67481	86347	106107	19762	5574
连锁总店	4	4	2545	5300	55	3682	445	1217	772	111
连锁门店	6	3	2783	3803	966	2260	772	1020	248	75
其他	5	4	323	2006	938	651	297	436	139	106
5. 按单位规模分										
中型	58	42	35983	110320	9568	38158	49627	60697	11072	2733
小型	175	124	28051	95860	19883	30634	32481	40356	7875	2468
微型	73	58	5737	13195	2984	5282	5753	7727	1974	665
6. 按地区分组										
汉滨区	63	43	34914	117564	17157	37305	33099	42406	9307	3011
汉阴县	45	37	7482	24481	3281	8867	9692	11962	2269	636
石泉县	22	11	3071	12556	1681	3278	21386	24505	3119	524
宁陕县	3	1	454	660	112	466	140	204	65	7
紫阳县	16	12	2583	12060	730	3613	4727	5808	1081	188
岚皋县	18	16	1840	4171	458	2330	2346	2609	263	82
平利县	23	10	3995	11608	1471	4588	3612	4360	750	232
镇坪县	8	5	570	1627		1017	1930	2168	238	144
旬阳县	72	66	7887	15363	4776	5880	5427	8146	2719	771
白河县	36	23	6976	19286	2770	6731	5502	6612	1110	271

法人企业财务状况

单位：万元

产	负	债									
在建工程	资产总计	流动负债合计	应付账款	非流动负债合计	负债合计	所有者权益	实收资本	国家资本	集体资本	法人资本	个人资本
9084	351683	186662	34930	17824	204439	147244	108337	2570	9900	32412	63456
632	117577	70337	12288	7856	78193	39384	31452		2028	10327	19098
1308	35012	10239	2324	1837	12076	22936	15324	2269		4976	8079
	6683	3172	1274	999	4171	2512	1943			775	1168
	17199	7856	3912		7856	9343	514	150		349	15
	11352	4429	2168	811	5240	6112	5688			3326	2362
5309	118649	70261	4731	2485	72649	46001	38111		7000	7782	23329
	27900	15370	5654	1541	16911	10990	8873		646	3034	5192
1831	16186	4874	2498	2210	7134	9052	5664	151	226	1774	3514
6	1125	126	81	84	210	915	769			69	700
9084	351683	186662	34930	17824	204439	147244	108337	2570	9900	32412	63456
21	21648	9770	3811	238	10008	11640	2747	2419		299	28
	5330	2409	661	296	2704	2626	2031		1956	74	1
9064	296640	161607	31521	14143	175703	120937	91970	151	444	31089	60287
	28066	12877	-1063	3147	16024	12042	11590		7500	950	3140
8981	338207	179418	31582	17692	197063	141144	103486	2570	9567	30482	60868
	5920	2823	542	15	2838	3082	2130			550	1580
	5153	3742	2369		3742	1411	1356			598	758
104	2404	680	437	117	796	1607	1365		333	782	250
5994	177184	116170	18257	10274	126444	50740	37883		500	10145	27238
2636	152884	62722	14334	6029	68751	84133	61207	2301	9400	18512	30995
455	21615	7770	2339	1521	9244	12371	9247	269		3755	5223
1058	168490	117234	17688	5837	122974	45517	41129		8141	16913	16075
2281	40224	14206	4970	1954	16160	24064	15020	201	1349	3226	10245
4804	41785	13571	2051	3746	17317	24468	14179			10	14169
	870	599	198	20	619	251	300			50	250
	17214	5559	618	1194	6753	10461	6210	2100			4110
195	8545	2397	480	1066	3463	5082	4700			2291	2409
99	16359	9285	1745	634	9919	6440	4933	269		745	3918
	3606	642	519		642	2964	1870		150	700	1020
	28018	11274	4599	2640	13964	14055	9424		225	4759	4440
647	26572	11895	2062	734	12629	13943	10573		35	3718	6820

16-9 全市限额以上零售业

2015年

	三、损益									
	营业收入	主营业务收入	营业成本	主营业务成本	营业税金及附加	主营业务税金及附加	其他业务利润	销售费用	管理费用	税金
零售业	802295	797216	689479	687503	6603	6399	4181	44463	31908	2090
1. 按零售行业小类分										
综合零售	390057	387930	334316	334078	2915	2793	2783	25259	16308	1063
食品、饮料及烟草制品专门零售	70415	70415	56154	56147	787	787	22	4007	3562	161
纺织、服装及日用品专门零售	36243	35864	32366	32026	190	190	10	2297	743	199
文化、体育用品及器材专门零售	15056	14642	11276	11095	100	40	193	1360	1220	44
医药及医疗器材专门零售	18848	18521	15687	15277	193	193	2	1499	837	20
汽车、摩托车、燃料及零配件专门零售	164508	162886	150061	150061	910	892	1132	4727	5346	337
家用电器及电子产品专门零售	67437	67437	58074	58074	619	619	39	3632	2188	119
五金、家具及室内装饰材料专门零售	35109	34899	27744	26945	786	782		1495	1542	125
货摊、无店铺及其他零售业	4624	4624	3800	3800	104	104		187	163	22
2. 按登记注册类型分										
内资企业	802295	797216	689479	687503	6603	6399	4181	44463	31908	2090
3. 按控股情况分										
国有控股	23926	23520	18725	18544	171	112	186	1580	1638	54
集体控股	22214	22214	19430	19430	247	246		717	821	85
私人控股	671115	668260	575747	574292	5920	5775	3970	35513	28135	1852
其他	85041	83223	75577	75237	266	266	25	6653	1315	99
4. 按经营形式分										
独立门店	765564	760783	659754	658189	6464	6260	4076	39738	30092	2078
连锁总店	23555	23555	19430	19430	89	89	105	3417	655	3
连锁门店	7262	6965	5744	5334	15	14		1071	353	3
其他	5913	5913	4551	4551	35	35		237	809	5
5. 按单位规模分										
中型	423651	419530	367195	365464	2369	2221	2875	27806	17365	917
小型	301974	301024	257184	256940	3066	3020	1222	13851	11929	954
微型	76670	76662	65099	65099	1168	1158	85	2806	2615	218
6. 按地区分组										
汉滨区	342605	338183	300152	298903	2005	1864	1998	20537	12348	979
汉阴县	98084	98010	81283	80993	983	972	155	4539	4256	69
石泉县	45722	45658	38479	38465	548	534	348	2734	1734	111
宁陕县	9381	9381	7533	7533	30	30	824	1221	209	8
紫阳县	52118	52062	42916	42916	637	637		3186	2235	78
岚皋县	22358	22358	19225	19225	105	105		945	772	43
平利县	42979	42972	36834	36834	219	219	7	2530	1964	188
镇坪县	8887	8887	7426	7426	239	239		308	387	88
旬阳县	128549	128161	112067	111727	1607	1597	82	5870	5325	433
白河县	51612	51544	43564	43481	230	203	768	2594	2679	94

法人企业财务状况（续）

单位：万元

及			分		配							四、人工成本及增值税		五、从事批发和零售业活动的从业人员平均人数（人）
财务费用	利息收入	利息支出	资产减值损失	公允价值变动收益	投资收益	营业利润	营业外收入	政府补助	营业外支出	利润总额	应交所得税	应付职工薪酬（本年货方累计发生额）	应交增值税	
6159	415	3280	10	31	974	24679	3415	117	10192	24060	1932	29457	8501	10530
2413	106	1227	7	31	25	8894	698	61	3299	10033	706	14882	4297	6006
768	131	489				5138	60	31	150	4667	155	2225	397	664
203	2	40				444	21	20	86	457	141	968	237	455
−64	66	0	−6			1170	0		116	1054	7	1141	58	147
150	11	52				482	2243		16	437	37	1634	61	525
1504	68	940			949	2909	227	6	1949	2337	510	4949	2361	1471
686	32	396	0			2238	140		4207	2151	261	2265	641	707
426	0	120	8			3107	25		368	2628	93	1232	269	508
73		17				297			1	297	21	161	179	47
6159	415	3280	10	31	974	24679	3415	117	10192	24060	1932	29457	8501	10530
110	186	44	−21			1723	31	31	120	1638	6	1223	104	175
292	1	139	1			707	5			712	17	632	171	202
5349	194	2808	6	31	974	21450	3211	56	8493	20826	1643	25160	7514	9331
408	33	290	24			799	168	30	1579	885	267	2443	712	822
5916	406	3168	10	31	974	24596	769	117	10143	23528	1862	26414	8183	9466
45	9	18				−81	405		33	426	66	1819	301	585
51	0	1				29	2240		16	−28		990	3	397
147	0	93				135	0			135	4	234	14	82
2474	165	1364	8		949	7382	3058	32	6589	7695	920	17247	3983	6258
2873	217	1582	−16	31	25	13143	223	50	2935	11879	729	10261	3883	3619
811	33	334	17			4154	134	35	668	4487	283	1949	636	653
2245	194	1228	8			5311	2989	22	7891	4290	525	12780	3366	4259
917	18	517	−13			6119	27		119	6245	420	3919	1018	1441
635	7	391		30	949	2572	70		1729	2428	391	2308	1157	942
10		8				379				379	2	157	131	70
196	124	18	−13			2960				2856		1277	351	484
289	9	271				1022	7		23	1020	100	1196	238	508
235	4	203	17	1		1182	169	35	75	1346	174	1639	849	635
74		11				454				454	7	391	223	125
1090	54	287	5			2585	92		248	3105	195	3781	471	1263
470	5	347	5		25	2095	60	60	107	1937	117	2010	698	803

16-10 全市限额以上住宿业法人企业基本情况

2015年

	法人企业数（个）	从业人员期末人数（人）	其中：女性
住宿业	59	2497	1663
1. 按住宿业行业小类分			
旅游饭店	32	1488	983
一般旅馆	27	1009	680
2. 按登记注册类型分			
内资企业	59	2497	1663
国有企业	1	63	39
集体企业	2	35	30
有限责任公司	18	1059	678
股份有限公司	1	41	27
私营企业	36	1267	861
其他企业	1	32	28
3. 按控股情况分			
国有控股	2	103	74
集体控股	2	35	30
私人控股	51	2236	1472
其他	4	123	87
4. 按经营形式分			
独立门店	58	2468	1640
连锁门店	1	29	23
5. 按单位规模分			
中型	1	158	99
小型	57	2329	1554
微型	1	10	10
6. 按星级分			
四星	1	172	100
三星	9	741	512
二星	6	180	120
其他	43	1404	931
7. 按地区分组			
汉滨区	22	1103	805
汉阴县	6	165	125
石泉县	8	304	202
宁陕县	2	114	2
紫阳县	5	312	207
岚皋县	2	86	29
平利县	4	137	95
镇坪县	3	81	58
旬阳县	1	30	20
白河县	6	165	120

16-11 全市限额以上餐饮业法人企业基本情况

2015年

	法人企业数（个）	从业人员期末人数（人）	其中：女性
餐饮业	113	5740	3890
1. 按餐饮业行业小类分			
正餐服务	108	5667	3837
快餐服务	5	73	53
2. 按登记注册类型分			
内资企业	113	5740	3890
股份合作企业	1	34	24
有限责任公司	44	2952	1985
股份有限公司	2	145	110
私营企业	64	2286	1539
其他企业	2	323	232
3. 按控股情况分			
国有控股	5	373	227
私人控股	102	5164	3526
其他	6	203	137
4. 按经营形式分			
独立门店	111	5700	3857
连锁总店	1	25	18
其他	1	15	15
5. 按单位规模分			
中型	6	1385	973
小型	98	4295	2879
微型	9	60	38
6. 按地区分组			
汉滨区	43	3298	2130
汉阴县	9	328	277
石泉县	5	106	61
宁陕县	7	497	330
紫阳县	5	148	100
岚皋县	5	124	88
平利县	8	341	232
镇坪县	2	43	30
旬阳县	22	723	544
白河县	7	132	98

16-12 全市限额以上住宿业法人单位经营情况

2015年

单位：万元

	法人企业数（个）	从业人员期末人数（人）	营业额	其中：使用银行卡支付的营业额	客房收入	餐费收入	商品销售额收入	其他收入	客房数（间）	床位数（个）	餐位数（位）	年末餐饮营业面积（平方米）
住宿业	59	2497	40152	4086	21509	15163	2358	1122	3918	7081	11339	76697
1. 按住宿业行业小类分												
旅游饭店	32	1488	2156	2152	12883	7601	619	457	2477	4389	5663	37925
一般旅馆	27	1009	18592	1934	8626	7562	1739	665	1441	2692	5676	38772
2. 按登记注册类型分												
内资企业	59	2497	40152	4086	21509	15163	2358	1122	3918	7081	11339	76697
国有企业	1	63	783		783				124	230		
集体企业	2	35	849		639	203	7		90	134	200	750
有限责任公司	18	1059	10567	1522	6379	3619	218	352	1393	2535	3530	25730
股份有限公司	1	41	795		204	457	118	16	54	108	350	602
私营企业	36	1267	26178	2564	12917	10506	2006	749	2177	3909	7003	48165
其他企业	1	32	980		587	378	10	5	80	165	256	1450
3. 按控股情况分												
国有控股	2	103	1378	50	1071	238	7	62	217	406	110	1500
集体控股	2	35	849		639	203	7		90	134	200	750
私人控股	51	2236	36095	3795	18590	14132	2316	1057	3413	6171	10259	65647
其他	4	123	1830	241	1209	590	29	3	198	370	770	8800
4. 按经营形式分												
独立门店	58	2468	39626	3917	21035	15128	2350	1113	3770	6843	11301	76547
连锁门店	1	29	526	170	475	35	8	8	148	238	38	150
5. 按单位规模分												
中型	1	158	2186		815	1000	132	239	100	176	520	7000
小型	57	2329	37928	4086	20659	14163	2224	882	3746	6797	10769	68891
微型	1	10	38		36		2		72	108	50	806
6. 按星级分												
四星	1	172	897	708	663	15		218	150	280	100	500
三星	9	741	11500	1327	4992	5442	655	411	916	1686	3250	18307
二星	6	180	5341	158	2980	1994	280	87	397	725	1177	5978
其他	43	1404	22415	1894	12875	7711	1423	406	2455	4390	6812	51912
7. 按地区分组												
汉滨区	22	1103	11321	1971	7806	3042	185	288	1793	3083	3418	26640
汉阴县	6	165	7173		3632	2997	340	205	427	821	1135	8878
石泉县	8	304	5093	1835	2686	1779	482	145	516	977	1532	10020
宁陕县	2	114	803	181	422	302	8	72	169	326	368	3200
紫阳县	5	312	5374		2431	1909	674	360	253	485	1250	12450
岚皋县	2	86	2347		1134	954	260		137	256	497	2030
平利县	4	137	3170	9	1323	1763	74	10	215	387	782	3107
镇坪县	3	81	1787		477	1031	264	16	120	220	687	3902
旬阳县	1	30	770		570	200			45	90	150	300
白河县	6	165	2313	91	1029	1186	73	26	243	436	1520	6170

16-13 全市限额以上餐饮业法人单位经营情况

2015年

单位：万元

	法人企业数（个）	从业人员期末人数（人）	营业额	其中：使用银行卡支付的营业额	客房收入	餐费收入	商品销售额收入	其他收入	客房数（间）	床位数（个）	餐位数（位）	年末餐饮营业面积（平方米）
餐饮业	113	5740	98361	6214	16097	73899	7370	995	2852	5039	33638	185465
1. 按餐饮业行业小类分												
正餐服务	108	5667	96617	6214	16097	72176	7349	995	2852	5039	32474	183735
快餐服务	5	73	1743			1722	21				1164	1730
2. 按登记注册类型分												
内资企业	113	5740	98361	6214	16097	73899	7370	995	2852	5039	33638	185465
股份合作企业	1	34	4058		1178	2736	143		70	100	500	2040
有限责任公司	44	2952	49453	1556	8051	36548	4362	492	1361	2528	14121	83360
股份有限公司	2	145	1731	354	250	1393	4	84	50	50	790	4500
私营企业	64	2286	38401	3115	4246	31271	2659	225	1066	1805	17147	86565
其他企业	2	323	4718	1190	2371	1950	203	195	305	556	1080	9000
3. 按控股情况分												
国有控股	5	373	8046		675	3520	3511	341	182	359	1070	2880
私人控股	102	5164	85323	6180	15222	65619	3827	655	2608	4565	31038	176385
其他	6	203	4992	35	200	4760	33		62	115	1530	6200
4. 按经营形式分												
独立门店	111	5700	97064	6214	15865	73094	7110	995	2790	4930	33288	184866
连锁总店	1	25	1097		231	605	261		62	109	250	399
其他	1	15	200			200					100	200
5. 按单位规模分												
中型	6	1385	28297	3110	6925	18756	2617		738	1334	5836	32800
小型	98	4295	66897	3105	8646	52662	4598	992	1888	3442	26776	147159
微型	9	60	3167		526	2481	156	4	226	263	1026	5506
6. 按地区分组												
汉滨区	43	3298	35809	4942	560	29001	997	207	1313	2282	15125	100464
汉阴县	9	328	7473		134	6823	421	96	32	54	1438	6704
石泉县	5	106	2891	708		2790	96	6			639	3103
宁陕县	7	497	8663		791	3907	3625	341	237	523	2572	13680
紫阳县	5	148	2823		574	1649	405	195	62	114	1310	7248
岚皋县	5	124	3831		469	2835	528		42	59	1800	5450
平利县	8	341	7592	78	1675	5536	381		201	366	2086	11345
镇坪县	2	43	2205		458	1212	535		97	171	370	699
旬阳县	22	723	24940	451	6094	18666	156	24	792	1330	6776	26812
白河县	7	132	2132	35	298	1481	226	127	76	140	1522	9960

16-14 全市限额以上住宿业

2015年

	法人企业数(个)	执行《2006年企业会计准则》企业数(个)	一、年初存货	二、期末资						
				流动资产合计	应收帐款	存货	固定资产合计	固定资产原价	累计折旧	本年折旧
住宿业	59	43	1054	12632	2126	1074	26402	37934	11532	3083
1. 按住宿业行业小类分										
旅游饭店	32	24	567	7170	1175	570	11575	20192	8617	2498
一般旅馆	27	19	487	5462	951	504	14828	17743	2915	585
2. 按登记注册类型分										
内资企业	59	43	1054	12632	2126	1074	26402	37934	11532	3083
国有企业	1	1	3	77	39	3	1386	4629	3244	
集体企业	2	1		120	4		99	206	106	7
有限责任公司	18	16	570	2410	470	360	5166	8708	3543	1904
股份有限公司	1	1	14	285	250	36	1386	1625	239	137
私营企业	36	23	452	9417	1099	619	18354	22698	4343	1034
其他企业	1	1	15	323	265	55	11	68	57	1
3. 按控股情况分										
国有控股	2	2	22	345	40	19	2610	6937	4327	1008
集体控股	2	1		120	4		99	206	106	7
私人控股	51	36	988	11794	2006	994	23352	29758	6406	1612
其他	4	4	44	374	76	60	341	1033	692	456
4. 按经营形式分										
独立门店	58	43	1051	12373	2104	1071	24736	36143	11407	2962
连锁门店	1		3	259	22	3	1667	1791	125	121
5. 按单位规模分										
中型	1	1	18	823		29	1272	1538	266	24
小型	57	42	1036	11578	2110	1030	25109	36374	11265	3058
微型	1			231	16	15	22	23	1	
6. 按星级分										
四星	1	1	53	191	10	60	278	431	154	72
三星	9	7	265	2786	238	310	6509	13152	6643	1252
二星	6	4	35	936	400	87	2982	3666	685	151
其他	43	31	701	8719	1477	616	16634	20685	4051	1608
7. 按地区分组										
汉滨区	22	17	341	5234	701	333	8065	15396	7331	2244
汉阴县	6	4	175	1198	359	192	3746	4301	556	123
石泉县	8	3	121	1852	292	231	5280	5928	647	130
宁陕县	2	2	20	148	26	20	8	28	20	3
紫阳县	5	4	19	1423	41	30	2298	2716	418	47
岚皋县	2	2	33	388	96	32	717	1103	386	69
平利县	4	3	287	1501	289	124	1000	1867	867	151
镇坪县	3	2	17	405	250	46	3206	3508	301	186
旬阳县	1	1					46	108	62	60
白河县	6	5	41	483	72	67	2035	2979	944	70

法人企业财务状况

单位：万元

产	负	债									
在建工程	资产总计	流动负债合计		非流动负债合计	负债合计	所有者权益	实收资本				
			应付账款					国家资本	集体资本	法人资本	个人资本
4269	65126	32244	5612	6800	39044	26082	24115	3145	19	7099	13853
4223	38737	24701	5407	3101	27802	10935	13560	3145	17	5078	5321
46	26389	7542	205	3700	11242	15147	10555		2	2021	8533
4269	65126	32244	5612	6800	39044	26082	24115	3145	19	7099	13853
3092	4558	3426	66		3426	1132	1132	1132			
	235	188	37		188	48	19		19	1	
	21748	14299	4533	1883	16182	5567	8571	2012		4484	2075
	1808	1100		198	1298	510	510				510
1176	36180	13199	968	4514	17713	18467	13539			2614	10925
	597	33	8	205	238	359	343				343
3092	6055	3469	71		3469	2587	3145	3145			
	235	188	37		188	48	19		19	1	
1176	57241	27601	5092	6800	34401	22840	20499			6646	13853
	1595	987	413		987	609	452			452	
4269	63023	30182	5514	6800	36982	26041	24015	3145	19	6999	13853
	2104	2062	98		2062	42	100			100	
	2095	79	24		79	2016	2000				2000
4269	62773	32117	5570	6800	38917	23856	21915	3145	19	7099	11653
	259	48	18		48	211	200				200
	1305	104	98	700	804	502	500				500
3092	16834	9574	958	2477	12051	4783	7517	3145		818	3554
	4799	1506	177	606	2112	2686	2033				2033
1176	42189	21061	4379	3017	24078	18111	14066		19	6281	7766
4223	22319	14685	1929	1199	15884	6435	9740	3145	17	3078	3500
46	5871	1449	212	1275	2724	3146	2142			1079	1063
	10256	3639	53	1654	5293	4963	3735				3735
	9718	8532	3223		8532	1187	1200			1200	
	3721	366	44	23	389	3332	3000				3000
	2255	1759	23	22	1781	474	297				297
	3099	346	57	1497	1843	1256	1048			400	648
	4213	1100		198	1298	2915	710				710
	108	56	6		56	52	52			52	
	3566	312	68	932	1244	2321	2192		2	1290	901

16-14 全市限额以上住宿业

2015年

	三、损益									
	营业收入	主营业务收入	营业成本	主营业务成本	营业税金及附加	主营业务税金及附加	其他业务利润	销售费用	管理费用	税金
住宿业	40050	39777	21449	21283	1611	1594	37	6957	5270	433
1. 按住宿业行业小类分										
旅游饭店	21548	21352	9832	9714	941	923	33	5508	3561	254
一般旅馆	18502	18425	11617	11569	670	670	4	1449	1710	179
2. 按登记注册类型分										
内资企业	40050	39777	21449	21283	1611	1594	37	6957	5270	433
国有企业	792	792	310	310	45	45		209	291	1
集体企业	856	856	625	625	30	30		30	53	
有限责任公司	10412	10311	4575	4474	475	457		3164	2204	81
股份有限公司	795	795	437	437	22	22		69	135	13
私营企业	26216	26043	14883	14818	996	996	37	3451	2520	340
其他企业	980	980	619	619	44	44		35	67	
3. 按控股情况分										
国有控股	1387	1387	622	622	65	65		389	347	1
集体控股	856	856	625	625	30	30		30	53	
私人控股	36001	35746	19411	19263	1433	1416	37	6042	4670	421
其他	1806	1788	792	773	84	84		497	199	12
4. 按经营形式分										
独立门店	39524	39251	21421	21255	1582	1564	37	6957	5130	404
连锁门店	526	526	28	28	30	30			141	30
5. 按单位规模分										
中型	2186	2186	1123	1123	18	18		492	328	56
小型	37827	37554	20309	20143	1593	1575	37	6460	4938	378
微型	38	38	17	17	1	1		5	4	
6. 按星级分										
四星	897	897	158	158	50	50		510	114	50
三星	11516	11506	5727	5727	514	514		2606	1897	159
二星	5341	5341	3089	3089	214	214	5	554	383	71
其他	22297	22034	12475	12309	833	815	32	3287	2877	154
7. 按地区分组	40050	39777	21449	21283	1611	1594	37	6957	5270	433
汉滨区	11310	11124	4204	4132	469	468	28	3599	2080	90
汉阴县	7173	7173	4916	4916	218	218	5	585	331	6
石泉县	5093	5093	3298	3298	212	212		197	353	52
宁陕县	803	803	188	143	60	43		409	495	10
紫阳县	5374	5374	3122	3122	162	162		673	475	70
岚皋县	2347	2347	1352	1352	124	124		433	283	57
平利县	3170	3083	1515	1466	167	167	4	721	625	99
镇坪县	1787	1787	982	982	71	71		110	256	17
旬阳县	770	770	420	420	41	41		52	68	12
白河县	2223	2223	1454	1454	87	87		179	305	22

法人企业财务状况（续）

单位：万元

及分配											四、人工成本及增值税		五、从事住宿和餐饮业活动的从业人员平均人数（人）
财务费用	利息收入	利息支出	资产减值损失	公允价值变动收益	营业利润	营业外收入	政府补助	营业外支出	利润总额	应交所得税	应付职工薪酬（本年贷方累计发生额）	应交增值税	
1109	4	745	11	5	3299	62	1	123	3698	178	6220	4	2465
684	2	361			674	58	1	69	899	51	3909		1489
425	3	384	11	5	2626	4		55	2800	127	2311	4	976
1109	4	745	11	5	3299	62	1	123	3698	178	6220	4	2465
172		172			−235	4		68	−229		179		62
23		14			88				88	3	75		43
277	2	150			−282	13	1		561	42	2690	2	1051
15		10			118				118		107		41
579	3	355	11	5	3439	44	0	55	2988	129	3080	2	1236
44		44			172				172	4	89		32
172	0	172			−207	4		68	−201	6	296		102
23		14			88				88	3	75		43
912	4	557	11	5	3186	55	0	55	3577	165	5491	2	2168
3	0	1			232	2	1		234	4	358	2	152
1107	4	745	11	5	3322	60	1	123	3720	178	6129	4	2435
2					−23	2	0	0	−21		91		30
2					224				224		345		157
1108	4	745	11	5	3065	62	1	123	3464	178	5857	4	2299
					11				11	0	19		9
63	1	64			0				0	0	389		166
300	1	260			472	16		69	743	118	1854		726
197		149			904	3			878	9	600		181
549	3	272	11	5	1923	43	1	55	2077	51	3377	4	1392
1109	4	745	11	5	3299	62	1	123	3698	178	6220	4	2465
544	1	274			65	55	1	68	3	38	2731		1104
201		153			922	3			926	12	580		166
226	1	223	11	5	802			55	729	109	650		249
3					−351				−67		329		114
12					930				930		626		311
13		13			143				143		249		85
11	1	3			139	4		0	144	12	359	2	136
36		27			333				333		191		81
					189				189	4	56	2	28
65	1	53			128				371	3	449		191

16-15 全市限额以上餐饮业

2015年

	法人企业数（个）	执行《2006年企业会计准则》企业数（个）	一、年初存货	二、期末资产						
				流动资产合计	应收帐款	存货	固定资产合计	固定资产原价	累计折旧	本年折旧
餐饮业	113	91	4030	37689	5145	4895	39376	57735	18727	4567
1. 按餐饮业行业小类分										
正餐服务	108	86	3982	37612	5145	4868	39144	57407	18630	4504
快餐服务	5	5	48	77		27	232	328	97	63
2. 按登记注册类型分										
内资企业	113	91	4030	37689	5145	4895	39376	57735	18727	4567
股份合作企业	1		17	200	81	19	474	2460	1986	461
有限责任公司	44	36	2025	17921	2595	3235	10773	18060	7286	2073
股份有限公司	2	2	5	148		145	675	807	133	83
私营企业	64	51	1865	9389	2374	1401	18642	24513	5871	1364
其他企业	2	2	117	10030	96	96	8812	11895	3451	586
3. 按控股情况分										
国有控股	5	5	85	563	22	63	1034	1792	758	99
私人控股	102	81	3943	35308	4873	4832	36466	53756	17658	4326
其他	6	5	2	1818	250	1	1876	2186	311	142
4. 按经营形式分										
独立门店	111	89	4020	37521	5145	4872	39151	57263	18479	4542
连锁总店（总部）	1	1	10	155		11	208	452	243	21
其他	1	1		13		13	16	20	4	4
5. 按单位规模分										
中型	6	3	1363	17093	947	1333	10955	18478	7891	1400
小型	98	79	2460	20132	4008	3402	27185	37712	10527	2968
微型	9	9	206	464	191	161	1236	1545	309	199
6. 按地区分组										
汉滨区	43	38	1169	23498	2188	2437	19708	28275	8935	1862
汉阴县	9	8	41	1319	93	181	3000	3288	288	179
石泉县	5	1	38	341	98	103	612	829	217	173
宁陕县	7	5	90	696	69	77	1780	2568	788	129
紫阳县	5	2		1124	68	19	2372	2544	171	55
岚皋县	5	5	14	239	168	12	934	1178	245	79
平利县	8	5	971	2580	903	490	3639	6494	2855	778
镇坪县	2	2	17	290		20	339	732	392	34
旬阳县	22	19	1555	6553	1010	1383	5201	9814	4613	1179
白河县	7	6	135	1049	549	173	1792	2014	222	98

法人企业财务状况

单位：万元

产	负	债								
在建工程	资产总计	流动负债合计		非流动负债合计	负债合计	所有者权益				
			应付账款				实收资本			
								国家资本	法人资本	个人资本
12671	100196	54389	5750	6851	61240	38956	40021	597	14228	25196
12671	99814	54333	5750	6766	61098	38716	39809	597	14116	25096
	382	57		85	142	240	212		112	100
12671	100196	54389	5750	6851	61240	38956	40021	597	14228	25196
	1570	1310	80	200	1510	60	50			50
4911	36541	18474	2664	2194	20669	15872	14080	597	4372	9111
	875	462	86		462	414	140			140
7392	42368	15672	2182	4456	20128	22240	18951		9856	9095
368	18842	18472	739		18472	370	6800			6800
42	1661	626	90	384	1010	651	597	597		
12334	94362	51443	5595	6467	57910	36452	38595		13799	24796
295	4173	2320	65		2320	1853	829		429	400
12671	99797	54135	5750	6851	60986	38812	39891	597	14198	25096
	369	254			254	115	100			100
	29					29	29		29	
3115	31344	29380	1505		29380	1964	8380			8380
9556	66898	24679	4105	6849	31528	35370	30749	597	13456	16696
	1954	331	140	2	333	1622	891		771	120
5187	56893	36149	3776	4127	40276	16617	24354		8869	15485
52	4498	1010	232	467	1477	3021	1677			1677
25	959	180	76	139	319	640	516		423	92
42	2540	702	156	603	1306	1235	1147	597	451	100
	3496	266	74	277	543	2953	2827			2827
	1485	300	141	114	414	1071	925		220	705
4425	12159	6580	495	446	7026	5133	2525		1975	550
	659	389			389	270	250			250
2605	14198	8056	672	243	8298	5900	4000		1585	2415
335	3308	758	129	435	1193	2115	1800		705	1095

16-15 全市限额以上餐饮业

2015年

	三、损益及分配									
	营业收入	主营业务收入	营业成本	主营业务成本	营业税金及附加	主营业务税金及附加	其他业务利润	销售费用	管理费用	税金
餐饮业	94175	93762	55150	54118	4185	3963	961	15612	9024	625
1. 按餐饮业行业小类分										
正餐服务	92431	92019	54000	52969	4099	3878	961	15575	8896	599
快餐服务	1743	1743	1150	1150	86	85		37	128	26
2. 按登记注册类型分										
内资企业	94175	93762	55150	54118	4185	3963	961	15612	9024	625
股份合作企业	4058	4058	2935	2935	206	206		173	282	159
有限责任公司	46634	46468	29381	28704	2174	1969	455	8255	3763	174
股份有限公司	1731	1731	715	715	42	42	476	388	268	39
私营企业	37035	36788	20447	20323	1581	1564	30	5976	3498	225
其他企业	4718	4718	1672	1441	182	182		820	1214	27
3. 按控股情况分										
国有控股	6450	6450	5217	4669	127	126	226	1353	94	10
私人控股	82731	82357	47714	47259	3766	3602	735	14138	8557	521
其他	4994	4955	2218	2190	292	235		122	373	94
4. 按经营形式分										
独立门店	92878	92466	54358	53326	4099	3877	961	15548	8875	595
连锁总店（总部）	1097	1097	693	693	76	76		63	105	24
其他	200	200	99	99	10	10		2	44	6
5. 按单位规模分										
中型	26967	26967	17697	17466	1201	1201		5663	1893	3
小型	64493	64177	36015	35256	2852	2660	961	9674	6930	584
微型	2715	2618	1438	1396	132	102		275	201	38
6. 按地区分组										
汉滨区	34181	33926	15055	14683	1607	1545	735	10351	4156	176
汉阴县	7299	7249	4389	4320	332	330		453	786	12
石泉县	2891	2891	1527	1527	127	127		38	583	24
宁陕县	6999	6999	5608	5060	143	142	226	1382	144	10
紫阳县	2823	2823	1516	1516	49	49		272	473	43
岚皋县	3831	3831	2394	2394	181	181		350	402	32
平利县	7592	7592	5331	5331	340	340		342	639	182
镇坪县	2205	2205	1408	1408	152	152		128	201	45
旬阳县	24451	24354	16592	16550	1181	1031		2260	1497	79
白河县	1902	1892	1330	1330	73	66		37	142	23

法人企业财务状况（续）

单位：万元

												四、人工成本及增值税		五、从事住宿和餐饮业活动的从业人员平均人数（人）
财务费用	利息收入	利息支出	资产减值损失	公允价值变动收益	投资收益	营业利润	营业外收入	政府补助	营业外支出	利润总额	应交所得税	应付职工薪酬（本年贷方累计发生额）	应交增值税	
2169	12	697	37	15	13	8588	99	1	402	8189	429	14587	277	7014
2160	12	697	37	15	13	8254	99	1	402	7854	420	14409	273	6941
9						334				334	9	178	4	73
2169	12	697	37	15	13	8588	99	1	402	8189	429	14587	277	7014
34		34				428				428		79		31
393	10	250				3217	65	1	58	3185	121	7215	48	4262
0		0				316				316		429		145
756	2	413	37	15	13	4781	34		344	4414	308	6031	230	2260
986						–155				–155		833		316
19	–1	18				188	1		16	172	51	954	24	1702
2139	12	678	37	15	13	6422	99	1	362	6133	373	13059	253	5110
10	0	0				1978			24	1883	5	574		202
2154	12	697	37	15	13	8397	99	1	402	7998	404	14504	277	6974
15		0				146				146	18	45		25
						45				45	7	38		15
1056	0	52				–542	61		8	–489	46	3801	–8	1277
1095	2	641	37	15	13	8479	38	1	385	8260	369	10543	273	5661
18	10	5				651	1	1	10	418	14	243	13	76
1460	1	356				1552	8	1	227	770	65	8257	7	3277
64		22				1275	1			1276	85	686	158	316
153		33	26	8	5	463			119	349	15	489	1	115
39	–1	38				232	1		16	216	62	1234	34	1823
30						484				484	3	365		148
24		24				480				1170		298		126
137	1	88				803				803	44	691	51	313
38		1				278				278	18	91		43
131	11	84	3			2787	61	1	16	2644	122	2075	20	726
93	0	52	8	7	8	234	30		24	198	15	400	7	127

主要统计指标解释

社会消费品零售总额　指企业（单位、个体户）通过交易直接售给个人、社会集团非生产、非经营用的实物商品金额，以及提供餐饮服务所取得的收入金额。个人包括城乡居民和入境人员，社会集团包括机关、社会团体、部队、学校、企事业单位、居委会或村委会等。

社会消费品零售总额包括：（1）售给城乡居民作为生活用的商品和修建房屋用的建筑材料；（2）售给社会集团的各种办公用品和公用消费品；（3）售给机关、团体、学校、部队、企业、事业单位的职工食堂和旅店（招待所）附设专门供本店旅客食用，不对外营业的食堂的各种食品、燃料；企业、单位和国营农场直接售给本单位职工和职工食堂的自己生产的产品；（4）售给部队干部、战士生活用的粮食、副食品、衣着品、日用品、燃料；（5）售给来华的外国人、华侨、港澳台同胞的消费品；（6）居民自费购买的中、西药品、中药材及医疗用品；（7）报社、出版社直接售给居民和社会集团的报纸、图书、杂志，集邮公司出售的新、旧纪念邮票、特种邮票、首日封、集邮册、集邮工具等；（8）旧货寄售商店自购、自销部分的商品；（9）煤气公司、液化石油气站售给居民和社会集团的煤气灶具和罐装液化石油气；（10）农民售给非农业居民和社会集团的商品。不包括售给国民经济各部门企业、事业单位（包括国有经济的农场）生产经营用的各种原材料、燃料、设备、工具等和售给批发零售贸易业、餐饮业作为转卖用的商品，旧货寄售商店受托寄售卖出的商品，服务业的营业收入，邮局出售邮票的收入，自来水、电力、煤气生产（供应）单位的产品供应收入，也不包括农民之间的商品销售。

批发零售贸易业商品购、销、存总额　指各种登记注册类型的批发、零售贸易业（不包括个体）企业（单位）以本企业（单位）为总体的商品购进、销售、库存总额。

商品购进总额　指从本企业以外的单位和个人购进（包括从境外直接进口）作为转卖或加工后转卖的商品金额（含增值税）。它反映批发零售贸易业从国内外市场上购进商品的总价。商品购进总额包括：（1）从工农业生产者、批发和零售企业、住宿和餐饮企业、出版社或报社的出版发行部门和其他服务业企业购进的商品；（2）从机关团体、事业单位购进的商品；（3）从海关、市场管理部门购进的缉私和没收的商品；（4）从居民收购的废旧商品等。不包括企业（单位）为自身经营用和未通过买卖行为而收入的商品以及销售退回、商品升溢等。

商品销售总额　指对本企业（单位）以外的单位和个人出售（包括对境外直接出口）的商品总额。它反映批发零售贸易业在国内市场上销售商品以及出口商品的总量。商品销售总额包括：（1）售给城乡居民和社会集团消费用的商品；（2）售给工业、农业、建筑业、运输邮电业、批发零售贸易业、餐饮业、服务业等作为生产、经营使用的商品；（3）售给批发零售贸易业作为转卖或加工后转卖的商品；（4）对国（境）外直接出口的商品。不包括出售本企业（单位）自用的废旧包装用品；未通过买卖行为付出的商品；经本单位介绍，由买卖双方直接结算，本单位只收取手续费的业务；购货退出的商品以及商品损耗和损失等。

批发零售贸易业库存　指报告期末各种登记注册类型的批发零售贸易企业（单位）已取得所有权的商品。它反映批发零售贸易企业（单位）的商品库存情况和对市场商品供应的保证程度。期末库存包括：（1）存放在批发零售贸易业经营单位（如门市部、批发站、经营处）仓库、货场、货柜和货架中的商品；（2）挑选、整理、包装中的商品；（3）已记入购进而尚未运到本单位的商品，即发货单或银行承兑凭证已到而货未到的部分；（4）寄放他处的商品，如因购货方拒绝承付而暂时存放在购货方的商品和已办完加工成品收回手续而未提回的商品；（5）委托其他单位代销（未作销售或调出）尚未售出的商品；（6）代其他单位购进尚未交付的商品。不包括所有权不属于本单位的商品、拨付除批发零售贸易业以外的其他行业所属独立核算加工厂等加工生产尚未收回成品的商品、代国家物资储备部门保管的商品等。

库存总额采用的计算价格是：农副产品采购单位按购进价计算；批发单位按进货价计算；零售单位按核算价格计算，即按什么价格核算就按什么价格计算。

消费品市场成交额　指从事消费品交易的商品市场的全部商品成交金额。消费品市场包括农副产品市场和工业消费品市场。

17、金融和保险

JIN RONG HE BAO XIAN

资料整理：王　辉

17、金融和保险

2015年全市

金融机构年末人民币存款余额	1032.71亿元
金融机构年末人民币贷款余额	547.20亿元

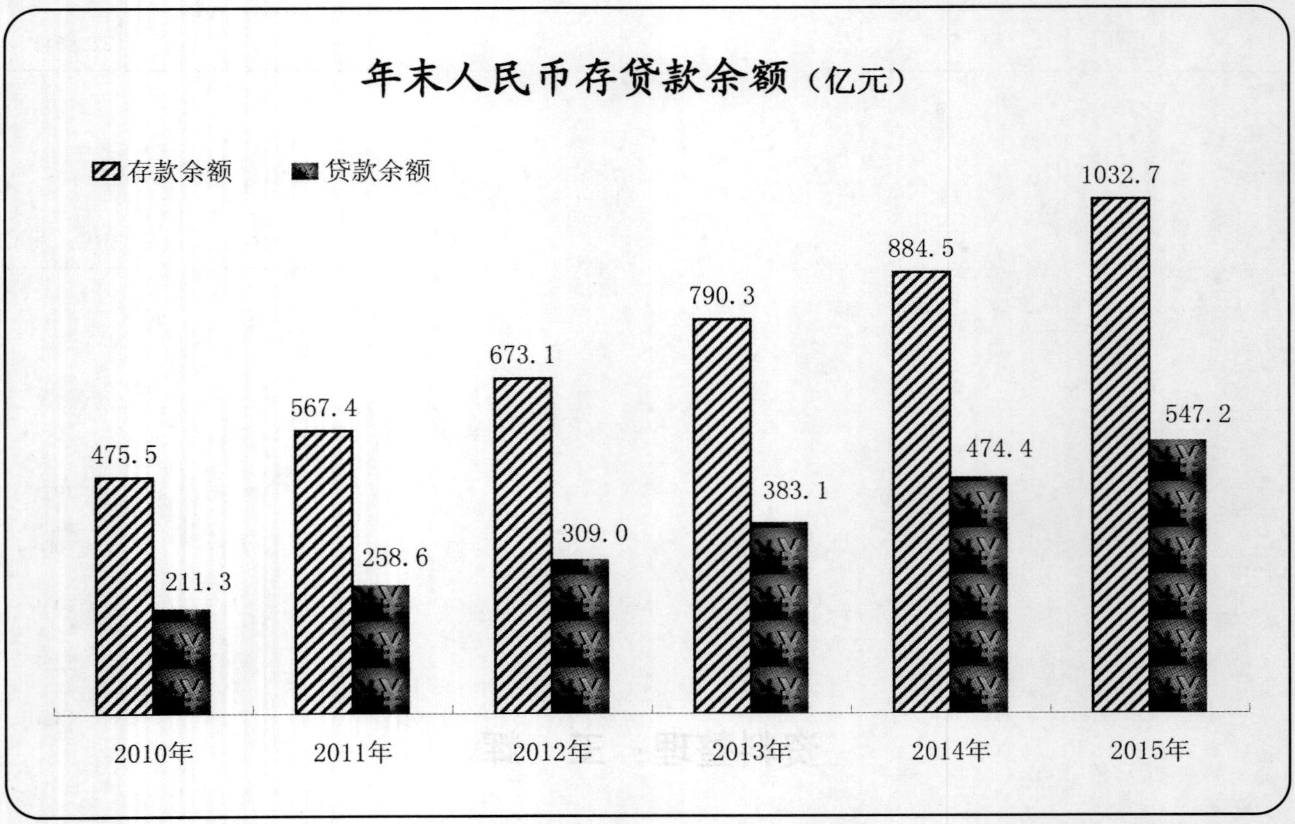

17-1 全市金融机构人民币信贷收支（年末余额）

单位：万元

项　　目	2010年	2011年	2012年	2013年	2014年	2015年
一、各项存款余额	4755392	5673759	6730940	7903487	8845109	10327096
#住户存款						6374352
非金融企业存款						1547893
广义政府存款						2403821
非银行业金融机构存款						309
二、各项贷款余额	2113443	2585879	3089697	3831145	4743529	5471990
#住户贷款						2580573
短期贷款						678408
中长期贷款						1902165
非金融企业及机关团体贷款						2891276
短期贷款						618887
中长期贷款						2238641

17-2 全市证券业主要情况

单位：万元

指　　标	2011年	2012年	2013年	2014年	2015年
证券营业部（个）	2	3	3	3	4
期末证券开户数（户）	25016	24698	26672	30580	37821
#证券市场交易量	773480	659588	1061821	1640977	6363901
股票交易量	759579	582276	848837	1306313	5954439
债券交易量	1922	436	718	1047	5258
基金交易量	2891	25369	37876	63719	91460
权证交易量					
债券融券交易量	9088	51507	174390	269898	310986

17-3 全市保险业保费收入

单位：万元

指　　标	2010年	2011年	2012年	2013年	2014年	2015年
保险公司个数（个）	13	14	16	18	21	24
保费收入	87117	104908	115786	138533	164716	230686
1. 产险收入	24330	28600	34355	41993	48610	55557
#财产险收入	987	1829	1535	2515	2505	2471
责任险收入	1507	1669	2228	2619	2800	3184
机动车辆险收入	20706	23418	27257	31805	37470	43687
农险收入	358	744	1837	3124	3619	3398
货运险收入	42	37	53	72	80	86
意外健康险收入	730	903	1445	1858	2136	2731
2. 寿险收入	62787	76308	81430	96540	116106	175129
#新单期交收入						45996
新单趸交收入						54185
续期收入						62753
意外险收入						5953
健康险收入						6242
产险赔付	11929	14952	19281	22293	24995	28527
寿险给付（含满期给付）	2738	4028	6057	17284	20767	23161
寿险赔款支出	1309	1477	1958	2215	2403	2992
退保金	2921	5419	6825	6820	14930	28718

主要统计指标解释

存款 指企业、机关、团体或居民根据资金必须收回的原则，把货币资金存入银行或其他信贷机构保管并取得一定利息的一种信用活动形式。根据存款对象或性质的不同可划分为企业存款、财政存款、机关团体存款、城乡储蓄存款、农业存款、信托及委托类存款、其他存款等科目。它是银行信贷资金的主要来源。

贷款 指银行或其他信贷机构根据资金必须归还的原则，按一定利率，为企业、个人等提供资金的一种信用活动形式。我国银行贷款分为短期贷款、中长期贷款等。

保险公司 指在中国境内的、经过保险监督管理部门批准设立，并依法登记注册的各类商业保险公司。

保费 指投保人为取得保险人在约定范围内所承担赔偿责任而支付给保险人的费用。

赔款 指保险人根据保险合同的规定，向被保险人支付的赔偿保险责任损失的金额。

给付 包括死伤医疗给付和满期给付。死伤医疗给付是指保险人根据人寿保险及长期健康保险合同的规定，因被保险人在保险期内发生保险责任范围内的保险事故支付给被保险人（或受益人）的金额。满期给付是指被保险人生存期满，保险人按人寿保险合同规定支付给被保险人的满期保险金额。

18、教育科技和文化

JIAO YU KE JI HE WEN HUA

资料整理：潘　冬　罗德琴

18、教育科技和文化

2015年全市

普通高等学校在校学生	2.12万人
普通中学在校学生	14.1万人
普通小学在校学生	17.82万人

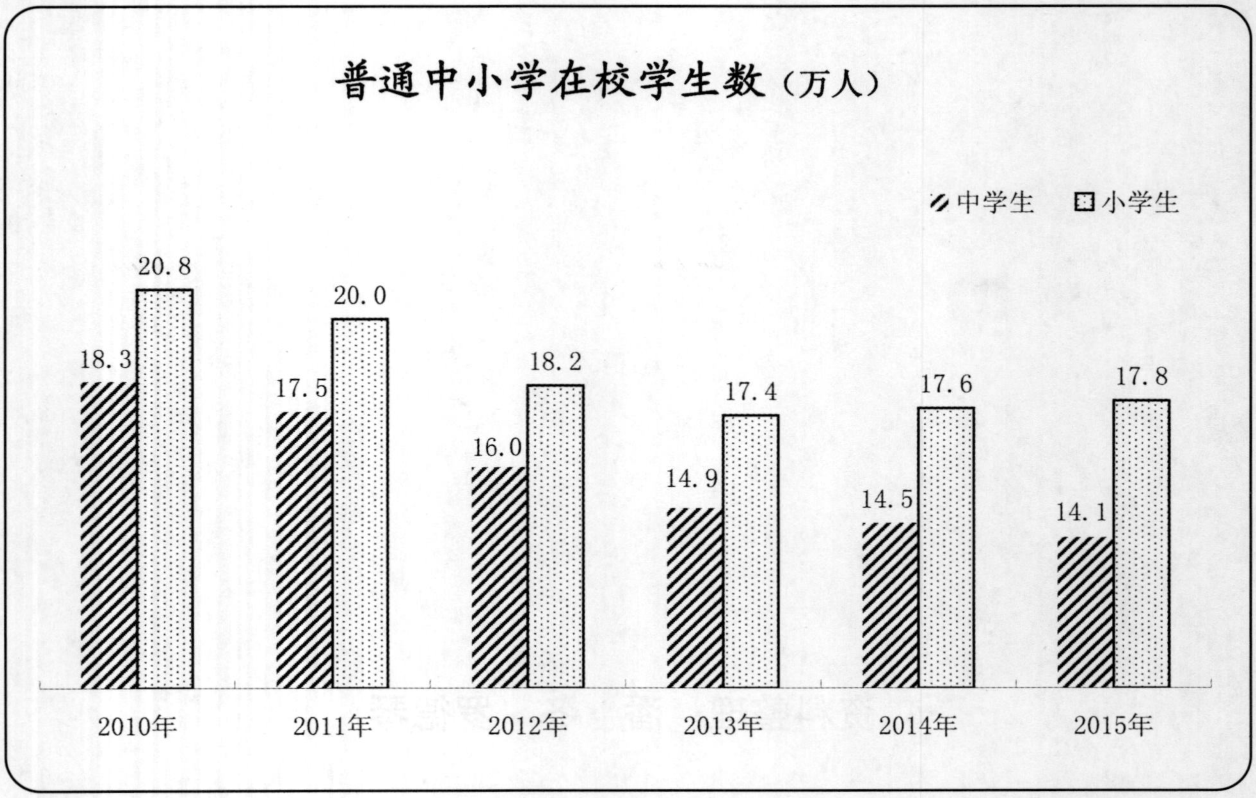

18-1 全市各级各类学校基本情况

2015年　　单位：个、人

	学校数	在校学生数	女	招生数	毕业生数	教职工数	专任教师
普通高等学校	2	21199	15266	6152	5840	1315	899
普通小学	631	178250	82937	29063	27309	10866	10395
普通中学	200	141072	66688	46589	48160	13806	12859
其中：初中	166	83720	39040	27312	28782	8665	8097
高中	34	57352	27648	19277	19378	5141	4762
中等职业	15	22030	10748	8553	7277	813	711
幼儿教育	440	83235	39213	42407	38435	5759	3810
特殊教育	3	1119	439	204	253	74	63

18-2 全市普通中学基本情况

年　份	学校数（所）	招生数（万人）	在校学生数（万人）	毕业生数（万人）	教职工数（人）	专任教师（人）
2000	210	5.7	13.96	3.09	8170	7030
2001	238	6.94	17.55	3.98	10928	9104
2002	216	6.72	17.54	4.24	10061	8841
2003	221	6.85	18.66	4.85	10190	9010
2004	222	6.88	19.37	5.47	10932	9569
2005	222	6.7	19.73	6.01	11083	9878
2006	225	6.81	20.09	6.28	11508	10233
2007	225	6.85	20.38	6.58	12176	10879
2008	222	6.49	19.79	6.71	12362	11147
2009	216	6.3	19.13	6.64	12506	11334
2010	209	5.95	18.27	6.37	12535	11366
2011	199	5.77	17.47	6.2	13558	12461
2012	196	4.88	15.97	5.79	13392	12310
2013	196	4.68	14.88	5.32	13415	12451
2014	196	4.8	14.47	4.97	13501	12547
2015	200	4.65	14.1	4.81	13806	12859

18-3 全市普通小学基本情况

年 份	学校数（所）	招生数（万人）	在校学生数（万人）	毕业生数（万人）	教职工数（人）	专任教师（人）
2000	2677	5.64	38.25	5.59	16022	15023
2001	2272	5.59	37.22	5.93	17638	16482
2002	2168	5.07	34.89	6.18	18076	17107
2003	1958	4.51	32.36	6.06	17635	16644
2004	1879	3.99	29.84	5.81	17633	16380
2005	1724	3.52	27.86	5.38	17097	16101
2006	1487	3.7	26.38	5.29	16723	15849
2007	1303	3.6	24.97	5.19	16530	15755
2008	1175	3.2	23.36	4.84	16126	15307
2009	1000	3.14	21.96	4.54	15652	14866
2010	886	3.05	20.84	4.2	15160	14364
2011	839	2.96	19.95	3.85	13031	12432
2012	773	1.75	18.15	3.57	12405	11899
2013	686	2.4	17.44	3.12	11678	11188
2014	639	2.95	17.56	2.9	11201	10769
2015	631	2.9	17.82	2.73	10866	10395

18-4 全市及各县区各类学校数

2015年

单位：所

	学前教育		基础教育			高中教育	
	幼儿园	其中：附设幼儿班	小学	其中：小学教学点	初中	普通高中	职业高中
全 市	440	628	631	301	166	34	15
汉滨区	159	265	280	16	64	15	5
#市直	2	1	2	0	1	2	0
高新区	5	16	16	1	3	1	0
汉阴县	50	100	83	25	11	3	1
石泉县	16	40	20	30	10	2	1
宁陕县	23	16	21	16	4	1	1
紫阳县	42	75	63	31	18	2	1
岚皋县	23	13	25	3	8	1	1
平利县	19	14	23	25	10	2	1
镇坪县	9	18	10	14	4	1	1
旬阳县	51	84	73	118	29	4	1
白河县	48	3	33	23	8	3	2

18-5 全市普通中学按城乡、部门分类

2015年　　单位：人

	毕业生数		招生数		在校学生数		教职工数	
	高中	初中	高中	初中	高中	初中		专任教师
全　市	19378	28782	19277	27312	57352	83720	13806	12859
其中：教育部门和集体办	19208	28256	17980	26478	54120	80931	13071	12259
民办	170	526	1297	834	3232	2789	735	600
其中：女	9353	13368	9325	12672	27648	39040	5968	5723
1. 城区	4527	5289	4770	5034	14146	15504	1975	1824
教育部门和集体办	4467	5037	4689	4936	13895	15066	1810	1704
民办	60	252	81	98	251	438	165	120
2. 镇区	14851	21921	14507	20853	43206	63907	11111	10344
教育部门和集体办	14741	21647	13291	20117	40225	61556	10541	9864
民办	110	274	1216	736	2981	2351	570	480
3. 乡村	0	1572	0	1425	0	4309	720	691
教育部门和集体办	0	1572	0	1425	0	4309	720	691
合计中：重读生	0	0	0	0	274	200	0	0
少数民族	235	222	171	178	522	536	0	0

18-6 全市普通小学按城乡、部门分类

2015年　　单位：人

	毕业生数	招生数	在校学生数	毕业班学生数
全　市	27309	29063	178250	28464
其中：教育部门和集体办	26994	28951	176965	28155
民办	315	112	1285	309
其中：女	12660	13714	82937	13109
1. 城区	4386	4336	27652	4620
教育部门和集体办	4265	4276	27148	4523
民办	121	60	504	97
2. 镇区	17659	19277	118254	19097
教育部门和集体办	17465	19225	117473	18885
民办	194	52	781	212
3. 乡村	5264	5450	32344	4747
教育部门和集体办	5264	5450	32344	4747
民办	0	0	0	0
一贯制学校小学部	3707	2986	20587	3743
少数民族	200	196	1248	199
重读生	0	0	735	0
其中：女	0	0	295	0
小学教学点	141	1533	4587	111
复式班	39	588	1869	68

18-7 全市及各县区幼儿教育基本情况

2015年 单价：所、个、人

	园数（所）	班数	附设幼儿班	在园（班）幼儿数	附设幼儿班	教职工数	园长	专任教师	保健医	保育员	其他	代课教师
全　市	440	2768	614	83235	14467	5759	448	3810	90	980	431	407
汉滨区	159	1117	287	32007	6858	2346	157	1570	30	404	185	31
汉阴县	50	303	54	9542	1590	799	64	401	35	186	113	40
石泉县	16	164	42	5068	853	462	25	300	4	78	55	0
宁陕县	23	102	22	2176	239	164	24	119	1	9	11	50
紫阳县	42	259	64	8782	1841	342	42	233	3	45	19	180
岚皋县	23	114	13	4055	278	239	15	131	2	65	26	79
平利县	19	145	36	4868	1328	353	26	263	3	45	16	0
镇坪县	9	56	18	1609	335	108	4	93	6	3	2	4
旬阳县	51	315	75	9738	1096	588	57	445	6	80	0	22
白河县	48	193	3	5390	49	358	34	255	0	65	4	1

18-8 全市及各县区普通高中基本情况

2015年 单位：人

	毕业生数	招生数	在校学生数		其中			毕业班学生数
				其中：女	一年级	二年级	三年级	
全　市	19378	19277	57352	27648	19533	18549	19270	19270
汉滨区	6548	8306	23423	11023	8338	7855	7230	7230
汉阴县	1744	1591	5027	2406	1793	1447	1787	1787
石泉县	1100	976	2918	1438	976	903	1039	1039
宁陕县	477	378	1098	624	378	355	365	365
紫阳县	1673	1795	4998	2535	1796	1650	1552	1552
岚皋县	1107	853	2779	1322	874	944	961	961
平利县	1301	1262	3534	1793	1262	1027	1245	1245
镇坪县	590	445	1228	637	445	371	412	412
旬阳县	3212	2474	8123	3845	2474	2554	3095	3095
白河县	1626	1197	4224	2025	1197	1443	1584	1584

18-9 全市及各县区普通初中基本情况

2015年

单位：人

	毕业生数	招生数	在校学生数		其中			毕业班学生数
				其中：女	一年级	二年级	三年级	
全　市	28782	27312	83720	39040	27488	28198	28034	28034
汉滨区	11107	10939	33263	15225	10965	11105	11193	11193
汉阴县	2694	2790	8283	3945	2824	2778	2681	2681
石泉县	1472	1402	4384	2105	1402	1493	1489	1489
宁陕县	518	536	1720	816	577	573	570	570
紫阳县	3129	3237	9698	4632	3239	3347	3112	3112
岚皋县	1471	1347	4199	1963	1404	1434	1361	1361
平利县	2210	1583	4911	2381	1596	1625	1690	1690
镇坪县	525	503	1493	719	504	484	505	505
旬阳县	3977	3331	10795	4972	3331	3674	3790	3790
白河县	1679	1644	4974	2282	1646	1685	1643	1643

18-10 全市及各县区职业中学基本情况

2015年

单位：人

	毕（结）业生数	其中：获得职业资格证书	招生数	其中：职业高中招生数	招收应届初中毕业生	在校学生数	一年级	二年级	三年级	预计毕业生数
全　市	7277	6645	8553	7957	8352	22030	8553	6910	6567	6567
汉滨区	2310	1804	2374	1778	2374	7091	2374	2680	2037	2037
汉阴县	1265	1265	1025	1025	1025	3483	1025	1161	1297	1297
石泉县	712	712	483	483	463	1634	483	506	645	645
宁陕县	168	42	0	0	0	278	0	138	140	140
紫阳县	212	212	1210	1210	1210	1476	1210	149	117	117
岚皋县	142	142	585	585	585	817	585	97	135	135
平利县	367	367	860	860	860	1730	860	517	353	353
镇坪县	58	58	0	0	0	132	0	87	45	45
旬阳县	1165	1165	1511	1511	1363	3810	1511	1174	1125	1125
白河县	878	878	505	505	472	1579	505	401	673	673

18-11 全市及各县区小学基本情况

2015年 单位：人

	毕业生数	招生数	其中：受过学前教育	在校学生数	其中：女	其中：一年级	二年级	三年级	四年级	五年级	六年级	毕业班学生数	教职工	专任教师
全　市	27309	29063	28009	178250	82937	29666	29927	29765	30973	29455	28464	28464	10866	10395
汉滨区	10665	9446	8706	62306	28754	9556	10249	10225	10711	10898	10667	10667	3625	3553
汉阴县	2813	3561	3457	19489	9090	3574	3347	3308	3321	2943	2996	2996	1035	986
石泉县	1412	1725	1724	9882	4660	1725	1700	1656	1732	1544	1525	1525	757	714
宁陕县	587	605	605	3771	1794	628	757	592	610	616	568	568	397	333
紫阳县	3255	3772	3687	21903	10196	3782	3586	3508	4064	3582	3381	3381	979	934
岚皋县	1385	1744	1742	9865	4745	1746	1550	1644	1789	1653	1483	1483	572	553
平利县	1738	1630	1581	12074	5606	2037	2181	2266	1963	1832	1795	1795	1040	971
镇坪县	533	680	680	3746	1780	680	588	633	690	605	550	550	278	269
旬阳县	3375	4057	4020	22786	10667	4085	3880	3728	3765	3650	3678	3678	1465	1375
白河县	1546	1843	1807	12428	5645	1853	2089	2205	2328	2132	1821	1821	718	707

注：本表小学专任教师包括一贯制学校小学教师。

18-12 全市文化事业机构和人员

单位：个、人

	2010年		2011年		2012年		2013年		2014年		2015年	
	机构数	人数	机构数	人数	机构数	人数	机构数	人数	机构数	人数	机构数	人数
总　计	247	1215	240	1031	239	1134	239	961	239	984	170	923
一、艺术事业	9	211	9	123	8	164	8	161	8	161	8	169
表演团体	3	170	3	98	3	127	3	130	3	130	3	139
表演场所	6	41	6	25	5	37	5	31	5	31	5	30
二、图书馆事业	11	76	11	97	11	95	11	89	11	76	11	78
三、群众文化事业	211	671	211	688	211	699	211	699	211	747	151	676
四、教育事业												
五、文艺科研事业	1	12	1	11	1	12	1	12	1	12		
六、其他文化产业	15	245	0	0								

18-13　全市群众艺术馆、文化馆（站）活动情况

	单位	2010年	2011年	2012年	2013年	2014年	2015年
机构数	个	210	211	211	211	211	151
举办展览次数	次	597	233	324	293	373	426
组织文艺活动次数	次	1135	968	1443	1808	1808	1789
举办训练班班次	次	562	607	625	800	880	895
举办训练班结业人数	万人次	6	5	6		5.5	5
藏书	万册	21	49.7	46	54.3	56.8	47.4
藏文物	件						
总收入	万元	3119.6	5279.3	4942	5104.2	6963	5257
总支出	万元	3412	5757.3	4902.5	5214	5437	5265

注：1997年起统计数据包含了乡镇文化站的活动情况。

18-14　全市文物事业

	单　位	2015年
一、文物机构		
机构数	个	9
人员数	人	25
藏品件数	件	5599
#一级品	件	1
二、博物馆		
机构数	个	6
人员数	人	68
藏品件数	件	16365
#一级品	件	71
参观人数	人次	662419

18-15　全市广播电视基本情况

	单　位	2015年
一、无线广播宣传基本情况		
广播电台	座	2
发射台及转播台	座	19
发射机功率	部／千瓦	45/31.2
节目套数	套	3
平均每日播出时间	时：分	13.22
广播人口覆盖率	%	95.24
全年制作广播节目	时	9902
新闻节目	时	3090
专题节目	时	1755
文艺节目	时	755
广告节目	时	365
其他节目	时	3917
二、电视宣传基本情况		
电视台	座	10
发射台及转播台	座	19
发射机功率	部／千瓦	20/40.1
节目套数	套	11
平均每周播出时间	时：分	82
电视人口覆盖率	%	97.37
卫星收转系统	座	10
制作电视节目	时	7175
新闻节目	时	2052
专题节目	时	1192
文艺节目	时	950
广告节目	时	668
其他节目	时	2313
三、县级广播电视基本情况		
县广播电视台	个	9

18-16 全市开发区基本情况

	单 位	2015年	2014年
一、基本概况			
1. 园区规划面积	平方公里	28	28
2. 已开发面积	平方公里	13.5	12
其中：工业用地面积	平方公里	3.5	2.9
3. 年末企业个数	个	446	387
其中：高新技术企业个数	个	5	2
其中：工业企业个数	个	135	127
其中：规模以上工业企业个数	个	41	33
4. 年末从业人员	人	14252	12709
其中：大专以上学历人数	人	6682	5602
其中：工业企业从业人员	人	5359	5353
其中：规模以上工业企业从业人员	人	2539	2533
其中：研究与实验发展（R&D）人员	人	204	98
5. 固定资产投资	万元	703287	513299
其中：基础设施投资额	万元	169508	115700
其中：工业完成投资额	万元	200547	168013
二、招商引资			
1. 利用外商直接投资			
①新批外商直接投资项目个数	个		
②当年全部建成投产项目个数	个		
③实际到位外资金额	万美元		
2. 利用内资情况			
①引进内资项目个数	个	13	16
②实际到位内资项目资金	万元	588000	426900
三、经济发展			
1. 财政收入	万元	83114.78	66800
其中：地方一般预算收入	万元	20282.98	15100
2. 规模以上工业企业总产值	万元	764242	585945
其中：高技术产业产值	万元	96700	72880
3. 规模以上工业企业销售产值	万元	761359	578768
4. 规模以上工业主营业务收入	万元	693838	540769
5. 规模以上工业企业利润总额	万元	67010	41529
6. 规模以上工业企业应交税金总额	万元	9794	17944
7. 进出口总额	万美元	231.42	149.8
其中：出口总额	万美元	231.42	149.8
四、科技研发			
1. 当年科技活动经费支出总额	万元	2856.1	936
其中：研究与实验发展（R&D）经费支出	万元	1450.9	675.3
2. 专利申请数	件	35	32
3. 拥有专利数	件	32	16
其中：拥有发明专利数	件	22	4

18-17 规模以上工业法人单位R&D人员情况

2015年

	R&D人员合计（人）	#1. 参加项目人员	2. 管理和服务人员	#女性	#研究人员	#1. 全时人员	2. 非全时人员	R&D人员折合全时当量合计（人年）	#研究人员	#1. 基础研究人员	2. 应用研究人员	3. 试验发展人员
总　　计	679	614	65	186	395	396	283	322	234		22	300
一、按企业规模分组												
中型	49	49		10	10	19	30	10	4			10
小型	613	556	57	172	368	362	251	296	214		22	273
微型	17	9	8	4	17	15	2	17	17			17
二、按隶属关系分组												
中央	17	9	8	4	17	15	2	17	17			17
省（自治区、直辖市）	50	50		5	19	25	25	9	2			9
地（区、市、州、盟）	144	95	49	53	81	57	87	70	68		1	69
县（区、市、旗）	77	74	3	20	55	66	11	30	25		3	27
其他	391	386	5	104	223	233	158	196	123		19	177
三、按登记注册类型分组												
内资企业	615	550	65	164	392	388	227	321	234		22	300
国有企业	17	9	8	4	17	15	2	17	17			17
股份合作企业	5	5		1	2	3	2	2	1			2
有限责任公司	174	171	3	44	108	135	39	60	38		3	57
其他有限责任公司	174	171	3	44	108	135	39	60	38		3	57
股份有限公司	114	65	49	36	80	61	53	75	67			75
私营企业	305	300	5	79	185	174	131	167	111		19	149
私营独资企业	12	12		4	12	11	1	10	10		7	3
私营有限责任公司	287	282	5	73	170	161	126	154	100		12	142
私营股份有限公司	6	6		2	3	2	4	4	2			4
港、澳、台商投资企业	64	64		22	3	8	56	1	0		1	1
合资经营企业（港或澳、台资）	64	64		22	3	8	56	1	0		1	1
四、按国民经济行业大类分组												
采矿业	6	6		1	1	2	4	4	1			4
非金属矿采选业	6	6		1	1	2	4	4	1			4
制造业	656	599	57	181	377	379	277	301	216		22	279
农副食品加工业	110	108	2	31	72	80	30	65	44		15	50
食品制造业	12	11	1	3	11	7	5	10	9			10
酒、饮料和精制茶制造业	143	141	2	39	67	88	55	53	36		7	47
木材加工和木、竹、藤、棕、草制品业	23	22	1	6	13	15	8	16	8			16
化学原料和化学制品制造业	61	61		10	21	27	34	22	6			22
医药制造业	188	138	50	65	107	83	105	84	75		1	83
非金属矿物制品业	7	6	1	2	7	4	3	5	5			5
黑色金属冶炼和压延加工业	9	9		2	5	4	5	6	4			6
有色金属冶炼和压延加工业	32	32		3	24	22	10	6	4			6
金属制品业	16	16		3	11	5	11	10	7			10
通用设备制造业	7	7		1	7	5	2	7	7			7
专用设备制造业	4	4		3	1	4		1	0			1
汽车制造业	31	31		5	21	25	6	3	2			3
电气机械和器材制造业	13	13		8	10	10	3	12	9			12
电力、热力、燃气及水生产和供应业	17	9	8	4	17	15	2	17	17			17
电力、热力生产和供应业	17	9	8	4	17	15	2	17	17			17
五、按经济成分分组												
公有经济	165	108	57	42	119	105	60	95	85			95
非公有经济	514	506	8	144	276	291	223	227	149		22	205
六、按企业控股情况分组												
国有控股	81	73	8	10	47	54	27	28	20			28
集体控股	84	35	49	32	72	51	33	67	65			67
私人控股	450	442	8	122	273	283	167	226	149		22	205
其他	64	64		22	3	8	56	1	0		1	1

18-18 规模以上工业法人单位R&D经费情况

2015年　　单位：万元

	R&D经费内部支出合计	按活动类型分组		按支出用途分组					按资金来源分组			R&D经费外部支出合计			
		2. 应用研究支出	3. 试验发展支出	1. 经常费支出	#人员劳务费	2. 资产性支出	#①土建工程支出	②仪器设备	1. 政府资金	2. 企业资金	4. 其他资金		对境内研究机构支出	对境内高等学校支出	对境内企业支出
总　计	7675	346	7329	6423	2313	1252	52	1200	1473	6136	66	672	366	301	5
一、按企业规模分组															
中型	564		564	489	132	75		75	128	436		105		105	
小型	7110	346	6764	5933	2181	1176	52	1124	1345	5699	66	548	347	196	5
微型	1		1	1	1					1		19	19		
二、按隶属关系分组															
中央	1		1	1	1					1		19	19		
省（自治区、直辖市）	1199		1199	1086	150	113		113	301	898					
地（区、市、州、盟）	1107	25	1082	1021	369	85		85	28	1079		75	25	50	
县（区、市、旗）	1163	103	1060	881	385	283	38	244	61	1070	33	80	68	12	
其他	4205	218	3987	3434	1408	771	14	757	1083	3089	33	498	254	239	5
三、按登记注册类型分组															
内资企业	7625	321	7304	6373	2303	1252	52	1200	1473	6086	66	647	341	301	5
国有企业	1		1	1	1					1		19	19		
股份合作企业	16		16	16	7					16					
有限责任公司	3158	103	3054	2739	662	419	43	376	436	2689	33	107	77	30	
其他有限责任公司	3158	103	3054	2739	662	419	43	376	436	2689	33	107	77	30	
股份有限公司	1281		1281	1135	489	147		147	31	1217	33	62		62	
私营企业	3169	218	2951	2483	1145	686	9	677	1006	2163		459	245	209	5
私营独资企业	150	140	11	144	65	6		6	83	67					
私营有限责任公司	2946	78	2868	2290	1044	657	8	648	903	2043		459	245	209	5
私营股份有限公司	73		73	49	36	24	1	23	20	53					
港、澳、台商投资企业	50	25	25	50	10					50		25	25		
合资经营企业（港或澳、台资）	50	25	25	50	10					50		25	25		
四、按国民经济行业大类分组															
采矿业	29		29	24	13	5		5		29		8	8		
非金属矿采选业	29		29	24	13	5		5		29		8	8		
制造业	7645	346	7299	6398	2299	1247	52	1195	1473	6106	66	645	339	301	5
农副食品加工业	1442	182	1260	1043	468	399	16	383	294	1148		196	161	30	5
食品制造业	140		140	135	47	5		5		140		41	35	6	
酒、饮料和精制茶制造业	1406	140	1266	1268	497	138	3	136	358	1015	33	110	3	107	
木材加工和木、竹、藤、棕、草制品业	98		98	84	50	14	0	14	4	94		10	10		
化学原料和化学制品制造业	421		421	328	138	93		93	1	420		18	10	8	
医药制造业	1499	25	1474	1336	536	163	28	134	78	1387	33	105	25	80	
非金属矿物制品业	86		86	86	37				30	56		45	45		
黑色金属冶炼和压延加工业	76		76	62	46	14	0	14	21	55		2		2	
有色金属冶炼和压延加工业	1291		1291	1065	175	226	5	221	560	731		100	50	50	
金属制品业	124		124	100	79	24	0	23	31	93		3		3	
通用设备制造业	102		102	56	43	46	0	46		102		15		15	
专用设备制造业	251		251	165	29	86		86	86	165					
汽车制造业	643		643	604	103	39		39		643					
电气机械和器材制造业	68		68	68	52				10	58					
电力、热力、燃气及水生产和供应业	1		1	1	1					1		19	19		
电力、热力生产和供应业	1		1	1	1					1		19	19		
五、按经济成分分组															
公有经济	2525		2525	2274	608	251		251	301	2224		81	19	62	
非公有经济	5149	346	4803	4149	1705	1000	52	948	1172	3911	66	591	347	239	5
六、按企业控股情况分组															
国有控股	1510		1510	1364	226	146		146	301	1209		19	19		
集体控股	1016		1016	911	382	105		105		1016		62		62	
私人控股	5099	321	4778	4099	1695	1000	52	948	1172	3861	66	566	322	239	5
其他	50	25	25	50	10					50		25	25		

18-19 规模以上工业法人单位全部R&D项目情况

2015年

	项目数（项）	参加项目人员（人）	项目人员折合全时当量（人年）	研发项目经费内部支出（万元）	政府资金
总　计	88	614	264	6543.5	1249
一、按企业规模分组					
中型	5	49	10	539	
小型	82	556	245	6003.5	
微型	1	9	9	1	
中央	1	9	9	1	
二、按隶属关系分组					
省（自治区、直辖市）	5	50	9	1198.8	
地（区、市、州、盟）	9	95	24	503.7	
县（区、市、旗）	17	74	29	994.1	
其他	56	386	192	3845.9	
三、按登记注册类型分组					
内资企业	86	550	263	6493.5	
国有企业	1	9	9	1	
股份合作企业	1	5	2	15.6	
有限责任公司	33	171	60	3004.9	
其他有限责任公司	33	171	60	3004.9	
股份有限公司	10	65	29	653.4	
私营企业	41	300	163	2818.6	
私营独资企业	2	12	10	150.2	
私营有限责任公司	38	282	150	2596.4	
私营股份有限公司	1	6	4	72	
港、澳、台商投资企业	2	64	1	50	
合资经营企业（港或澳、台资）	2	64	1	50	
四、按国民经济行业大类分组					
采矿业	1	6	4	29	
非金属矿采选业	1	6	4	29	
制造业	86	599	251	6513.5	
农副食品加工业	16	108	64	1365	
食品制造业	2	11	9	139.5	
酒、饮料和精制茶制造业	26	141	52	1371.4	
木材加工和木、竹、藤、棕、草制品业	4	22	16	97	
化学原料和化学制品制造业	8	61	22	421.3	
医药制造业	15	138	37	804.7	
非金属矿物制品业	1	6	4	85.5	
黑色金属冶炼和压延加工业	1	9	6	75	
有色金属冶炼和压延加工业	2	32	6	1066.1	
金属制品业	1	16	10	110	
通用设备制造业	1	7	7	102	
专用设备制造业	1	4	1	165	
汽车制造业	7	31	3	643	
电气机械和器材制造业	1	13	12	68	
电力、热力、燃气及水生产和供应业	1	9	9	1	
电力、热力生产和供应业	1	9	9	1	
五、按经济成分分组					
公有经济	17	108	42	1897.4	
非公有经济	71	506	223	4646.1	
六、按企业控股情况分组					
国有控股	10	73	20	1509.8	
集体控股	7	35	21	387.6	
私人控股	69	442	222	4596.1	
其他	2	64	1	50	

18-20 规模以上工业法人单位办研发机构情况

2015年

	机构数（个）	机构人员合计（人）	#博士毕业	硕士毕业	本科毕业	机构经费支出（万元）	仪器和设备原价（万元）	进口
总计	29	323	10	24	147	3403.5	1990.9	86
一、按企业规模分组								
中型	2	39	1		8	494	150.6	
小型	27	284	9	24	139	2909.5	1840.3	86
二、按隶属关系分组								
地（区、市、州、盟）	2	120	1	6	30	1046.2	1035	
县（区、市、旗）	4	47	2	4	35	818.4	490.3	
镇	1	6	2	1	3	51	14.2	
其他	22	150	5	13	79	1487.9	451.4	86
三、按登记注册类型分组								
内资企业	29	323	10	24	147	3403.5	1990.9	86
有限责任公司	10	80	7	7	52	1100.7	691.9	
其他有限责任公司	10	80	7	7	52	1100.7	691.9	
股份有限公司	1	117		6	28	930	885	
私营企业	18	126	3	11	67	1372.8	414	86
私营独资企业	1	12		2	10	123.8	37.5	
私营有限责任公司	17	114	3	9	57	1249	376.5	86
四、按国民经济行业大类分组								
制造业	29	323	10	24	147	3403.5	1990.9	86
农副食品加工业	6	46	1	2	30	500	275.5	
食品制造业	1	6		2	4	56.3	20.7	
酒、饮料和精制茶制造业	8	80	1	5	40	908.9	130	
化学原料和化学制品制造业	2	12	1	3	8	37	40.3	
医药制造业	4	130	3	6	36	1211.3	1334.6	
非金属矿物制品业	2	11	2	2	7	96	44.8	
有色金属冶炼和压延加工业	2	8	1	2	5	10	10	
专用设备制造业	1	4			1	251	86	86
汽车制造业	3	26	1	2	16	333	49	
五、按经济成分分组								
公有经济	2	131		6	39	1243	919	
非公有经济	27	192	10	18	108	2160.5	1071.9	86
六、按企业控股情况分组								
国有控股	1	14			11	313	34	
集体控股	1	117		6	28	930	885	
私人控股	27	192	10	18	108	2160.5	1071.9	86

18-21 规模以上工业法人单位自主知识产权保护情况

2015年

	专利申请数（件）	发明专利	有效发明专利数（件）	境外授权	已被实施	专利所有权转让及许可数（项）	专利所有权转让与许可收入（万元）	发表科技论文（篇）	拥有注册商标（件）	境外注册	形成国家或行业标准（项）
总　　计	131	48	79		9			11	22	6	5
一、按企业规模分组											
中型	4	1	4		1				1		
小型	124	46	75		8			2	21	6	5
微型	3	1						9			
二、按隶属关系分组											
中央	3	1						9			
省（自治区、直辖市）	2	2									
地（区、市、州、盟）	5	5	23		4						
县（区、市、旗）	16	1	10		2				3		
其他	105	39	46		3			2	19	6	5
三、按登记注册类型分组											
内资企业	131	48	77		9			11	22	6	5
国有企业	3	1						9			
股份合作企业			2		2				1		
有限责任公司	24	6	11		3			1	4		2
其他有限责任公司	24	6	11		3			1	4		2
股份有限公司	3	3	19		2						
私营企业	101	38	45		2			1	17	6	3
私营独资企业	1								1		
私营有限责任公司	97	38	45		2			1	16	6	3
私营股份有限公司	3										
港、澳、台商投资企业			2								
合资经营企业（港或澳、台资）			2								
四、按国民经济行业大类分组											
制造业	128	47	79		9			2	22	6	5
农副食品加工业	45	26	4						3	1	
食品制造业	8										
酒、饮料和精制茶制造业	35	5	41		2			2	18	5	5
化学原料和化学制品制造业	3	3									
医药制造业	6	5	26		6				1		
黑色金属冶炼和压延加工业	4	1									
有色金属冶炼和压延加工业	7	3	1		1						
金属制品业	3	1									
通用设备制造业	10	2									
汽车制造业	7	1	7								
电力、热力、燃气及水生产和供应业	3	1						9			
电力、热力生产和供应业	3	1						9			
五、按经济成分分组											
公有经济	15	7	28		4			9	1		
非公有经济	116	41	51		5			2	21	6	5
六、按企业控股情况分组											
国有控股	12	4	7					9			
集体控股	3	3	21		4				1		
私人控股	116	41	49		5			2	21	6	5
其他			2								

18-22 规模以上工业法人单位新产品开发、生产及销售情况

2015年

	新产品开发项目数（项）	新产品开发经费支出（万元）	新产品产值（万元）	新产品销售收入（万元）	
					出口
总计	89	6557.8	75643.7	68884.7	
一、按企业规模分组					
中型	4	447.8			
小型	85	6110	75643.7	68884.7	
二、按隶属关系分组					
省（自治区、直辖市）	3	157.4			
地（区、市、州、盟）	6	940.5			
县（区、市、旗）	16	1192.7	12137.1	11294	
镇			4960.2	4784.1	
其他	64	4267.2	58546.4	52806.6	
三、按登记注册类型分组					
内资企业	89	6557.8	75643.7	68884.7	
有限责任公司	29	1767.6	39586.7	36004	
其他有限责任公司	29	1767.6	39586.7	36004	
股份有限公司	9	1226.1			
私营企业	51	3564.1	36057	32880.7	
私营独资企业	1	10.7			
私营有限责任公司	41	3407.9	34407	31230.7	
私营股份有限公司	9	145.5	1650	1650	
四、按国民经济行业大类分组					
采矿业	1	29	75	75	
非金属矿采选业	1	29	75	75	
制造业	88	6528.8	75568.7	68809.7	
农副食品加工业	16	1242.9	15912.4	15811.5	
食品制造业	2	139.5	600	600	
酒、饮料和精制茶制造业	28	1452.1	28296.5	25611.5	
木材加工和木、竹、藤、棕、草制品业	3	89			
化学原料和化学制品制造业	8	604.2	14281.9	11338.5	
医药制造业	8	1135.2	4766.1	4766.1	
非金属矿物制品业	9	158.5	6610.2	6434.1	
黑色金属冶炼和压延加工业	1	75.6	785.6	775.1	
金属制品业	2	185.5			
通用设备制造业	2	732.3			
汽车制造业	8	646	4316	3472.9	
电气机械和器材制造业	1	68			
五、按经济成分分组					
公有经济	14	1470.4	4316	3472.9	
非公有经济	75	5087.4	71327.7	65411.8	
六、按企业控股情况分组					
国有控股	8	470.4	4316	3472.9	
集体控股	6	1000			
私人控股	75	5087.4	71327.7	65411.8	

18-23　规模以上工业法人单位研发机构情况

2015年

	企业数（个）	#有R&D活动	#有研发机构
总　　计	505	67	27
一、按企业规模分组			
中型	22	3	2
小型	466	63	25
微型	17	1	
二、按隶属关系分组			
中央	4	1	
省（自治区、直辖市）	8	3	
地（区、市、州、盟）	12	4	2
县（区、市、旗）	56	10	4
街道	1		
镇	4		1
乡	3		
其他	417	49	20
三、按登记注册类型分组			
内资企业	501	66	27
国有企业	6	1	
集体企业	1		
股份合作企业	2	1	
有限责任公司	164	22	9
国有独资公司	1		
其他有限责任公司	163	22	9
股份有限公司	12	4	1
私营企业	316	38	17
私营独资企业	19	1	1
私营合伙企业	3		
私营有限责任公司	267	36	16
私营股份有限公司	27	1	
港、澳、台商投资企业	2	1	
合资经营企业(港或澳、台资)	1	1	
港、澳、台商独资经营企业	1		
外商投资企业	2		
中外合资经营企业	1		
外资企业	1		
四、按国民经济行业大类分组			
采矿业	79	1	
煤炭开采和洗选业	16		
黑色金属矿采选业	8		
有色金属矿采选业	14		
非金属矿采选业	41	1	

18-23 规模以上工业法人单位研发机构情况（续）

2015年

	企业数（个）	#有R&D活动	#有研发机构
制造业	400	65	27
农副食品加工业	73	15	6
食品制造业	19	2	1
酒、饮料和精制茶制造业	67	17	8
纺织业	12		
纺织服装、服饰业	6		
皮革、毛皮、羽毛及其制品和制鞋业	1		
木材加工和木、竹、藤、棕、草制品业	6	4	
家具制造业	3		
造纸和纸制品业	1		
印刷和记录媒介复制业	4		
文教、工美、体育和娱乐用品制造业	1		
石油加工、炼焦和核燃料加工业	1		
化学原料和化学制品制造业	21	6	2
医药制造业	22	10	4
橡胶和塑料制品业	5		
非金属矿物制品业	100	1	2
黑色金属冶炼和压延加工业	3	1	
有色金属冶炼和压延加工业	10	2	1
金属制品业	11	1	
通用设备制造业	4	1	
专用设备制造业	6	1	1
汽车制造业	7	3	2
铁路、船舶、航空航天和其他运输设备制造业	1		
电气机械和器材制造业	11	1	
计算机、通信和其他电子设备制造业	2		
其他制造业	2		
废弃资源综合利用业	1		
电力、热力、燃气及水生产和供应业	26	1	
电力、热力生产和供应业	22	1	
燃气生产和供应业	2		
水的生产和供应业	2		
五、按经济成分分组			
公有经济	31	8	2
非公有经济	474	59	25
六、按企业控股情况分组			
国有控股	24	5	1
集体控股	7	3	1
私人控股	457	58	25
港澳台商控股	1		
外商控股	2		
其他	14	1	

主要统计指标解释

普通高等学校 指按照国家规定的设置标准和审批程序批准举办的，通过全国普通高等学校统一招生考试，招收高中毕业生为主要培养对象，实施高等教育的全日制大学、独立设置的学院和高等专科学校、高等职业学校和其他机构。

中等职业学校 是在高中教育阶段进行的职业教育，也包括部分高中后职业培训，招生对象是初中毕业生和具有与初中同等学历的人员，基本学制为三年制，其定位是在义务教育的基础上培养大量技能型人才与高素质劳动者。中等职业学校分为公办和民办两大类。

特殊教育学校 特殊教育（special education）运用特殊的方法、设备和措施对特殊的对象进行的教育。所谓特殊的对象，狭义的是指身心有缺陷的人，即盲、聋、哑、智力落后或肢残、病弱的儿童、青少年和成人；广义的则兼指超常儿童、有品德缺陷的问题儿童和精神病的儿童等（见特殊儿童教育学）。

成人高等学校 指按照国家有关规定审批，招收通过全国成人高教统一招生考试的具有高中毕业或同等学历的在职从业人员利用脱产、半脱产、业余或函授等多种形式对其实施高等学历教育，培养高等教育专科或本科毕业水平的专门人才，修业年限、课程设置和总学时数均按高等学历教育要求付诸实施的学校。包括广播电视大学、职工商等学校、农民高等学校、管理干部学院、教育学院、独立设置的函授学院等。

19、体育、卫生、社会福利和其他

TI YU WEI SHENG SHE HUI FU LI HE QI TA

资料整理：潘　冬

19、体育、卫生、社会福利和其他

2015年全市

等级运动员发展人数	17人
等级裁判员发展人数	275人
卫生机构	3113个
# 医院	43个
卫生技术人员	14765人
# 执业（助理）医师	4349人

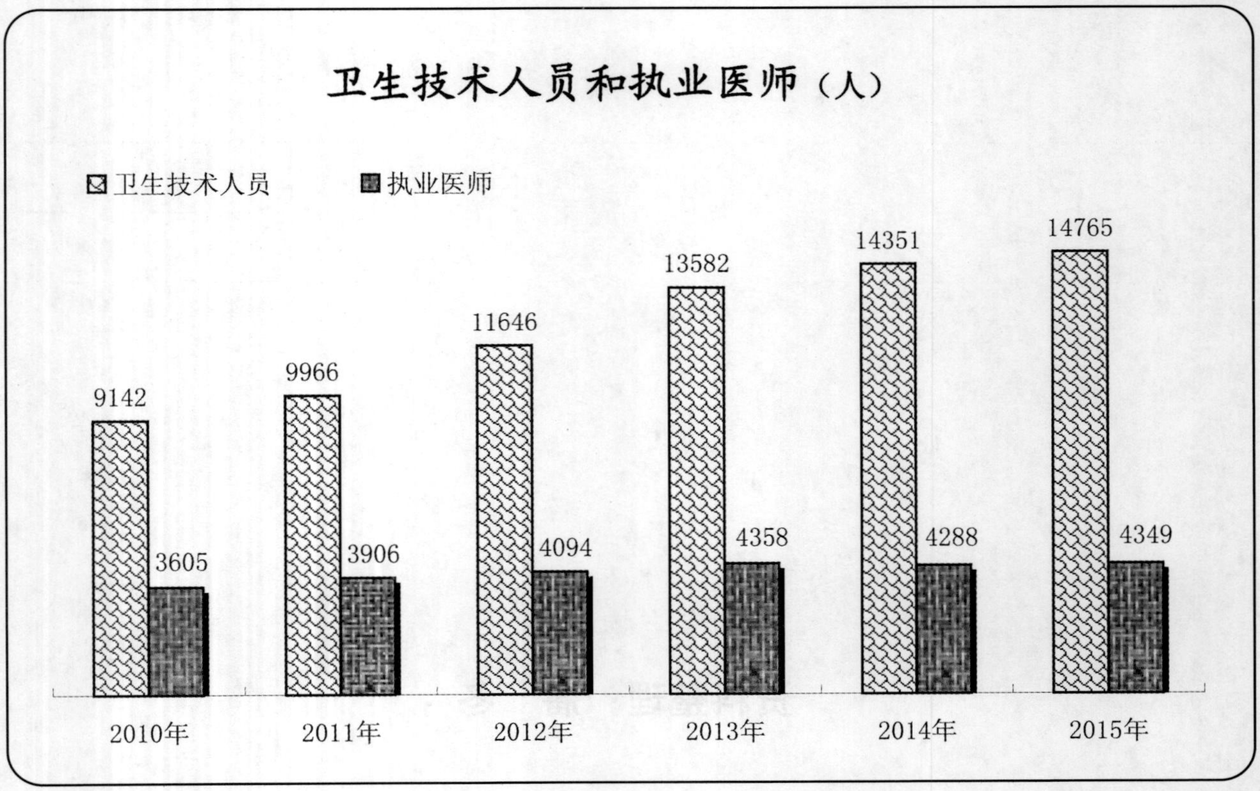

19-1 全市体育事业

	单 位	2015年
一、体育系统职工人数	人	144
二、等级运动员发展人数	人	17
#女运动员	人	3
三、等级裁判员发展人数	人	275
#女裁判员	人	0
四、少年儿童业余体校	所	10
在校学生	人	3200
五、各级各系统举办运动会次数	次	26（市本级）
参加运动会人数	人	10000

注：体育系统职工人数仅指体育局机关和体校职工。

19-2 全市等级运动员分项目发展人数

2015年 单位：人

	等级运动员		其 中:					
		#女	国际级健将	运动健将	一级	二级	三级	少年级
总 计	17	3				17		
#田 径	3					3		
游 泳	3	1				3		
拳 击	6	1				6		
摔 跤	1	1				1		
柔 道	1					1		
武 术	2					2		
跆拳道	1					1		

19-3 等级裁判员分项目发展人数

2015年

单位：人

	等级裁判员	其中:				
		#女	国家级裁判	一级	二级	三级
总　计	275				275	
足　球	37				37	
篮　球	136				136	
乒乓球	50				50	
羽毛球	52				52	

19-4 全市历年卫生机构、床位及人员数

年　份	机构个数（个）	医院	床位数（张）	医院	卫生技术人员（人）	执业（助理）医师	注册护士
2003	284	34	4956	3232	6055	3123	1407
2004	269	32	5123	3232	6179	3124	1591
2005	268	32	5281	3368	6274	3107	1610
2006	276	36	5702	3782	6602	3175	1652
2007	841	34	6290	4122	7609	3691	1967
2008	726	35	6791	4362	7522	3514	1994
2009	760	36	7592	4836	8570	3612	2466
2010	768	37	8059	5063	9142	3605	2715
2011	3189	40	8598	5436	9966	3906	3162
2012	3177	39	9968	6562	11646	4094	3747
2013	3275	39	11354	7761	13582	4358	4784
2014	3190	44	12595	8899	14351	4288	5381
2015	3113	43	13215	9320	14765	4349	5752

备注：2010年以前（包含2010年），机构个数、床位、人员都不包含村卫生室，2011年后包含村卫生室，但人员中不含乡镇卫生院在村卫生室工作的执业（助理）医师、注册护士人数。

19-5 全市卫生机构、床位及人员数

2015年

单位：人

	机构个数	编制床位数	实有床位数	编制人数	在岗职工	卫生技术人员	执业（助理）医师	执业医师	技师（士）	检验师
合　　计	3113	12133	13215	13689	19918	14765	4349	3021	1090	688
一、医院	43	8393	9320	5657	10463	9046	2242	1900	653	384
综合医院	25	5637	6349	4117	7479	6485	1589	1302	460	272
中医医院	12	2266	2392	1373	2745	2367	610	566	188	107
专科医院	6	490	579	167	239	194	43	32	5	5
精神病医院	4	240	529	122	178	148	22	12	3	3
麻风病医院	1	50		45	28	20	11	10	1	1
二、基层医疗卫生机构	2889	3278	3468	6140	7239	4244	1675	816	263	163
社区卫生服务中心(站)	16	50	30	208	231	209	84	57	12	7
社区卫生服务中心	8	10		144	158	140	60	41	11	7
社区卫生服务站	8	40	30	64	73	69	24	16	1	
卫生院	173	3228	3438	2921	3515	3115	879	429	245	151
乡镇卫生院	173	3228	3438	2921	3515	3115	879	429	245	151
中心卫生院	82	2184	2412	1850	2352	2105	603	327	161	99
乡卫生院	91	1044	1026	1071	1163	1010	276	102	84	52
村卫生室	2397			2969	2969	399	375	106		
门诊部	5			42	69	67	25	22	6	5
诊所.卫生所.医务室	298				455	454	312	202		
诊所	266				419	418	293	195		
卫生所、医务室	32				36	36	19	7		
三、专业公共卫生机构	178	462	427	1872	2200	1470	430	303	174	141
疾病预防控制中心	11			398	410	323	110	89	77	66
妇幼保健院(所、站)	11	462	427	264	704	597	145	116	50	38
妇幼保健院	10	452	427	259	700	594	143	114	50	38
妇幼保健站	1	10		5	4	3	2	2		
采供血机构	1			50	94	56	10	7	14	14
卫生监督所（中心）	11			108	103	84				
计划生育技术服务机构	144			1052	889	410	165	91	33	23
四、其他卫生机构	3			20	16	5	2	2		
医学在职培训机构	1			12	10	5	2	2		
其他	2			8	6					

19-6 全市及各县区收养登记情况

2015年　　单位：人

	收养登记合计	中国公民收养登记				外国人收养登记
			港澳居民	台湾居民	华侨	
全　市	37	37	1			
#市本级	1	1	1			
汉滨区	13	13				
汉阴县	8	8				
石泉县	4	4				
宁陕县						
紫阳县	5	5				
岚皋县						
平利县						
镇坪县						
旬阳县	4	4				
白河县	2	2				

19-7 全市律师、公证及人民调解工作

2015年

	单位	实有数		单位	实有数
一、律师工作			二、公证工作		
律师人员	人	181	公证处	个	11
#专职	人	165	#涉外公证处	个	2
兼职	人	16	公证人员	人	25
刑事诉讼辩护及代理	件	728	办理公证文书	件	6420
民事诉讼代理	件	1362	三、人民调解工作		
经济诉讼代理	件	398	专职司法助理员	人	0
行政诉讼代理	件	88	人民调解委员会	个	2195
担任法律顾问	家	306	调解委员	万人	1.1714
代写法律文书	件	475	调解民间纠纷	万件	1.55
律师事务所	个	21			

19-8 全市律师、公证及人民调解工作

2015年

	办证件数（件）		办证件数（件）
一、民事公证事项	3852	二、经济公证事项	2568
#收养	20	#购销合同	0
解除收养	10	联营合同	0
继承权	551	拍卖	41
遗嘱	80	贷款合同	339
产权	8	担保书	145
亲属关系	120	招标、投标	23
死亡	4	科技协作	0
房屋买卖	58	供用电合同	0
房屋租赁	11	劳务合同	43
留学协议	217	建筑工程承包	19
遗赠扶养协议	17	工商服务业承包	0
委托书	528	农林牧渔业承包	10
赠与书	45	乡镇企业承包	0
声明书	204	财产租赁	71
现场监督	110	企业租赁	0
签名印鉴属实	25	资产经营责任制	0
文本相符	175	还款协议	246
宅基地使用权	20	土地使用权出让转让	86
证据保全	210	其他经济合同	518
拆迁协议	41	法人资格	0
计划生育	0	法人委托书	20
赡养协议	10	公司章程	0
合伙协议	20	执行许可证明	161
夫妻财产协议	32	提存	42
其他民事协议	336	抵押登记	125
更改姓名	15	公司会议记录	0
其他	985	其他	679

19-9 全市及各县区婚姻登记情况

2015年

	结婚登记（对）	补办登记（对）	离婚登记（对）	补发结婚证（对）	补发离婚证（对）	出具婚姻登（对）	补录历史数据（对）
全　市	25060	1304	5122	6328	96	11207	4
汉滨区	8694	340	1611	2629	60	4931	
汉阴县	2855	122	570	223		1027	
石泉县	1630	120	394	568	17	1120	
宁陕县	527	53	103	67	1	67	
紫阳县	2473	120	586	707	6	962	
岚皋县	1360	2	405	242	1	465	3
平利县	2051	372	438	289	11	697	
镇坪县	432	10	132	69		119	
旬阳县	3240	63	580	1244		1231	
白河县	1798	102	303	290		588	1

19-10 全市工会工作

	单位	2015年		单位	2015年
一、工会组织建设情况			三、工会保障工作		
1. 基层工会委员会	个	5160	1. 基层以上工会参加		
2. 会员	万人	29	联系生活困难职工户的领导干部数	人	2795
#女会员	万人	10	联系的困难职工户数	户	3463
3. 基层以上工会组织	个	232	2. 基层工会参加		
本级专职干部	人	180	联系生活困难职工户的领导干部数	人	3231
#女干部	人	58	联系的困难职工户数	户	4013
4. 基层工会专职干部数	人	603	3. 建立送温暖工程基金的基层以上工会	个	49
#女干部	人	147	4. 开办职工互助合作保险的基层单位	个	
5. 工会女职工工作组织数	个	5018	基层单位参加的职工人数	人	39961
工会专职女职工工作干部	人	316	5. 基层以上工会开办职业介绍机构数	个	3
6. 基层以上工会财务机构数	个	30	介绍成功的人员数	人	1608
专（兼）职财务人员	人	22	6. 基层以上工会开办的职业培训机构	人	4
7. 工会资产管理机构数	个	35	培训的下岗人员数	人次	306
8. 工会经费审查委员会	个	172	四、工会经济技术工作		
经费审查委员会委员	人	22	1. 开展经济技术创新工程活动的单位	个	615
二、工会民主管理工作			2. 开展合理化建议活动的单位	个	615
1. 建立职代会制度的企业	个	4261	提出合理化建议	件	330
召开职代会的企业	个	2107	可计算创造(节约)的金额	万元	
2. 实行业务招待费使用情况向职代会报告的企业数	个	173	3. 劳动竞赛活动的单位数	个	615
			创造的经济效益	万元	
3. 职代会民主评议企业领导干部的单位	个	173	4. 基层以上工会建立劳动保护监督检查委员会数	个	11
4. 实行厂务公开的企业	个	3611	参加安全生产检查次数	次	145
5. 建立平等协商的企业	个	7198	5. 基层工会开办职业介绍机构数	次	
6. 签订集体合同的企业	个	7198	参加安全生产检查次数	次	
覆盖职工人数	万人	14	五、工会法律工作		
7. 职工代表参加董事会的企业	个	140	1. 建立劳动争议调解委员会的单位	个	3554
董事会中的职工代表数	人	220	参加的工会和职工代表数	人	9022
8. 职工代表参加监事会的企业	个	101	受理的劳动争议件数	件	600
监事会中的职工代表数	人	194	调解成功的劳动争议件数	件	117
9. 与同级政府（行政）召开联席会的基层以上工会	个	11	2. 建立工会劳动法律监督组织	个	11
			3. 工会法律服务机构的基层以上工会	个	11

19-11 全市妇女工作

2015年

	单位	合计	省级	地、市级	县、区级	乡、镇级
一、组织状况						
妇女联合会	个			1	10	140
基层妇代会	个					1704
妇委会	个			96	269	372
二、妇联干部	人			12	54	350
三、妇联杂志						
公开发行	份					
期发行量	万份					
内部发行	份					
期发行量	万份					
四、维护妇女合法权益工作						
律师事务所	个			5	6	
妇联维权干部中取得律师资格人数	人					
来信来访件数	件			51	392	692
来访人次	人			57	466	764
五、实施春蕾计划						
资助女童入学或返校	人				90	
社会捐资总数	万元				18	
六、其他工作情况						
妇女、儿童活动中心	个				1	
三八红旗手	人			66	62	
三八红旗集体	个			24	37	
五好文明家庭	户				808	1923

19-12 全市及各县区安全生产事故

	事故次数（件）		死亡人数（人）		受伤人数（人）		损失折款（万元）	
	2014年	2015年	2014年	2015年	2014年	2015年	2014年	2015年
全　市	185	131	47	35	61	38	322.5	718.4
汉滨区	75	60	14	12	11	3	146.6	436.9
汉阴县	18	9	3	3	2	1	10.9	8.7
石泉县	14	11	2	2	0	1	2.9	18.6
宁陕县	4	2	1	1	5	2	0.3	1.2
紫阳县	6	6	2	1	2	5	9.8	9.6
岚皋县	6	7	1	2	0	0	7.2	5.7
平利县	11	9	4	3	9	4	4.3	99.7
镇坪县	3	0	3	0	3	0	0.2	0.0
旬阳县	20	9	5	3	9	10	44.7	1.2
白河县	8	2	3	1	6	1	1.2	30.5
高交支队	15	12	8	6	10	11	92.0	80.6
高新区	5	4	1	1	4	0	2.4	25.7

主要统计指标解释

医院 指名称为医院，设有固定床位能收容病人住院并能为病人提供医疗、护理服务的医疗机构。包括县及县以上医院、农村乡卫生院、其他医院三部分。按所属性质分为卫生部门、工业及其他部门、集体经济单位三类。其中县及县以上医院按业务性质分为综合医院和专科医院。

卫生技术人员 指卫生事业机构支付工资的全部固定职工和合同制职工中现任职务卫生技术工作的人员。包括中医师、西医师、中西医结合高级医师、护师、中药师、西药师、检　验师、其他技师、中医士、西医士、护士、助产士、中药剂士、西药剂士、检验士、其他技术士、其他中医、护理员、中药剂员、西药剂士、检验员、其他初级卫生技术人员。

医生 指经卫生部门审查合格，从事医疗工作的专业人员。分为中医医生和西医医生。

包括卫生技术人员中的中医师、西医师、中西医结合高级医师、中医士、西医士和其他中医。

社会福利副业单位 指集中收养社会孤老、残、幼的机构。包括由民政部门管理的社会福利院、儿童福利院、精神病人福利院和城镇集体办的福利院，以及农村集体办的敬老院。

公证人员 指在国家公证机关依法办理公证事务的司法人员。包括公证员、助理公证员和在公证处工作的其他人员。

办理公证 指公证处年内办结的公证文件数。公证文书系按司法部规定或批准的格式制作。包括国内和涉外公证两部分。其中国内公证分为经济合同公证和民事法律关系公证两大类。

统计工作

局　　　长：张晓明
副　局　长：米　杰　张　艳　田志强
总 统 计 师：陶勇俊
普查中心主任：许春光
纪 检 组 长：邵向东
副 调 研 员：刘耀锋　马效文

【"四上"法人单位（企业）申报纳统】 我局坚持把新增"四上"法人单位（企业）审核报批作为反映安康经济社会跨越发展的重要抓手，严格执行"预报制度"和"逢进必查"的管理制度，确保"达标"企业及时纳入联网直报统计。并对县区"四上"企业培育工作制定了年度考评办法，以安市统发（2015）59号文件《关于印发全市2015年度"四上"企业培育单项考核奖评选办法的通知》下发到县区。2015年，全市培育规模以上工业、限额以上贸易、资质以上建筑业及房地产业、规模以上服务业共计261户，超额完成市政府下达我局全年新增125户的目标任务，超任务136户，较上年净增101户，对全市经济发展起到巨大的支撑作用。

【统计监测预警】 围绕市委、市政府重点工作部署和全市社会经济发展目标，我局加强分析研判，及时反映苗头性和趋势性问题。全年共编发和报送统计信息401篇，其中《一季度安康建筑业成为经济增长的重要支撑》、《安康服务业存在的问题与发展建议》、《10月安康主要经济指标增速小幅回落，经济增长继续领先难度加大》等5篇统计分析，得到市政府主要领导批示。同时，主动搜集整理全国、全省及各市区主要经济指标数据，为市委、市政府主要领导及相关部门提供统计服务。多形式及时发布全市经济运行情况，每季度编印《安康经济运行监测》，和市考核办联合在安康日报等市级主要媒体上通报各县区主要经济指标任务完成进度。今年上半年通过精心筹备，我局首次召开了全市经济运行情况新闻发布会，对全市经济运行情况进行了通报，并就记者提出的热点问题进行了数据解读。

【统计改革】 按照省统计局和全市统计工作总体安排，积极稳妥推进各项统计改革。一是深化核算制度改革。根据经济普查基础数据和核算制度改革要求，及时修订了全年及各县区GDP总量数据，合理劈分了全市及县区GDP季度核算基数，为科学核算2015年季度GDP奠定了基础。二是根据国家服务业统计改革要求，精心组织开展并高质量地完成规模以上服务业月报工作和陕西省下延标准服务业企业的季度调查工作，客观反映了我市服务业发展状况。三是投资统计改革稳步推进。精心组织部署了投资统计制度方法改革试点工作；年初和上半年2次分层开展培训，培训改革方案、制度，重点讲解统计方法、重点指标和业务流程。积极开展分析测算，做好新旧制度数据之间的比对，分析投资规模、结构、速度的变动情况，为进一步完善优化投资统计改革方案探索方向，积累了丰富实践资料。四是城乡收入一体化调查改革取得新进展。全市严格执行住户调查方案，对一体化住户调查的组织实施、样本管理、数据采集、审核上报和评估发布等各个步骤进行标准化、规范化操作。建立了可比的全体居民收支调查体系，按季度发布全体居民、城镇常住居民和农村常住居民同口径可支配收入水平和增长速度。

【统计科研】 统计科研工作一直是我市十分重视的一项工作。2015年我市精心组织参与全省课题调研撰写工作，申报的《主体功能区规划对安康经济影响研究》、《山林经济指标体系及应用研究》、《统计法制机制建设与执法工作研究》三课题均获得省统计科研立项，并积极组织课题的调研和撰写工作，多次深入实地调查研究，并与多方人士座谈征求意见，如期完成课题报告，经全省课题综合评审，我市三个课题取得良好成绩，分别获得二、三省和优秀奖。其中，《山林经济指标体系及应用研究》一文，被国家统计局统计科研所《统计制度方法研究》2015年第17期全文刊发，这是近年来我省市级统计系统在国家刊物上发表的唯一一篇研究论文。

【专业统计工作】 一是认真做好各专业常规统计工作。精心组织农业、"四上"企业、城乡收入、科技、能源等专业统计工作。二是积极做好县域经济统计监测，我市汉阴县和紫阳县荣获2014年度全省县域经济社会发展争先进位前十名，汉滨区荣获陕西省城区经济社会发展争先进位前五区。汉阴县和白河县荣获2014年度陕西省工业增长速度前十名。三是加强生产总值（GDP）、文化产业增加值、战略性新兴产业增加值、非公经济增加值等核算工作，全面准确反映了全市经济发展实绩。2015年，全市主要经济指标增速继续在全省保持领先水平，生产总值、第二产业增加值、固定资产投资和公路客货运周转量增速及非公经济占比共5个指标居全省第一位，是近年来我市经济发展在全省各地市中的最好水平。

【1%人口抽样调查】 按照"统一领导、分工协作、分级负责、共同参与"的原则，精心组织，周密部署，组织开展了全市2015年1%人口抽样调查。整体工作体现了"宣传动员、安排部署、物资准备、数据处理、两员选聘和培训、职责分工"六个到位。本次调查共调查小区295个，登记24022户，其中有164户家庭通过互联网自行上报，其余的均由调查员手持PDA入户登记；实际登记人口达81806人，常住人口达69526人，抽样比实际达到2.63%，超额完成了调查任务。

【社情民意调查】 一是完成了民调中心搬迁和改建。经多方汇报争取和衔接协调，民调中心由原安康宾馆门厅二楼整体搬迁到市政府行政中心负一楼。新搬迁建设的民调中心投资50万元，占地面积180平方米，调查席位由20席增加到30席，机房配套设施及装修装饰均达到标准化。二是全面完成各项调查任务。完成2015年居民和过往旅客对市容环境满意度调查；创建国家森林城市市民知晓率调查；组织开展了上半年和下半年汉滨区公众安全感电话调查；完成汉滨区2015年镇（办）工作满意度调查；2015年度十县（区）政府工作公众满意度调查。

【普查资料发布利用】 我局第一时间在市级主流媒体和安康统计信息网发布安康市第三次经济普查主要数据公报，并指导各县区完成经济普查主要数据的发布工作。积极做好第三次经济普查年鉴资料编辑工作。截止11月底，已完成市级年鉴资料（共四卷、18篇、210张表）编辑整理工作。同时加强经济普查资料开发利用。最大限度地为社会各界提供我市第二、第三产业的组织、结构现状及生产要素构成资料。全面更新覆盖国民经济各行业的基本单位名录库和基础信息数据库，为开展各项统计调查奠定基础。

【“双创”工作】 一是强化组织领导，夯实职责任务，做到机构、任务、人员、经费四到位，确保各项工作有序推进。二是狠抓办公区域和包抓片区市容环境卫生整治，强化巡查、督查和驻点蹲守，积极配合职能部门对包抓路段进行市容整治。三是加大投入。全年共投资11.6万余元，对办公区域、家属院进行绿化美化，定期更换文化墙，聘请生物病媒防制服务专业队定期对双创责任区域进行“四害”消杀与密度监测。四是扎实开展国家森林城市创建工作，按时完成春秋季义务植树造林任务；组织21名干部职工申报争创绿化示范家庭，建立创建台账档案。五是积极创建无烟机关，成立组织机构，制定和落实创建机制和措施，创建工作顺利推进，成效初显。

【贫困村建设】 一是强化组织领导，精心安排布置。明确主要领导担任扶贫工作领导小组组长，成立了由分管领导任队长的驻村工作队。制定了《2015年帮扶贫困村实施方案》。二是产业扶贫取得成效。落实以茶叶为主，畜牧、魔芋等产业为辅的产业发展规划，全年新发展丰产密植茶园110亩，茶园管护1100亩，开工建设茶叶粗加工厂1个。三是加大资金投入，积极争取项目。从经费中筹措10万元用于帮扶发展。投资13000余元，为茶农和贫困户购置手持式喷雾器250台。同时，积极协调争取交通、发改、扶贫等部门落实项目资金130余万元。四是基础设施建设取得新成效。整修村级主干道示范路6.4公里，团堡村与联稻村连村路硬化工程开工建设。新建安全饮水工程一处，解决160多户村民饮水问题；改建村卫生室、修建垃圾池3口、改造化粪池10口，村容村貌环境卫生进一步得到改善。五是完成移民搬迁22户，资助贫困大学生1人，“雨露计划”2人。组织村民参加职业技能和茶叶魔芋种植培训260余人次，完成村委会换届选举、村务公开公示工作等，得到群众好评。

【现代茶园年度建设】 一是局党组高度重视，先后召开六次局长办公会和局务会议专题研究茶园帮扶工作。局主要领导和分管领导先后六次深入园区实地查看，现场指导和帮扶园区生产发展。二是从局行政经费中筹措20万元资金用于茶园生产发展。三是积极争取项目。协调林业部门为园区争取400亩茶园改造项目资金12万元；争取改造低产茶园1500亩、落实项目补助资金45万元。四是帮助园区开展技术指导服务，狠抓基地建设和茶园管护。五是完成茶叶加工厂办公楼、仓库改造、设备购置等基础设施建设投资120万元，引进珠峰牌茶叶清洁化生产线。全年核心区茶园实现产值250万元，茶叶产量达到23吨。园区生产的“富硒银针”茶叶在2015年6月第九届中国西安国际茶业博览会上获得银奖。基本实现了茶叶生产、加工以及销售一体化。

【全国综治优秀市创建】 一是按照市综治委《2015年度市直部门综治维稳平安建设创优工作目标责任书》要求，坚持把创建全国综治优秀市和创建平安单位与统计业务工作同部署、同检查、同考核、严奖惩。认真制定工作方案、加强综治管理创新，取得明显成效。二是综治宣传教育深入广泛，今年3月份和11月初分别在白天鹅广场组织开展了两期综治暨平安建设集中宣传活动。介绍“两率两度”调查知识，开办基层统计人员法制讲座，提高“两率两度”和统计法律法规知晓率。三是“两率两度”咨询服务平台不断完善，汉滨区34个镇办“两率两度”电话访问调查全面完成。四是关心帮助解决平安建设联系点紫阳县团堡村村民的热点、难点问题。五是机关与家属院实现多年综治平安“六无”目标。

【省级文明城市创建】 一是精心部署。先后召开2次局务会议、4次局长办公会议专题研究部署创文工作，分解落实共性和职能工作任务。加大人、财、物投入，确保创建工作扎实推进。二是强化宣传培训。在局内外网开设创文专栏，坚持每周开展以文明行为、核心价值观、创文知识、健康教育、“四德”为主题的创文学习和专题讲座。每月更换创文宣传专栏。印制宣传彩页1000份及创文知识宣传册200册，深入主街道和包抓片区宣传发放。投资3万元制作东井街户外大型创文公益广告。在办公区域设立永久性展板和善行义举榜，积极开展先进人物评选。营造浓厚创建氛围。全年共投入资金159066元。三是丰富创建载体。扎实开展创建文明科室、志愿者服务及“诚信”“中国梦”等系列主题教育活动。积极组队参加“创建文明城市、唱响生态安康”歌咏比赛，获得三等奖。四是积极完成职能任务。全力做好“单位GDP能耗、人均GDP水平、第三产业占比、城镇居民人均可支配收入”四项考核指标的统计监测和数据提供。

【班子和队伍建设】 局党组能够结合安康统计工作实际不折不扣贯彻落实中、省、市各项部署和决策。一是扎实开展“三严三实”专题教育。局领导班子讲党课6场次278人次，组织开展集中学习辅导22次，专题研讨6次，局领导撰写研讨发言材料36篇，中心组成员撰写心得体会23篇，在市级媒体刊发宣传信息17篇。整理“不严不实”共性问题16条，领导班子查摆问题65个，制定了整改台账，明确了整改措施，促进了全局党风政风持续向好。二是领导班子与干部队伍建设进一步加强。通过公开招录，从应届大学毕业生中招录1名公务员，从县区统计局选调1名优秀公务人员充实到干部队伍。强化统计干部培训，28名干部参加了公务员网络培训，31名干部参加了春秋季自主选学。组织统计职称考试184人、统计从业资格考试485人、统计继续教育培训1128人，“四上”企业统计人员业务培训335人，完成县级统计人员业务轮训258人，镇办统计人员和辅助调查员岗位知识培训199人，统计干部素质和业务水平进一步提高。

【党风廉政和干部作风建设】 局党组始终把党风廉政建设工作同统计业务工作同研究、同部署、同检查，认真落实“两个责任”，履行“一岗双责”；依法清理行政职权，建立统计部门权责清单制度，规范权力运行；认真落实干部选拔任用工作制度，做到按原则依程序树正气的用人导向；严格执行纪检组长不分管任何业务工作，集中精力抓党风廉政建设的要求，完善监督制约机制，确保权力监督到位；落实党内民主生活会制度，推行党务、政务公开，班子成员实行个人重大事项报告制度。进一步修定和完善局内各项规章制度。加大执纪问责力度，每季度通报制度执行情况。2015年全市统计系统未发生违反党风廉政建设规范行为的人和事。

【机关党组织建设】 局党支部围绕“服务中心、建设队伍”的核心任务，以深入开展“党员八带头”和机关党建“五规范”活动为抓手，按照全市统计工作会议确定的工作任务，着力加强局机关党的思想、组织、作风、反腐倡廉和制度建设。一是“党员八带头”成效显著。突出了统计工作特色，安排落实到位，全体党员干部带头公开承诺，积极践行诺言，发挥模范带头作用，营造了创先争优的良好氛围。二是严格执行“五规范”。规范组织建设、换届、党费收缴、发展党员和组织生活制度，从严管理和要求党员干部，狠抓规章制度的贯彻落实。三是积极开展党建系列活动和党员志愿者活动，为营造和谐、优美、安全的机关环境发挥引领作用。

【精神文明创建】 局党组以社会主义核心价值体系宣传教育为抓手，扎实开展道德模范、身边好人和善行义举先进人物评选表彰，强化文明礼仪、社会公德、职业道德、家庭美德、个人品德建设，积极开展争先创优活动，建立依法行政、文明执法、优质服务制度和统计行风监督制度。2015年，我局积极组队参加了市政府迎新春拔河比赛、市直机关第四届运动会、全省统计系统球类比赛和全市创文歌咏比赛，分别取得团体跳绳第三名、乒乓球女子团体第七名、乒乓球综合团体三等奖和歌咏比赛三等奖。积极参加市政府机关每周三、周五下午开展的工间操健身锻炼活动。通过开展经常性的文化体育活动，丰富职工生活，增强凝聚力。

【依法行政】 一是结合“六五”普法总结验收，认真开展自查，总结普法成果，推进“法律六进”活动，营造良好社会法制氛围，2015年，全市统计系统共组织各类统计普法培训达92次，参训人数7802人，发放普法教材资料6800余本。二是执法检查力度加大。2015年全市共检查730个单位，发现违法行为107件，立案查处65件。其中，经济处罚36件，罚款3.42万元，通报3件。三是办案质量逐步提高。统计执法和案卷评查在全省受到好评，同时，我局认真开展了规范性文件清理与行政职权清单上报等工作。

2015年大事记

1月

1月13日，与市发改委、国家统计局安康调查队联合印发《关于开展2015固定资产投资统计制度方法改革试点工作的通知》，并成立领导小组。

1月16日，召开全体干部职工大会，张晓明局长传达市委三届七次全会和市政府第一次全体会议精神。

1月19日，与市科技局专题研究和确定全市企业创先调查、科技年报工作。

1月21日，组织干部职工收看全省统计工作会议图文直播，开展学习讨论，认真贯彻落实会议的各项部署。

1月24日，市委第11考核组对市统计局2014年度目标责任完成情况进行全面考核。张晓明局长代表市统计局报告年度工作，第11考核组、相关服务对象参加会议，并对我局工作进行评议。

2月

2月5日，召开干部职工2014年度目标责任考核述职测评大会。

2月6日，局党组成员、总统计师陶勇俊带队到紫阳县洄水镇团堡村看望慰问帮扶贫困群众。

2月6日，联合市发改委和国家统计局安康调查队召开全市2015年固定资产投资统计制度方法改革试点工作动员暨布置会议。

2月10日，局党组成员、总统计师陶勇俊带队走访看望局退休老干部老党员。

2月10日，召开2014年名录库年报及2015年定报工作会议。

2月15日，圆满完成2015年投资改革试点首次试填试报工作。

2月27日，常务副市长鲍永能在市政府秘书长何邦军及副秘书长王龙军的陪同下到安康局视察统计工作。

3月

3月6日，召开全市统计工作会议，常务副市长鲍永能对统计工作提出三项要求。一是强化预警研判工作；二是加大“四上”企业申报纳统的工作；三是强化统计基层基础建设。

3月9日，组织开展庆祝国际三八妇女节登山比赛。

3月12日，组织干部职工到汉滨区建民镇忠诚村绿化帮扶点开展义务植树。

3月11－13日，组织开展县级统计人员岗位知识培训，全市10个县区局76名统计人员参加了培训。

3月15日，完成全国企业创新调查企业网上填报工作。

3月18－20日，省统计局副巡视员徐菊梅、服务业处张虹处长来我市紫阳、旬阳、汉滨、高新区开展经济形势调研。

3月21日，徐启方市长、鲁琦副市长、李建民副市长分别对我局《1－2月限额以上批发企业销售额下降16.3%，影响三产增加值增速下滑1个百分点》的统计预警分析作出重要批示。

3月25日，召开全市统计局长暨法制工作会议，传达落实全省会议精神，安排部署法制工作。

3月25日，与国家统计局安康调查队联合转发《陕西省分市县住户调查工作方案》。

3月27－28日，副局长田志强带领投资科赴岚皋县对第一次填报的投资统计改革数据进行质量抽查。

4月

4月8日，与编办、民政、税务、工商等部门召开基本单位名录库更新维护工作部门联席会议。

4月8日，发布2014年安康市国民经济和社会发展统计公报。

4月13日，召开2015年全市核算专业工作会议。

4月16日，正式开通统计上失信企业信息公示专栏。

4月21日，对局机关及市调查中心2名副科级空缺职位进行竞争上岗演讲及民主推荐测评。

5月

5月1－3日，组织开展了“居民和过往旅客对市容环境满意度”社情民意调查工作。

5月5日，召开全市1%人口抽样调查协调小组办公室主任暨抽样框整理工作培训会。

5月7日，深入东关社区丁字街以南防汛包抓片区开展防汛“三到户”活动。

5月7－8日，召开服务业统计工作暨数据联审会议。

5月12日，联合市发改委开展重点项目统计监测工作。

5月18日，安康日报、市政府信息公开平台对外发布了安康市第三次经济普查主要数据公报。

5月20日，与规划局撰写的《一季度我市建筑业成为经济增长的重要支撑》得到市政府徐启方市长批示。

5月29日，召开“三严三实”专题教育党课会议，党组书记、局长张晓明同志为全体党员和干部职工讲党课，启动局系统“三严三实”专题教育开局。

6月

6月3日，局长张晓明专门召集相关科室，就进一步加强投资统计监测和分析工作，拓展统计服务领域，丰富服务内容进行专题部署。

6月4－5日，对新增规模以上服务业及省局下延标准的近120户联网直报企业统计人员及11个县区服务业统计专业人员开展了业务培训。

6月10日，国家统计局纪检组长高建华一行来安康视察，省统计局纪检组长李荷旨、国家统计局陕西调查总队纪检组长张国栋等陪同。

6月18－19日，与规划局联合开展建筑业统计业务培训。全市总承包、专业承包和劳务分包企业120余名统计工作人员参加了培训。

6月24－26日，全省乡镇统计人员和辅助调查员业务培训师资培训示范班在安康举办，全省各设区市负责教育培训工作的科（处）室负责人、辅导教师共50余人参加培训。

7月

7月1日，局全体党员与北门社区联合开展“庆祝建党94周年寻找最美家庭活动展演”。

7月1日，与市文广局联合开展文化及相关产业单位统计业务培训。

7月3日，深入县、区多家有科技项目活动的企业，开展科技报表制度修订意见调研，形成调研报告。

7月7日，防汛包抓工作通过市督查组专题督查。

7月10日，局党组成员、副局长张艳以“严以修身，把牢‘总开关’”为题为全体党员和干部职工讲党课。

7月14日，双创工作迎接通过二季度检查考核。

7月17日，首次参加安康市人民政府新闻办公室召开新闻发布会。副局长、新闻发言人田志强通报上半年全市经济运行情况，并回答媒体记者关心的问题。

7月17日，局党组中心组围绕“严以修身，加强党性修养，坚定理想信念，把牢思想和行为的总开关”进行专题学习研讨。

7月20日，完成全国1%人口抽样调查PDA收集、检测、维修等各项准备工作。

7月23日，组织全局党员干部参观《法制安康、廉政之行—西安碑林名拓暨廉政书法作品展》。

7月21－23日，组织专业人员对白河县茅坪镇响应村、纸坊村及仓上镇裴家村、城关镇的清风社区及桥儿沟社区5个城乡住户点进行检查。

7月24日，开展“三严三实”第三次专题教育讲党课活动，局党组成员、总统计师、党支部书记陶勇俊同志以《学习党章、维护党章、遵守党章》为主题，为全局党员讲党课。

7月27日，组织专题调研组深入部分县区开展城乡一体化住户调查调研工作。

7月31日，局党组成员、副局长田志强以“深入践行‘三严三实’扎实做好新常态下统计工作”为题，向全局职工和党员干部讲党课。

7月31日，按期完成统计从业资格考试报名和统计专业技术职称考试报名工作，全市共491人报考统计从业资格，160人报考统计专业技术职称。

8月

8月1日，完成上半年汉滨区公众安全感电话调查。

8月3日，召开全市小康监测统计工作会议，就2015年小康监测工作进行了安排部署。市民政局、人社局、住建局、水利局等19个相关部门及市统计局有关专业人员共26人出席了会议。

8月4日，扎实推进全市2015年1%人口抽样调查小区划分及地图绘制工作，确保按期完成。

8月4日，市人大视察组来我局对张晓明局长近三年履职情况进行评议。

8月7日，召开全体干部职工会议，认真传达学习和贯彻市委三届八次会议和市政府二次全会精神，安排部署下半年统计工作。

8月10－13日，省统计局县域处张志安处长一行赴安康市汉滨区、旬阳县和白河县调研，并就《县域监测考评指标》征求各县区政府领导和有关部门的修改意见。

8月18日，完成《安康统计分析报告（2014年度）》和《安康统计科研课题选编（2013－2014）》编印工作。

8月19－21日，举办了全市镇办统计人员岗位知识暨辅调员师资培训班。全市10县区统计局、161个镇（办）、园区198名统计人员和辅调员师资人员参加了培训。

8月21日，围绕“三严三实”专题教育召开了以《严以执纪、严以用权，严守党的政治纪律和政治规矩，做政治上的明白人》为主题的党课讲座，由局党组成员、纪检组长邵向东同志主讲，局全体干部职工参加了学习。

8月27日，召开了全市统计局长会议暨党风廉政建设工作会议，安排部署后几个月统计工作和党风廉政及统计行风建设工作。

8月27日，市统计学会召开一届二次会员代表大会，补选学会副会长、增选理事、常务理事，通过了学会章程和管理制度修改，安排部署了相关业务工作。

9月

9月11日，开展“三严三实”专题教育党课辅导，由党组成员、市普查中心主任许春光为全体党员和干部职工做“严以用权，树立忠诚、干净、担当的新形象”党课辅导。

9月14日，2015年1%人口抽样调查市级综合试点工作在汉滨区新城办双堤社区圆满完成。

9月15日，扎实开展五千万元以上投资项目核查工作，确保按期完成。

9月18－20日，开展了2015年统计从业资格考前培训和考试工作。

9月24日，有序认真开展非公字典库核查工作。

9月25日，全面安排1%人口抽样宣传工作。

9月29日，完成文化产业融合发展政策措施落实情况、取消和下放行政审批事项、推行简政放权政策措施落实情况审计自查工作。

10月

10月8日起，在安康各主流媒体全面铺开2015年全国1%人口抽样调查宣传工作。

10月8日，完成陕西区域年鉴资料数据搜集、整理和上报工作。

10月9日，积极部署城乡划分和更新维护工作。

10月14日，全面完成全市各县区1%人口抽样调查两员培训工作。

10月21日，组织全体干部职工到汉滨区建民镇忠诚村汉江绿化包抓点开展秋季义务植树活动。

10月21日，局党组成员、总统计师陶勇俊带队深入退休老干部家中，看望慰问退休老干部，为他们送去节日的祝福。

10月26日，圆满完成全年创建国家森林城市知晓率调查工作。

10月27日，完成商品房供应情况专项调查工作。

10月27日，完成第三届鄂豫陕城市统计信息年会资料编印。

10月28日，《安康统计年鉴－2015》首次由中国统计出版社正式出版，公开发行。

10月29日，在市中心白天鹅广场，开展为期一周的综治平安建设和统计法律法规集中宣传活动。

10月30日，组织开展“三严三实”专题二第二次研讨和践行“三严三实”加快“飞地经济”建设专题研讨。

11月

11月3－5日，1%人口调查办公室来安康市汉滨区、汉阴县对正在开展的1%人口抽样调查登记工作进行督导检查。

11月5日，分组督导检查各县区1%人口抽样调查工作。

11月6日，召开全体党员和干部职工会议，集中学习《中国共产党纪律处分条例》和《中国共产党廉洁自律准则》，传达和贯彻全市机关党建工作交流会精神。

11月9日，深入平利县长安镇高峰村、岚皋县城关镇茅坪村开展城乡划分实地核查工作。

11月10日，张晓明局长带领局扶贫驻村工作队深入紫阳县洄水镇团堡村实地查看帮扶茶园建设和公路建设项目进展情况，并为团堡村每户群众购买防虫喷雾器1个。

11月12日，田志强、蔺华、罗红柳的研究课题《山林经济指标体系及应用研究》在国家统计局《统计制度方法研究》杂志2015年17期发表，是近年来陕西省市级统计系统在该刊物发表的唯一一篇研究论文。

11月13日，邀请市委“创文明城市、做文明市民”宣讲团成员董维成和市委党校董万新教授开展“创建文明城市、做文明市民”主题宣讲活动。

11月16日，圆满完成1%人口抽样调查入户登记工作。

11月17日，接受市纪委两个主体责任专项督查。

11月19日，撰写的《10月安康主要经济指标增速小幅回落，经济增长继续领先难度加大》统计分析，获市政府徐启方市长、鲍永能常务副市长、赵俊民副市长分别作出重要批示。

11月20日，召开创建无烟机关动员会，全面安排部署创建无烟机关试点工作。

11月20－22日，省1%人口抽样调查事后质量抽查工作组来安康市石泉县进行事后质量抽查工作。

11月23日，与国家统计局安康调查队召开联席会议，共同研究全市城乡一体化住户调查工作。

11月26日，局党组中心组举行“三严三实”专题教育第三专题第一次研讨交流会议。

12月

12月4日，总统计师陶勇俊带队，组织全局干部职工在安康城区金州路白天鹅广场集中开展“12.4”国家宪法日暨全国法制宣传日集中宣传活动。

12月7日，撰写《安康服务业存在的问题与发展建议》调查报告先后得到徐启方市长和李建民副市长批示。

12月8日，开展“三严三实”第三专题第二次学习研讨。围绕学习国家统计局警示教育视频会议精神和王保安局长在会上的重要讲话精神，开展研讨交流。

12月10－11日，省统计局科研所副所长郭秦川和西安交大教授王育宝一行来安康开展“应对气候变化统计核算制度和能力建设”课题调研，深入汉阴、紫阳调研和座谈。

12月15日，召开劳动工资统计年报工作会议。

12月15日，安康市人民政府下发《关于认真开展第三次全国农业普查的通知》，部署全市第三次农业普查工作。

12月17日，召开2015年全市能源统计工作年报会。

12月16－17日，召开全市贸易统计报表制度布置会议。

12月21日，与市发改委联合召开2015年全市固定资产投资统计改革暨建设领域统计工作会。

图书在版编目（C I P）数据
安康统计年鉴. 2016 / 安康市统计局, 国家统计局安康调查队编. -- 北京 : 中国统计出版社, 2016.10
ISBN 978-7-5037-7928-2

Ⅰ. ①安… Ⅱ. ①安… ②国… Ⅲ. ①统计资料 - 安康 - 2016 - 年鉴 Ⅳ. ①C832.413-54

中国版本图书馆CIP数据核字（2016）第203186号

安康统计年鉴-2016

编　　者 / 安康市统计局　国家统计局安康调查队
责任编辑 / 陈越月
装帧设计 / 文　化
出版发行 / 中国统计出版社
地　　址 / 北京市丰台区西三环南路甲6号
邮政编码 / 100073
电　　话 / 邮购（010）63376909　书店（010）68783171
网　　址 / http://csp.stats.gov.cn
印　　刷 / 安康市汉滨区文化印务有限公司
经　　销 / 新华书店
开　　本 / 890mm×1240mm　1/16
字　　数 / 450千字
印　　张 / 18.5
版　　别 / 2016年10月第1版
版　　次 / 2016年10月第1次印刷
定　　价 / 298.00元

如有印装差错，由本社发行部调换。